玩转头脑奥林匹克

万人大挑战

车辆类

主　　编　陈伟新

副主编　吴　强（车辆类）

　　　　　张建庆（结构类）

　　　　　徐　迅（飞行类）

编写者　叶梦得　陈宇群　林潇斌　李春燕

　　　　　徐寒斌　薄云飞　顾秋慧　须文韬

统　　筹　万　佳

华东师范大学出版社

图书在版编目（CIP）数据

万人大挑战 / 陈伟新主编.—上海：华东师范大学出版社，2017

（玩转头脑奥林匹克）

ISBN 978-7-5675-6188-5

Ⅰ.①万… Ⅱ.①陈… Ⅲ.①智力游戏–通俗读物
Ⅳ.①G898.2

中国版本图书馆CIP数据核字（2017）第034774号

玩转头脑奥林匹克
万人大挑战

主　　编　陈伟新
责任编辑　徐　平
装帧设计　卢晓红
角色设定　毛潇然

出版发行　华东师范大学出版社
社　　址　上海市中山北路3663号　邮编　200062
网　　址　www.ecnupress.com.cn
电　　话　021-60821666
行政传真　021-62572105
客服电话　021-62865537
门市（邮购）电话　021-62869887
地　　址　上海市中山北路3663号华东师范大学校
　　　　　内先锋路口
网　　店　http://hdsdcbs.tmall.com

印　刷　者　苏州美柯乐制版印务有限公司
开　　本　787×1092　16开
印　　张　25.25
字　　数　302千字
版　　次　2017年6月第1版
印　　次　2018年6月第2次
书　　号　ISBN 978-7-5675-6188-5/G·10153
定　　价　105.00元（全三册）

出　版　人　王　焰

（如发现本版图书有印订质量问题，请寄回本社客服中心调换或电
话021-62865537联系）

前言

　　本书的"姐妹篇"《玩转头脑奥林匹克·创造力大爆炸》一出版，就受到了读者的热捧。首次印刷2.4万册，几个月内就售罄，不得不一而再、再而三地加印，一年多内共印了四次。令人欣喜的是，此书还被评为"2015年上海市优秀科普图书"二等奖，这是对该书的肯定和鼓励。由此激发我们写了第二套书《玩转头脑奥林匹克·万人大挑战》。

　　俗话说，一叶知秋。《玩转头脑奥林匹克·创造力大爆炸》一书受到欢迎，从一个侧面说明了如今青少年创造力的培养正受到学校、社会、家庭越来越多的重视。"创新"已成了当今的热门词。国家需要创新，城市需要创新，个人也需要创新。唯有创新才能提升国家和城市的实力，唯有创新才能提高个人的竞争力。AlphaGo的问世，提醒人们，知识可以在网上查阅，记忆可以依靠智能设备，智能机器人将逐步取代人的简单、重复的劳动。将来，有创造力的人可以选择工作，而缺乏创造力的人只能被工作选择！30年前，当我们从美国引进头脑奥林匹克活动时，需要花很大的精力向人们解释创造力的重要性，而如今则心有灵犀一点通，这印证了时代的进步和中国的巨变。

　　中国的头脑奥林匹克活动诞生于上海，如今已扩展到北京、山东、广东等19个省、市、自治区，每年约有100万人次参加活动。头脑奥林匹克活动有两块理论基石：

第一，每个青少年都有创造力。常有老师和家长评价某个学生说"这个学生脑子笨"，"那个学生成绩差"。这些学生常常受到不公正的待遇，甚至被剥夺参加许多活动的机会。头脑奥林匹克认为，创造力是分层次的，每个孩子都有创造力，他们的创造潜力都可以被开发出来。因此头脑奥林匹克的创造之门向所有学生开放。不管是成绩好还是成绩差，不管是大学生还是幼儿，不管是男生还是女生，不管是身体健全还是有缺陷，只要他愿意，均可成为头脑奥林匹克国际大家庭的一员。

第二，在创造性解题的过程中培养创造力。创造力是不能依靠老师台上讲、学生埋头记这种模式培养的，必须通过实践。头脑奥林匹克聘请科学家出题，所有题目均是开放的，没有标准答案，具有很大的挑战性，所以引起了广大青少年的兴趣。

然而头脑奥林匹克的长期题都是综合性的，需要7个学生组成一个队，花几个月的时间去解题，对许多学生来说有一定的难度。于是我们根据中国的国情，对头脑奥林匹克的长期题进行改编，于2003年开始组织头脑奥林匹克万人大挑战。大挑战的题目相对来说任务单一，取材容易，但创意依旧无限，一下子吸引了广大青少年，现在每年约有20万左右的学生参加。

本书对十几年来万人大挑战的题目进行了筛选，把相同门类的题目汇编在一起，分成一、二、三册。第一册为"车辆类"赛题大集锦，分风力车、橡筋车、电动车等，有的要求直线行驶，有的要求曲线行驶，有的要求多拉快跑。这些题目让学生动脑又动手，从中培养创造力。第二册为"结构类"赛题大集锦，分纸结构、吸管结构、扑克牌结构等。有的要求结构承载的重量越重越好，有的要求结构越长越好，而有的则要求越高越好。第三册则为"飞行类"赛题大集锦，制作飞行器的材料以纸为主，有的增加了吸管等。这些飞行器需要完成不同的任务，如滑翔飞行、曲线飞行、特技飞行、紧急迫降等。

除了上述动手类题目以外，我们还选编了部分头脑奥林匹克即兴题。即兴题要求学生在几分钟内就完成一道题的解题，可以培养学生"一只脚思

考"的能力。何谓"一只脚思考"？人用一只脚站着，站不了多长时间。即兴题就是要求学生用一只脚能站的时间完成一道题目的解题。这样的训练有很大的好处，可以锻炼学生快速应变的能力，可以培养学生思维的流畅性、灵活性和独创性。这些题目经常成为一些学校招生、单位招工的面试题。

读者在使用本书时，可以参考书中要求训练。为了便于训练，我们介绍了在万人大挑战中涌现的一些优秀的解题方案。这样做有利有弊，有利的是可以给读者一些启发，或许使人脑洞大开，达到豁然开朗的效果；不利的是可能给人先入为主的想法，易受他人思路的束缚。但愿我们的解题方案仅起到抛砖引玉的作用，我们期待出现百花齐放、争奇斗艳、万紫千红春满园的景象。

头脑奥林匹克活动的发展离不开上海市各区活动中心、少科站的支持，他们是活动组织的主力军。万人大挑战均由他们在上海市各区组织。所以我们邀请宝山区青少年科学技术指导站、静安区少年宫、普陀区青少年中心的领导和老师分别编写第一、二、三册。他们长期奋斗在第一线，能使本书的编写更接地气。在此向吴强、张建庆、徐迅以及丁乃扬、李源源、叶梦得等老师表示衷心的感谢。

有人说"万人大挑战"这个名称起得好，有气势，有广度，还有高度。我们衷心希望本书的读者看完书后，能积极参加这个活动，形成万马奔腾之势，在中国大地上兴起一个人人学习创新、人人参与创新、人人支持创新的热潮。

中国上海头脑奥林匹克协会执行主席　陈伟新
2017年5月

**OM小组
达人介绍**

奥梅儿

　　我就是大名鼎鼎的世界头脑奥林匹克吉祥物无敌小浣熊，我的中文名叫"奥梅儿"！对啦，我还有一个英文名呢，那就是"OMer"！我有个伟大的理想，用创造力改变这个世界。

　　爱好特长：跟世界各地的小朋友玩游戏。

小旋风

人物特点：头脑灵活，聪明盖世，受爸爸的影响动手能力很强，外号"电器杀手"，喜欢拆东西，实验活动时主要负责动手。

爱好特长：组装模型。

芊芊

人物特点：长相甜美，性格坚毅，能把蓝泡泡从书本里拉出来，也能阻止小旋风拆东西，是OM小组的隐藏BOSS，负责组织小组活动，偶尔要给陈老师带路或者把迷路的陈老师找回来。

爱好特长：装可爱变脸。

蓝泡泡

人物特点：OM小组成员，喜欢看书，口头禅是"宅宅更健康"、"书本就是一切"，遇到问题就翻书，每天就是看书，知识面非常广泛，什么都知道一点。

爱好特长：看书查找资料。

陈老师

人物特点：OM小组的教练，和学生打成一片，非常受欢迎，擅长联系实际来教学，有一副好嗓子，每次拿了OM世界冠军就爱飙歌，不过是个路痴，没去过的地方肯定会迷路。

爱好特长：和学生一起K歌。

目录

Part 1
语言即兴题

特异功能　2

沉没的珍宝　4

动物谈话　6

疯狂的动物　8

牧童皮特　10

如果我能去任何地方　12

五彩缤纷　14

未来新闻　16

动物功能　18

有生命了　20

舞台布景故事　22

鱼骨头　24

Part 2
车辆类赛题大集锦

综述：小车的动力与结构　28

风力车　36

纸风车　42

重力车　47

电动直线车　53

多拉快跑 *62*

风帆车 *66*

电动圆周车圆周行驶 *74*

小车滑坡 *79*

橡筋动力车 *84*

小车拖重物 *91*

"小兔"赛跑 *96*

纸质滑坡车 *101*

纸车接力 *106*

Part 3
附录

NO.1 什么是头脑奥林匹克 *115*

NO.2 世界头脑奥林匹克决赛 *116*

NO.3 头脑奥林匹克万人大挑战 *117*

NO.4 第五届"头脑奥林匹克活动特色学校" *118*

NO.5 2016上海市第十三届头脑奥林匹克万人大挑战
     之"挑战王"名单 *119*

NO.6 OM小达人之姚约瑟 *120*

Part 1
语言即兴题

特异功能

如果你们可以拥有一种特异功能，你们希望是哪种功能?为什么?

时间限制: 5分钟。

计分: 每个普通回答得1分，每个创造性回答得5分。

大脑碰碰撞

我想飞，那样我就自由啦!

我希望我会隐身，这样早上睡懒觉就可以不被发现了。

我要瞬间移动，可以不用排队。

我想拥有各种魔法，这样我就可以表演各种惊艳的魔术了。

我想成为肿瘤君的克星，这样就可以救治癌症病人了。

变得很高，这样我就能看见谁的头顶快秃了。

能够去未来世界，看看我老的时候的样子。

我希望我的头可以360度旋转，这样就会很方便了。

我想变聪明，这样可以考试门门得100分。

我想拥有超强记忆力，这样可以背到圆周率第1000位。

我想穿越，就可以看到许多历史事件的发生。

　　大家一定对一些超级英雄很熟悉，比如超人，力大无穷，也会飞；比如闪电侠，速度飞快；而蜘蛛侠可以飞檐走壁。那么你有没有幻想过，假如自己也拥有特异功能，你希望是什么呢？又会用这项特异功能干些什么呢？每个人都是不一样的，对于特异功能的定义也是不一样的，会飞，快速这样的超能力算是特异功能；过目不忘同样也是一项特异功能。因此，特异功能的范围是很广的，我们在回答的时候要避免与上一位选手的回答重复，比方说："我想飞，我就可以避免早晚高峰堵车了"，"我想飞，这样就可以看看谁是秃顶"，这两个回答都可以算是创造性回答，但由于前半句的特异功能是一样的，很容易让裁判将第二个回答判定为普通回答，这样就损失了分数，所以我们要尽可能地和前一名选手的回答不要重复，不要相似。当然，这要求在思考的时候，要开动脑筋，想出更多有创意的答案，这样反应速度也会提高，整支队伍的答题也更流畅。

　　另外，能体现创造性的另一方面是在"为什么"上面。你为什么会想拥有这项特异功能？有人说我想拯救世界，有人说我想变得更聪明，或大或小的事都可以成为理由。我们也可以通过幽默诙谐的方式来回答，这样想，同学们是不是觉得答题很容易了呢？

创意记录区（把尽可能多的答案写在下面）

沉没的珍宝

浣熊出题

设想一艘装着满满一箱珍宝的船在暴风雨中沉没了。你们的问题是：说出重新获得珍宝的各种方法。

时间限制：4分钟。

计分：每个普通回答得1分，创造性回答得5分。

大脑碰碰撞

让潜水艇潜下水把珍宝捞上来；用一张大大的网把珍宝捞出来。

我拥有超能力，有办法让珍宝自己跑上来。

召唤海王，让海王使沉船上岸，这样我就能轻易地取得珍宝。

把海底的塞子拔掉，让水排光；在海底下挖一条隧道，从船底把珍宝拿出来。

让UFO把珍宝吸出来；可以让超人潜入水中把珍宝捞上来。

让章鱼用它的吸盘把珍宝吸上来。

让鲨鱼听令，指挥它们把珍宝捞上来。

正巧遇到火山爆发，把珍宝喷出来了。

自己下水捕捞；叫唤大力士把珍宝抱上来。

我能不能使用时空穿梭机，回到船还没有沉没的时候，这样就能获得珍宝了。

用一块巨型的吸铁石把珍宝吸出来。

地壳发生变化，珍宝被冲上岸了。

这道题目是说出让我们重新获得沉入海底的珍宝的各种方法。最直接也是最容易想到的就如小旋风所说的用一张大网直接把珍宝捕捞上来。不过这种用普通的材料和一般的方法获得珍宝，只能算作是一个普通回答。

同学们，我们可以试想一下：这个珍宝是不是只能人类去捕捞呢？还有珍宝能不能自己出现呢？珍宝有没有可能就没有沉入海底呢？

芊芊和蓝泡泡就想到了一些有创意的回答，例如：芊芊回到了珍宝沉入海底之前，那时候的珍宝很容易就得到了；蓝泡泡想到了虚拟人物海王，借用海王的能力获得珍宝。

陈老师更是脑洞大开，把大海想成了一个巨型浴缸，把海底的塞子拔了，使海水排光，这样取得珍宝的方法也是十分有创意的。

另外，我们还可以使用独特的方法取回珍宝，例如：告诉一支头脑奥林匹克参赛队，这很困难，但让他们去做；或者我们可以想一些不寻常或幽默的方法获得珍宝，例如：架起一堆巨型篝火，将海水煮干；与鱼儿做朋友，让鱼儿把珍宝拿给我们。

其实，OM的解题思路是没有限制的，只要你敢于想象，一定会有更具创意的回答。

创意记录区（把尽可能多的答案写在下面）

浣熊出题

回答每幅动物图片，当你回答时，在你的讲述中必须包括一样动物。

时间限制：5分钟。

计分：每个普通回答得1分，创造性回答得5分。

| 斑马 | 公鸡 | 鲨鱼 | 狮子 |

大脑碰碰撞

鲨鱼的牙齿真大啊；狮子看上去很累。

那只鸡准备好拔毛了；牙医很害怕狮子。

那只鲨鱼是黑老大；我想穿上鲨鱼的衣服。

那只公鸡是我的晚餐；如果你刚吃完一只斑马，你也会像是一头疲倦的狮子。

狮子吃不到鸡，只能去吃肯德基；大公鸡的嗓子需要保养。

鲨鱼刚度过舒服的午餐时光。

斑马准备要去当斑马线；鲨鱼在换牙。

大公鸡是我的闹钟。

斑马的条纹像迷宫；狮子的毛是他的保暖衣。

快跑，狮子要来吃你了。

那条鲨鱼吞下了一条小鱼。

公鸡害怕肯德基，所以刚刚越狱了；斑马一直想拍一张彩色照片。

这道题的关键就是描述动物，我们在回答的时候还可以加上一些肢体语言，可以更加吸引裁判的注意。如果是描述，那么仅仅是文字描述和普通描述就很难得到高分，例如：鸟在树枝上；公鸡看上去胖胖的……这些体现不出创造性，只是单一的通过眼前所见到的图片进行描述。

那么哪些是创造性回答呢？我们可以向蓝泡泡和陈老师学习，他们的回答都很有创造性。比如蓝泡泡回答：我想穿上鲨鱼的衣服，这属于双关语，我们都知道运动员的泳衣有鲨鱼皮之称，蓝泡泡就运用了平常学到的知识，对鲨鱼进行了双关语的描述，属于创造性回答。

陈老师则是从幽默的陈述这一方面进行思考，回答轻松活泼，令人大笑。这样幽默的回答一旦令裁判发笑就很有可能属于创造性回答，当然，我们也要注意，永远不要把裁判当作玩笑的对象，这样会破坏裁判对我们的印象。

在类似描述性的语言题中，我们也要充分发挥创新思维，可以加入肢体语言，也要把握时间，让平淡单一的描述充满创造性。我们在日常生活中也可以不断地练习，想想身边的东西有什么特别的地方，如果在平时就不断培养，锻炼自己的创新思维，那么比赛时思路会很开阔。

创意记录区（把尽可能多的答案写在下面）

疯狂的动物

从下面的题目中选一个，并讲一个相关的故事，由第一名队员开头，后面依次添加故事情节。（1）一头穿雨衣的大象；（2）一头戴耳罩的鲸；（3）一只戴连指手套的老虎。

时间限制：6分钟。

计分：每个普通回答得1分，每个创造性回答得5分。

大脑碰碰撞

在茂密的热带雨林里有一群大象。

大象们一到雨季来临的时候就要进行一场泥巴大战。

有一头大象有洁癖。

他拿来了树叶遮盖起自己。

但是大风大雨把树叶都吹跑了。

正当他苦恼的时候，他发现了一件超大的雨衣。

当他把雨衣穿上后，他就可以不被泥巴溅到啦。

可是没想到的是，雨衣太小，大象的大屁股还是露了出来。

大海里有一头特别调皮的鲸。

他很喜欢唱歌，但是他的歌声非常刺耳。

有一天，他的耳朵发炎了，他找到了医生。

其他海里的小动物都因为鲸恼人的歌声而烦恼。

他们提前一步找到了医生。

医生连夜向工厂定制了一副特殊的耳罩。

这副耳罩可以将声音改造。

鲸戴上后不仅可以保护自己的耳朵，又可以唱出好听的歌声了。

　　这道题给了大家三个选项，在其中选一个讲相关的故事。这样的题看起来开放性更强，我们可以有更多选择，但是要注意的是不要花太多时间在选择题目上，题目看起来有很多选择，但是还是换汤不换药的。大家可以看到三个选项都是某种动物穿戴了某件物品。那么我们就可以问问自己：为什么他要这样？是谁给他穿戴上的呢？他穿戴上之后会怎么样？当我们的脑海中浮现许许多多个为什么之后，我们就有方向去讲述这个故事了。我们可以通过运用无限的创造力去解释这件事发生的起因、经过、结果。

　　大家都知道，文似看山不喜平。我们最好为故事添加跌宕起伏的过程，这样更有利于大家去发挥，并且获得创造性回答。

　　小朋友们在回答的时候要为故事添加情节，最好不要对上一名队员的回答作描述，比如："大象迷失在了热带雨林"，"热带雨林里有许多叫不出名字的植物"，这样的回答就属于普通回答。当然，如果轮到你时，要是实在想不出来，为了抓紧时间，也可以这样回答，但这仅仅是万不得已的方法。因此，我们也可以深刻明白在正式回答之前，队员间的讨论时间是多么重要。所以小朋友们要好好利用讨论时间，快速定下主题和故事大纲，并且彼此间互相交流自己的想法，让每个队员都参与进来，这样大家就都可以熟悉这个故事的大致情节，那么回答的时候就不太会发生卡壳的现象了。

创意记录区（把尽可能多的答案写在下面）

牧童皮特

这里有一幅画，画上是一个牧马人和他的马。牧马人穿着好几件衣服，还拿着不同的东西。你们的问题是说出他着装的各个部分和东西的名称，并说出它们的用途，或说出其他用途。

时间限制： 3分钟。

计分： 每个普通回答得1分，创造性回答得5分。

大脑碰碰撞

牧马人的帽子可以用来防晒；牧马人的棉衣是用来保暖的；牧马人的皮带能收紧他的裤腰；马鞍使牧马人不会从马背上摔下来。

牧马人的帽子其实是个神奇的帽子，可以拿出不同的道具；牧马人的马是在等待即将被解救的公主；马尾巴是牧马人的胡子，你信吗？

马鞍下面的毯子是块魔毯，走累了，我们可以飞一会儿。

出门不要忘记带信用卡哦；我以为牛仔都是带枪的呢；天太热了，快戴上太阳眼镜；马身上有异味，出门记得带上除臭剂。

牧马人的鞋子是用来防止牧马人的脚被粗糙的地面磨破的。

牧马人的纽扣是一枚针孔摄像机，其实他是《动物世界》的摄影师。

牧马人头上的头发其实是假的，目的是遮住他那丑陋的大光头。

牧马人的鞋子可以用来砸西瓜；毯子可以用来练瑜伽哦；这匹马其实是用来方便牧马人练体操的。

浣熊无敌透析

　　这其实是一道看图说话型的题目。要有话可说，很简单，但是回答要有创意还是有一定难度的。我们要紧扣题目的重点——说出他着装的各个部分和东西的名称，并说出它们的用途，或说出其他用途。

　　小旋风其实观察得很仔细，几乎把图片上能看见的物品都描述了一遍，但是他是直接回答了物品的名称和它的用途。这种回答缺乏想象力，只能算作普通回答。

　　芊芊、蓝泡泡和陈老师则跳出了思维模式的框架，把图片的物品转换了地点，用作了其他用途。例如：毯子可以用来练瑜伽哦；牧马人手中的缰绳可以用来跳绳……他们还加上了自己的想象力，使回答更精彩。例如：牧马人的帽子其实是个神奇的帽子，可以拿出不同的道具；牧马人的帽子可以装水喂马；马鞍下面的毯子是块魔毯，走累了，我们可以飞一会儿。

　　陈老师的思考中还给予了一定的情境，想着牧童出门要消费，那就要带上信用卡；马身上有异味，出门记得带上除臭剂。

　　我们在思考时，要仔细观察图片，既能想到图片中物品的普通作用，又能联想到它们不可思议的用途。例如：马蹄铁还可以用来做掷马蹄铁的游戏哦；马粪可以给田地施肥等等。

　　同学们，赶紧发挥你丰富的想象力来试一试吧！期待你精彩的答案！

创意记录区（把尽可能多的答案写在下面）

如果我能去任何地方

完成这句话："如果我能去任何地方，我会去____，因为____。"

时间限制：5分钟。

计分：每个普通回答得1分，创造性回答得5分。

大脑碰碰撞

如果我能去任何地方，我会去火星，因为我想看看有没有火星人。

如果我能去任何地方，我会去书中，因为我想探索更深奥的知识。

如果我能去任何地方，我会回到过去，因为我想看看爸爸妈妈年轻时候的样子。

如果我能去任何地方，我会去未来，因为我想看看自己变成什么样子了。

如果我能去任何地方，我会去埃及，因为那里有金字塔。

如果我能去任何地方，我会去我奶奶家，因为我想吃她做的菜了。

如果我能去任何地方，我会去妈妈的脑海里，因为我想知道她脑中的好孩子是什么样子。

如果我能去任何地方，我想去神舟飞船当宇航员，因为我想体验失重的感觉。

如果我能去任何地方，我会去北京，因为那里有万里长城。

如果我能去任何地方，我会去月球，因为我要去找嫦娥。

如果我能去任何地方，我会去侏罗纪，因为我想看恐龙。

如果我能去任何地方，我会到童话世界，因为我想和白雪公主做朋友。

浣熊无敌透析

　　这道题需要大家回答的有两个部分，一个是回答地点，另一个是说出原因。埃及，奶奶家，或者是好莱坞，北极，迪士尼等等，都是去一般或普通的地方，这些地方可能是我们心里想去的地方，而原因就是那里有一些吸引人的旅游景点，或者是有特殊的意义，但是这些地方很平常，没有办法体现出回答的创造性，所以属于普通回答。

　　未来，过去，火星等等，都是不寻常的地方，在实际生活中我们是到不了的，或者只存在于想象世界里，但是正因为出人意料，所以属于创造性回答。当然，有了这些意料之外的地方后，说出想去的理由也就变得很有创造性了。

　　另外，除了意想不到的回答以外，我们还可以往幽默的回答方面想，例如：我会去十分钟之前，因为这样我就可以临时改变主意把回答问题的机会交给其他队员了。

　　我们需要发挥想象力，回答中的有些地方可能并不存在，或者人类到达不了也没有关系，只要充分发挥我们的想象，就会是一个创造性的回答。

创意记录区（把尽可能多的答案写在下面）

五彩缤纷

说出一句包含颜色的话。

时间限制：4分钟。

计分：每个普通回答得1分，创造性回答得5分。

大脑碰碰撞

黄土高原。

韩红是歌手。

不分青红皂白。

青出于蓝胜于蓝。

我们体内有许多红细胞。

教师用白粉笔写字。

鹅鹅鹅，红掌拨清波。

红砖青瓦。

秋天到了，树叶黄了！

大灰狼和小红帽。

关羽骑着赤兔马。

红豆！大红豆！

乌漆墨黑。

彩虹有红橙黄绿蓝靛紫七种颜色。

我今天吃了红烧肉。

蓝天白云，绿水青山。

我的名字叫蓝泡泡。

昨天我碰见了Mr. Brown。

颜色在我们生活中随处可见，就像小旋风所给的答案只能作为普通回答。芊芊回答"韩红是歌手"，她观察到了生活中不可见的颜色，比如名字中带有颜色的字。

蓝泡泡的回答是"不分青红皂白"，陈老师说"青出于蓝胜于蓝"。他们找到了在谚语或者古诗中隐藏着的颜色的词，这样的回答属于创造性回答。其实这样的古诗和谚语非常多，比如：疑是银河落九天。两只黄鹂鸣翠柳。

说到歌手名字里有带颜色的字，那么同时我们就可以联想到歌词里有颜色的词，比如说："菊花台，满地伤，你的笑容已泛黄"，"玫瑰的红，容易受伤的梦"。

小旋风的回答中有"我们体内有许多红细胞"。这说明小旋风在平时积累了很多科学常识和生活经验，说明他在平时对身边的事物都有留心，我们也可以说一些自己在平时积累的知识，比如在化学方面，氧化铁是黑色的，高锰酸钾溶于水呈紫色；在体育方面，足球比赛中三次黄牌之后，下次就红牌了，斯诺克中白球是母球等等。这些都是我们可以在生活中积累的经验，所以我们要多多留意自己的身边，多问为什么，多多探索。

陈老师还想到有些颜色在英文里面组成了人的名字，比如：Green,Brown,Grey……这样的答案也属于创造性回答，因为是从中文的范围延伸到英文的范围了。

创意记录区（把尽可能多的答案写在下面）

未来新闻

想象100年以后，在那个时代，你可能会读到的新闻标题。

时间限制：4分钟。

计分：每个普通回答得1分，创造性回答得5分。

大脑碰碰撞

考古学家发现了钥匙化石。

科学家发现了月球上出现了生命迹象。

滑板成为法定的交通工具。

昔日明星猫王曝光自己患有猫人病，他将本色出演动画片。

考古学家发现了一种叫汽车的交通工具。

生物学家发现了一块蟑螂化石。

Iphone 100 自带降落伞功能。

水从水星运到了地球。

欧洲大陆和美洲大陆合并。

长寿村的秘密——两百岁老人的健康生活。

上海空铁十三号线完工。

考古学家发现在一袋薯片里含有来自古代的空气。

世界上最后一头大象消失。

月球小区二期正式落成，市长参加落成仪式。

口味空气餐发明成功，人类可不用进食食物。

科学家成功令爱因斯坦复活。

浣熊无敌透析

　　每天都有无数的新闻发生，可这道题目让我们思考并回答的是未来的新闻：假如100年后你还活着，那么会有哪些新闻呢？

　　小旋风说考古学家发现了钥匙化石。他只是陈述了将来可能发生的事，芊芊顺着他的思路说科学家发现了月球上出现了生命迹象。这些都是与现在的事情相关的一些有趣的现象，只能说是普通回答。

　　蓝泡泡的答案是滑板成为法定的交通工具，再比如陈老师说的答案：昔日明星猫王曝光自己患有猫人病，他将本色出演动画片。这两个答案都是永远的新闻，非常有趣。

　　芊芊的回答是月球小区二期落成，这个回答就是体现了人类在探索太空领域的研究成果，非常有想象力，属于创造性回答。

　　请你用眼睛观察世界，身边会有很多有趣的事情，发挥你的想象力，可以是无厘头的搞笑，可以是体现科学创新的。说说：100年后的新闻会是什么呢？

创意记录区（把尽可能多的答案写在下面）

动物功能

说出你想拥有某种动物身体的某一部分，并解释为什么。

时间限制：4分钟。

计分：每个普通回答得1分，创造性回答得5分。

大脑碰碰撞

我想拥有长颈鹿的脖子，我就可以不用望远镜了。

我想拥有兔子的眼睛，就可以不用戴美瞳了。

我想拥有乌龟的壳，我就可以躲避妈妈的唠叨。

我想拥有蜘蛛的脚，我就可以和蜘蛛侠一决高下。

我想拥有兔子的耳朵，很远就可以听到妈妈的脚步声。

我想拥有松鼠的尾巴，可以当降落伞。

我想拥有袋鼠的腿，我就是灌篮高手。

我想拥有鲨鱼的皮，游泳阻力就小得多。

我想拥有老鹰的翅膀，这样就可以在天空自由飞翔。

我想拥有猫头鹰的眼睛，我就可以看透别人的心思。

我想拥有变色龙的变色本领，随时可以隐藏自己。

我想拥有美洲豹的腿，我就是跨栏高手。

我想拥有狗狗的耳朵，我夜里都能听到小偷的脚步声。

我想拥有北极熊的毛，我就可以不用买衣服了。

我想拥有火烈鸟的大长腿，我就可以如愿以偿地穿长筒靴了。

我想拥有国宝大熊猫的眼睛，我就可以假装没睡好不用上课了。

　　小旋风说他想拥有长颈鹿的脖子，就可以不用望远镜了。他找到了长颈鹿最明显的特征，并想到这样可以看得更远了！芊芊顺着小旋风的思路，想到了兔子的眼睛红红的，她说拥有兔子的眼睛，就可以不用戴美瞳了。他们都找到了这些动物最明显的特征，并让人容易想到这些答案，所以这两个答案只能是普通回答。

　　蓝泡泡的回答很幽默，他说如果拥有乌龟的壳，就可以躲避妈妈的唠叨了。陈老师说想拥有蜘蛛的脚，把蜘蛛和蜘蛛侠联系到了一起，他就可以和蜘蛛侠一决高下。蓝泡泡和陈老师的答案都和我们的生活联系到了一起，陈老师想和英雄一决高下，而蓝泡泡想到的是逃离妈妈的唠叨。大家是不是也能把某些动物的特征和生活中的趣事联系起来呢？

　　同学们，充分发挥创意吧，说说你们的想法。

创意记录区（把尽可能多的答案写在下面）

有生命了

想像自己是这个房间里一个刚刚拥有生命的物品。你们会说什么呢?

时间限制:4分钟。

计分:每个普通回答得1分,创造性回答得5分。

大脑碰碰撞

黑板:你们不要在我身上画画了。

灯:我想去外面的世界看看。

杯子:我喝了一大杯水,现在肚子胀胀的。

空气:很高兴,每个小朋友都这么爱我。

窗帘:不要扯我的衣服。

台灯:别让我一直瞪大双眼好吗?

椅子:沉睡多年的我终于醒过来了。

手机:大家快过来自拍一张。

贴纸:别看我颜色鲜艳,我已经老了没粘性了。

空调:别叫我啦,我快发烧了。

柜子:嘿!我猜你肯定不知道我可以通往纳尼亚。

地毯:你猜我身体里藏着多少东西。

书包:我好饿,快给我吃书本。

电脑:我最酷炫狂拽,我是高富帅。

拖线板:我是掌控电力的神!

　　读到这道题目后，小旋风看到了教室里的黑板，他想到了老师和同学们每天都在黑板上写啊写，如果他是黑板肯定感到特别难受。而芊芊也在观察教室里的事物，她抬头看到了灯，她想如果我是灯该有多痛苦，每天关在教室里，哪里都不能去，真的是照亮了别人，牺牲了自己。小旋风和芊芊都站在黑板和灯的立场想他们的难处，这些只能算是普通回答。

　　我们可以通过观察来想答案，但是更重要的是回答的创造性。我们可以联系东西的用途和现状来想答案，也可以尝试用幽默的回答来博得裁判欢心。

　　蓝泡泡的这个回答就借鉴了电影《纳尼亚传奇》中的衣橱的角色，让人觉得眼前一亮，既有创意又有趣。我们也可以积累一些平时有趣的东西，这样回答的时候就会很顺利了。

　　陈老师说"手机：我们一起来自拍一张！"这样的回答就十分与时俱进，因为我们平常都用手机自拍，如果把手机看成是有生命的，那么也肯定想和屋子里的其他东西一起自拍吧。这样的回答既有趣幽默又不乏创造性，我们要多向陈老师学习思维方式和答题方法，体会到语言的魅力，以及生活中的乐趣。

创意记录区（把尽可能多的答案写在下面）

舞台布景故事

这里有吸尘器，围巾，电话，床单，张开的伞，台灯，画和画架，运动鞋，人造植物，吹风机。用所给的材料来创造背景，并讲一个在你们创造的背景下发生的故事。

时间限制：5分钟。

计分：（1）故事背景的总体创造性。

（2）每个普通答案得1分，每个创造性答案得5分。

大脑碰碰撞

从前有个大魔王。

（把张开的伞放在自己身后，并且披上床单）

他有一帮小喽啰。

（拿运动鞋在地上印出脚印）

大魔王有个对头叫破喉咙。

（打开吸尘器）

破喉咙有一头飘逸的长发。

（将围巾放在头上，拿吹风机吹围巾）

他们冤家路窄，有一天碰到了对方。

他们要一决胜负，于是拉了一个路人做评委。

路人是一个画家。

（拿出画和画架）

画家把他们打斗的场面画了下了，并且连载了漫画。

从此大魔王和破喉咙成为了专业模特，他们最后成为了大明星。

浣熊无敌透析

　　这是一道语言动手混合题，我们可以看到有许多的道具。首先，在讨论时间内，队员们就要快速准备一个大概的故事，有什么需要的情节、转折也要讨论好，这样我们就可以通过故事的情节来准备道具。我们可以参照所给的评分标准。其中，故事背景的创造性在评分项目之内，因此我们在讨论故事的时候也要尽可能地更有创意，编出出人意料的情节。另外，在我们的面前有各种各样的道具，那么我们就要明白在回答的时候要充分利用这些道具。

　　我们可以改变物体本身，比如多个道具的结合或利用物品阐述情节，又或是以一种新颖的方式利用物品来阐述故事的情节，可以加上肢体表演的形式，也可以是一种幽默的表达方式。此外，小朋友们都知道，我们十分注重队员间的合作，所以在讨论的时候，我们每一名队员都要参与进去，说出自己的想法。这样可以为故事添加更多的创意，并且在正式回答的时候，每个人也都会熟悉这个故事的大概情节，队员们也更有准备地来进行答题了。

创意记录区（把尽可能多的答案写在下面）

鱼骨头

这里有一幅画，画的是一个鱼骨头。这时，有人邀请你们共进晚餐。你们的问题是和鱼对话或描述它。例如，你们可以说："鱼是一种很有营养的食品。"

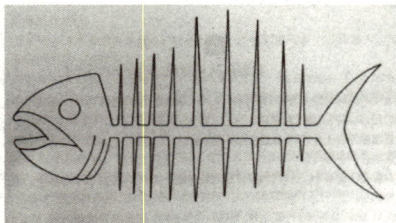

时间限制：3分钟。

计分：每个普通回答得1分，创造性回答得5分。

大脑碰碰撞

鱼非常好吃，阿姆阿姆；鱼是一种很有营养的海产品；我最爱吃鱼了，因为鱼有营养。

嗨，小鱼，你从哪里来呀；小鱼，你的眼睛怎么白了呀；请问你之前是清蒸还是糖醋的。

小鱼，你照了X光吗；吃你之前，先让我把头发梳一梳；这是一道新菜，名字叫做鱼骨刺身。

估计只有仙女才能让这条鱼游起来；小鱼，平时你爱吃些什么呢？我不知道原来鱼的眼睛是白色的呀。

我认为鱼是一种可怕的生物，因为如果吃鱼不慎，会被鱼刺卡到。

鱼皮有美容的功效。

小鱼，你即将进入我的肚子里，有什么遗愿要完成吗？

你是来自火星的鱼吗？你刚去完减肥培训班吗？你为什么没有眼珠？你是不是败在喵星人的手里了？

题目可以从两个方面去思考：第一种是描述这条鱼，第二种是与这条小鱼对话。当然与鱼的对话会更讨巧一些，因为我们在回答语言题时，除了口头表达外，还可以加上一些肢体语言。

例如，芊芊与小鱼打招呼时加上了一些动作，使整个答题的气氛活跃了起来，这是一个很不错的表现。

小旋风呢，脑子动得很快，可以直接从鱼这个字上想到很多衍生的回答，例如：鱼非常好吃，阿姆阿姆；鱼是一种很有营养的海产品；我最爱吃鱼了，因为鱼有营养。

蓝泡泡对这条鱼的描述很有意思，看见鱼骨头，马上想到了梳子梳头发。

陈老师又给大家展示了一种独特的回答技巧，他并不是直接说小鱼的眼珠是白色的，而是反着来回答的：我不知道原来鱼的眼睛是白色的呀。这样的语句更让裁判眼前一亮。

我们都知道，OM源于美国，所以很多题目都是翻译过来的，我们考虑答案时也可以从英语的角度去思考。例如：英语中鱼是fish，我们就可以回答：这个问题很可疑（fishy）。

另外，我们可以想一些幽默性的回答。例如：若你还活着，我家鱼缸里的鱼一定会很喜欢你；我家盘子的花纹竟然是条鱼。

我们每个人对于这张图片的理解都是不一样的。记住，在OM的赛场上，回答越是天马行空，就越有可能得高分哦。

Part 2
车辆类赛题大集锦

誓言：

让我成为知识的探索者！

让我在未知的道路上漫游！

让我用我的创造力把世界变得更美好！

综述：小车的动力与结构

　　小朋友都喜欢汽车，特别是男孩子，对汽车可谓是情有独钟。那么汽车是如何诞生的呢？1885年卡尔·奔驰制造出世界上第一辆以汽油为动力的三轮汽车，并于次年（1886年）1月29日为发明专利立案，因此1月29日被认为是世界汽车诞生日，也将1886年定为世界汽车诞生年。该车装有卧置单缸四冲程汽油发动机，每小时行走15公里。该车前轮小，后轮大，发动机置于后轮上方，动力通过链和齿轮驱动后轮前进。该车已具备了现代汽车的一些基本特点，如电点火、水冷循环、钢管车架、钢板弹簧悬挂、后轮驱动、前轮转向和掣动手把等。其齿轮齿条转向器是现代汽车转向器的鼻祖。

　　然后，由于当时该车的性能还未完善，发动机工作时噪音很大，而传递动力的链条质量不过关，常常发生断裂，因而在汽车经过的道路上，人们经常会看见有趣的景象，就是人推车而不是人坐车。奔驰夫人贝尔塔为了回击社会舆论的讥讽，于1888年8月带领两个儿子驾驶着经过奔驰反复改进的汽车从曼海姆出发，途径维斯洛赫添油加水，直驶普福尔茨海姆，全程144公里。这次历史性的试验为汽车的发展做出了巨大贡献。因此，奔驰夫人被称为世界上第一位女汽车驾驶员。如今，这辆奔驰1号车陈列在德国汽车发源地斯图加特市的奔驰汽车博物馆中。

　　从中不难看出，一辆汽车的诞生离不开使得它行驶的动力来源、启动装置、冷却系统、车身结构、避震悬挂和制动系统等。同样，小朋友们在制作用来完成各种任务的小车时也应当注意以上部件的安装。例如，电动圆周车为什么能沿圆周行驶，橡筋动力车如何控制小车的行驶距离，如何能够使得风力车行驶得更远等问题。下面，我们就来看看，究竟有哪些原因造成了小车行驶的不同效果。

一、电动车

　　电动车，即电力驱动车，又名电驱车。电动车分为交流电动车和直流电动车。我们通常制作的电动车是以电池作为能量来源，通过控制器、电机等部件，将电能转化为机械能，通过控制电流大小改变速度的车辆。第一辆电动车于1834年制造出来，它是由直流电机驱动的，时至今日，电动车已发生了巨大变化，类型也多种多样。下面，我们就来讲讲电动车发展的故事。

　　世界上第一辆电动汽车于1881年诞生，发明人为法国工程师古斯塔夫·特鲁夫，这是一辆用铅酸电池为动力的三轮车;而在1873年，由英国人罗伯特·戴维森用一次性电池作动力发明的电动汽车，并没有列入国际的确认范围。后来就出现了以铅酸电池、镍镉电池、镍氢电池、锂离子电池、燃料电池作为电力。

　　小实验：小朋友们都喜欢玩四驱车，那我们可以尝试在同一辆车上使用不同类型的电池，看看它们的效果会有什么不同？

　　电池分为铅酸电池和锂离子电池，不同品牌的电池价格差异较大，而对于锂电池，不同类别差异更大，二类电池对比一类电池价格差异悬殊。如果要使小车在行驶过程中尽可能地走直线，那么在安装电池的时候也特别讲究，从整车平衡和上下车方便考虑，以电池放置于车架斜管或立管的位置为好。

　　二、风力车

　　风力汽车，是指汽车可以根据风的方向自动行驶，驾驶员也可以通过驾驶舱内的特别配置来手动调节其车尾的"帆"，进而改变车辆的行驶方向。

　　一辆德国制造的"疾风探险者"号风力汽车曾经成功穿越广袤的澳大利亚大陆，沿途忍受酷热和寒冷天气，全部行程约5000公里。值得一提的是一路上它主要以风力为驱动力，而用于为蓄电池充电的花费只有区区10澳元（约合66元人民币）。据悉以风力驱动的汽车进行如此严酷的长距离旅行测试，这在全球尚属首例。这辆名为"疾风探险者"号的风力车系由两名德国发明家德克·吉翁和斯蒂芬·西默尔合作研发，2011年2月14日情人节这天，"疾风探险者"号结束长约5000公里的长途旅行，横穿整个澳大利亚大陆，顺利抵达终点站悉尼，这是这款原型车第一次接受如此重要的测试。想告诉同学们的是如果想打造一辆轻型电动节能车，一切现已就绪。利用可再生能源，足以完成如此艰险的旅程。

　　本书中，运用"风力"作为动力行驶的小车一共有两种：一种是风帆车，另一种是风力车。小朋友们可以尝试比较下，他们之间有什么相同点，有什么不同点。我们会发现，虽然它们都是运用了风力驱动小车，然而它们的工作原理是有所不同的。风帆车是通过风力直接驱动，而风力车则是通过风力带动螺旋桨再通过电机驱动小车。

小实验：动动手，自己做一辆风力小车。

实验重点：利用风力使小车运动起来。

实验目的：（1）手工DIY了解风力车的工作原理；（2）知道力的作用是相互的。

实验认知：两个物体之间力的作用是相互的。这个物体对那个物体有力的作用时，那个物体也一定同时对这个物体有力的作用，这一对力互称为作用力与反作用力。作用力与反作用力总是大小相等、方向相反，作用在同一条直线上。人推墙壁时，这个力是作用力，墙壁也会给你一个相同大小的，就是反作用力。划船、游泳、飞船起飞都是这个道理，用力拍桌子手会痛、往地板上用力摔乒乓球，会发现用的力气越大乒乓球就会跳得越高。

本节实验做的风力小车是通过车身上的扇叶旋转产生向后推动的风，风会给车身后方的空气一个作用力，而车身后方空气会给小车一个向前的反作用力，从而使小车前进。

实验步骤：（1）认识实验器材:小电机、车轮、底座、车轴、扇叶、电池盒、双面胶。

（2）先将两根车轴分别穿过底座侧面的小洞后与车轮连接组成小车，然后将电池盒没有开关的一面用双面胶固定在车身的一端。

（3）将电池盒上的正负极导线顶端的线头摘下，然后将里面的铜线拧紧，如图连接好后装上电池，试一下马达是否能正常工作，再将电机用双面胶固定在电池盒靠近边缘的一端，装上扇叶。

提示：连接导线时一定将红色与黑色导线连接正确，并且注意两根导线裸露的部分不要接触到一起，以防短路。

知识拓展：（1）相互作用力是大小相等、方向相反、分别作用在两个物体上、且在同一直线上的力；两个力的性质是相同的。（2）平衡力是作用在同一个物体上的两个力，大小相同、方向相反，并且作用在同一直线上。两个力的性质可以是不同的。（3）相互平衡的两个力可以单独存在，但相互作用力同时产生，同时消失。（4）相互作用力只涉及两个物体（施力物体同时也是受力物体），而平衡力要涉及三个物体（两个施力物体和一个受力物体）（5）相互作用力分别作用在两个物体上，而平衡力共同作用在一个物体上。（6）相互作用力没有合力，平衡力合力为0。（7）相互作用力具有各自的作用效果，平衡力具有共同的作用效果。根据力的性质，可以将它们分成弹力、摩擦力等，物体间的作用力和反作用力总是属于同一性质的力。对于一对作用力与反作用力，不能说一个力是起因，而另一个力是结果。两个力中的任何一个都可以被认为是作用力，而另一个相对于它就成为反作用力。

提示：手工DIY风力（四轮）小车过程中，必须在大人和老师的指导下操作，避免任何东西入口。

你知道吗？几千年来人们一直在寻找一种最理想的路上交通工具。远古的祖先驯服了牛与马，也为此创造出了各式各样的人力与兽力车，但人类并不会因此而满足，19世纪随着工业革命的发展，蒸汽车获得普及，许多人把蒸汽机装在车上，不过真正的汽车（使用汽油引擎作为动力）则是1886年在德国诞生的。

实验思考：在我们实际生活中，你知道还有那些是作用力和反作用力的现象吗？

三、重力车

重力与人类生活的关系密切。人类很早就用重力来度量物体受力的大小。弹簧出现前，秤就是人类用来比较物体重量的工具；弹簧出现后，又使用弹簧秤来称重量，同一物体的重力在地面附近的空间里变化甚小，所以在日常生活中可视为常数，这就是把重力用作量力单位的方便之处。由于物体的重力几乎不变，所以伽利略意识到重力加速度也是个常量。伽利略的研究为牛顿的研究奠定了基础。牛顿在1687年发表万有引力定律后，找到了重力的物理根源，从此人类对重力有了较正确的认识，牛顿是通过物体落地和月球不落地这两种现象的对比而得到万有引力概念的。通过万有引力定律和牛顿运动定律，人类终于把力学基本理论以及物体的机械运动弄清楚了。按牛顿的观念，重力是一种超距力，牛顿把重力推广到万有引力，从而解释了天体运动的开普勒定律，同时建立了工程上广泛应用的经典力学。

重力车的特征是依靠自身重力驱动行驶的车，实质是通过周期性地改变重心而达到依靠自身重力驱动行驶的目的。利用重物受到地球引力的作用，通过滑轮传导，使小车轮子转动，推动小车前进。

重力驱动主要是把重力势能转化为小车前进的动能，以后同学们学物理时候会学到能量守恒定律和机械能守恒。

能量守恒定律认为在一个封闭的孤立系统里，能量既不能被创造，也不能被消灭。也就是说能量是守恒的。在这些条件下，能量可以从一种形式转化成另一种形式，但系统中能量的总量保持不变。

而系统的动能和重力势能的总和叫机械能，在一个给定的系统里，如果不出现其他形式的能量，系统的机械能等于动能和势能之和。

比如小朋友最爱玩惊险刺激的过山车，俯冲下来时候速度越来越大，主要就是过山车的重力势能转化为动能。但是一般过山车的机械能是不守恒的，因为任何穿过空气运动的物体都会受到空气阻力的作用。而对于过山车，其轮子和轨道之间还存在着摩擦力的作用，所以会损失一部分能量。

在本书重力车设计的案例中，同学们可以认真理解这些道理，用相关的理论知识指导自己的设计。

通过本书中提到的重力车制作方式，我们会发现，重力车的行驶

❖ **重力小车结构图**

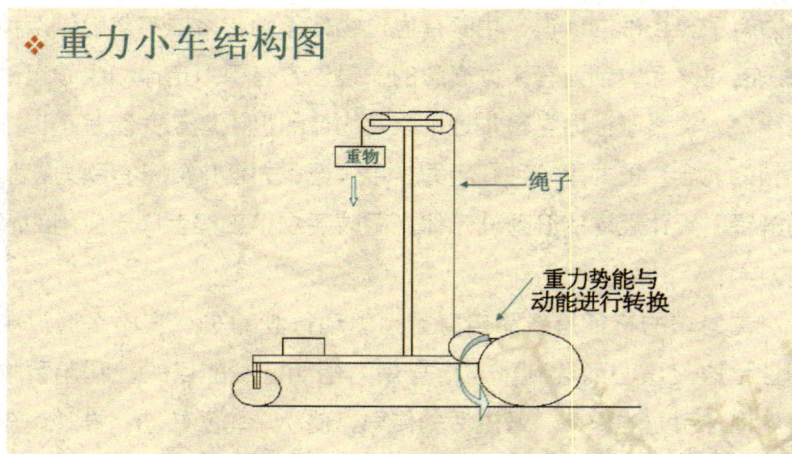

是否顺畅与很多因素有关，例如引力、重力、摩擦力等。

　　同学们，小车的动力与结构还有很多不同的种类，根据万人大挑战赛题的具体要求来制作不同类型的小车完成最终的目标。下面，我们就进入小车类赛题吧。

风力车

制作一辆用风力作为动力的小车。小车的动力来自电风扇的风能。小车从出发线后出发，对着电风扇以最快速度行驶到终点线。

比赛要求：

1. 制作一辆小车，小车的长度和高度都不能超过20厘米，宽度不能超过12厘米，行驶途中不能改变尺寸。

2. 动力必须来自由赛场提供的电风扇的风能。电风扇风叶的直径为250毫米。队员不能变更电风扇的位置和电风扇的转速（同一赛场转速必须相同）。

3. 不得使用遥控、光控、线控等外部控制装置。

比赛规则：

1. 小车从出发线后出发，对着电风扇行驶到终点。一旦小车的任何部分越过出发线后，队员不能再接触小车。行驶途中外界不能对小车进行任何控制。小车在出发时不得外加人为的推动力。

2. 每名队员有两次行驶机会，以成绩好的一次作为正式成绩。

3. 每名队员的比赛时间不能超过5分钟。每次比赛允许队员修理小车（但不能调换）。

4. 行驶时间最少的队员名次在前。

比赛场地：

1. 终点线后0.5米处放一台风叶直径为250毫米的电风扇。

2. 终点线和出发线的长度都为1米，它们之间的距离为3米。

3. 比赛场地示意图如下：

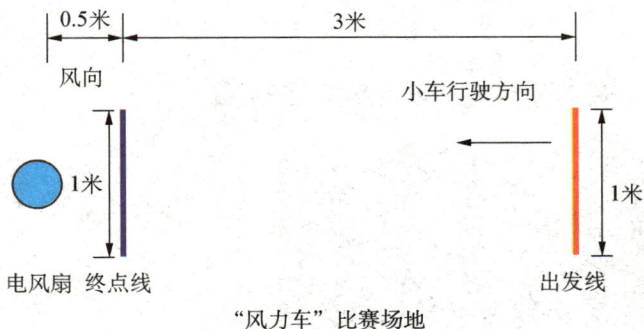

0.5米　　　　　　　　3米

风向　　　　　　　　　　　小车行驶方向

1米　　　　　　　　　　　　　　　1米

电风扇　终点线　　　　　　　　出发线

"风力车"比赛场地

怎么才能让小车对着电风扇行驶呢？真伤脑筋！

我想到啦！可以加个"螺旋桨"，这样风扇的风就可以让螺旋桨转动起来啦！

这样的话风力车会朝着电风扇行驶吗？

只要"螺旋桨"是反向的就行了。

那让我们马上开始动手制作吧。

　　陈老师提供一个方案，供参考。

　　所需材料：带刻度的尺、卡纸、反向螺旋桨、美工刀、铅笔、4个塑料车轮、2根车轴、2根细吸管、1根粗吸管、双面胶、一次性塑料杯、细铁丝等。

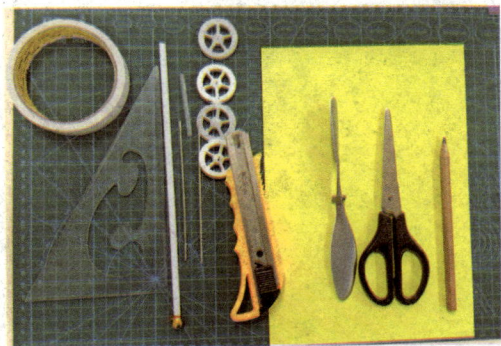

制作步骤:

1. 在硬纸板上画出车身轮廓并进行剪裁。

2. 将画好的轮廓用剪刀进行剪裁。

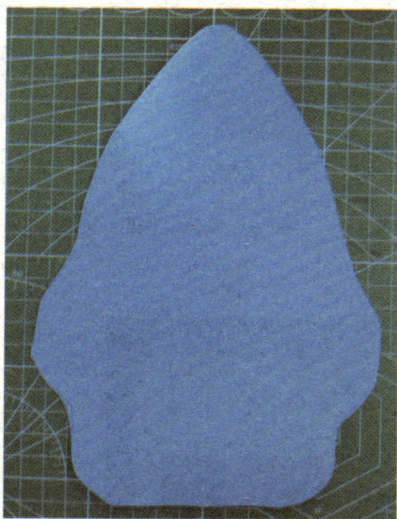

3. 将车轴套上吸管。

4. 用双面胶将车轴粘在车头与车尾处。

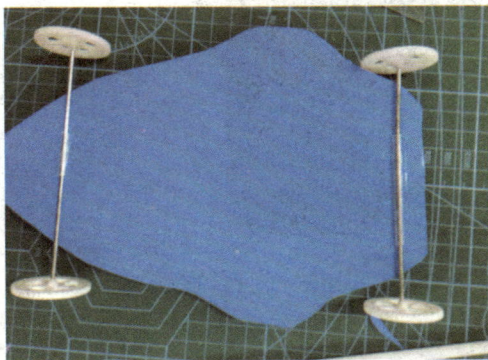

5. 在一次性塑料杯杯底打个小孔，将吸管穿入小孔中。

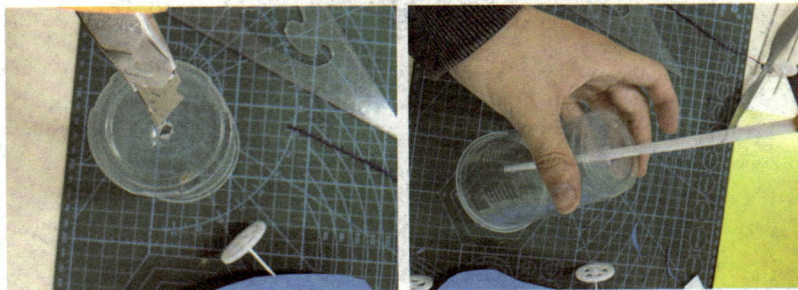

6. 把反向螺旋桨与细铁丝相连穿过吸管。

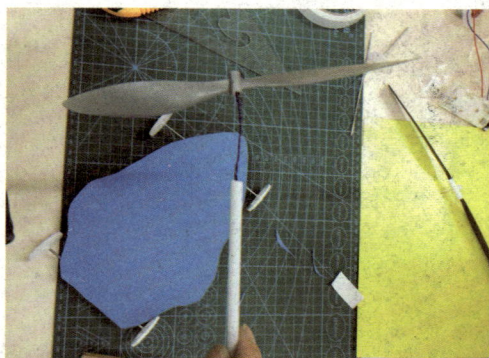

7. 将一次性塑料杯粘在车身上。

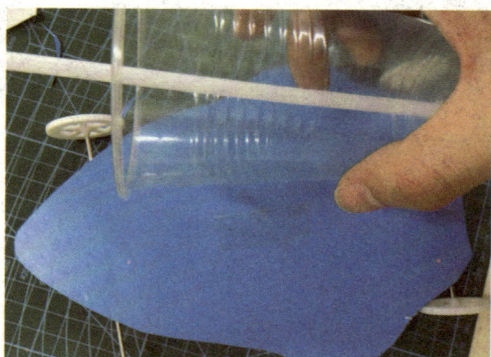

8. 在塑料杯上端钻一个小孔，用铁丝将塑料杯和吸管固定住，小车制作就完成了。

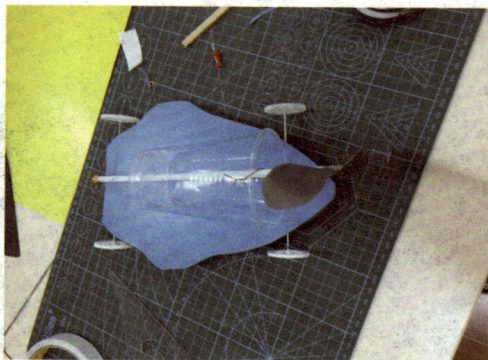

浣熊无敌透析

　　风力车是第三届头脑奥林匹克万人大挑战的赛题。本道赛题要求学生制作一辆能够逆风行驶的风力车，所要解决的困难有两点：

　　（1）相距3米远，如何最大限度利用电风扇的风力使得风力车的螺旋桨转动起来。

　　（2）如何能够让小车逆风而行。

　　经测试，本次制作的小车在距离风扇3米处，螺旋桨转动得并不快，这是存在的不足之处。所以参赛选手可以选择多叶片的螺旋桨，甚至可以选择多个螺旋桨以解决动力不足的问题。其次，要想让小车逆风而行，螺旋桨的选择至关重要，本次制作所采用的是反向螺旋桨，以此来达到逆风而行的目的，参赛选手在制作时也可以自己动手制作螺旋桨，改变螺旋桨叶片的角度以此来增大螺旋桨旋转的速度。

　　除了本文中提供的案例，还可以使用风力发电原理，发电机的风扇旋转产生电力再带动马达旋转，马达带动齿轮，风力车就可以跑了。在万人大挑战比赛中，有时会有指定套材，但思路基本差不多，请同学们灵活运用。

纸风车

用以下材料制作一个转动灵活的纸风车，在尽量小的风力下使纸风车旋转。

材料： 1张纸、铁丝、筷子、剪刀（另外准备：1台电风扇、1把卷尺）。

要求： 1. 队员事先制作好风车，风叶必须用纸制成，其他制作用的材料不限。

2. 比赛时，将纸风车置于一台电风扇前，纸风车在转动时离开电风扇的距离尽量远。

时间限制： 5分钟。

计分： 在风车能转动的情况下测量风车离开电风扇的距离，距离远的为胜。

大脑碰碰撞之讨论

这太方便了，我把纸分别从四个角剪开，并向中心集合。

这样的话风叶会不会不够牢固，我觉得风叶可以再加一层哦，将两个风车叠在一起会更好。

你们的风车有四片风叶，会不会风叶越少转得越快，我的风车只有三片风叶。

方案一：四叶风车。

1. 先把正方形纸张对角折成三角形，再把此三角形折成一个小三角形，然后打开纸恢复原来正方形的形状，这时候，可以很清楚地看见，四方形里交叉着两条对角折线。我们用剪刀分别从正方形的四角，沿着折线由外向内各剪开三分之二的长度。

2. 把铁丝的尖端掰弯扭紧，这样就不用担心扇叶会滑开了，露在外面的一点五厘米长的尖端则要缠绕在二三十厘米长的筷子上，以方便持握在手中。

方案二：四叶风车（加厚）。

剪的方法同方案一，只是将一张纸裁成两个正方形，将这两个正方形叠在一起即可。

方案三： 三叶风车。

1. 先沿正三角折纸的一个角中间对折，然后展开，其他两个角用同样的方法对折，最后留出如下折痕。

2. 以三条折痕的交点为中心将三边分别向内折，首先从下面边折起，最后是左侧，注意三个边折的宽度相同。

3. 完成。

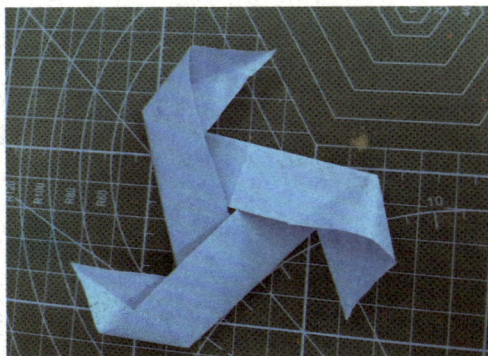

浣熊无敌透析

在中国，使用风车的历史很早。在辽阳三道壕东汉晚期的汉墓壁画上，就画有风车的图样。距今已有1700多年的历史。明朝开始应用风力水车灌溉农田。在国外，公元前2世纪，古波斯人就利用风车碾米。公元7世纪在西亚建造了第一批风车。到了公元10世纪伊斯兰人用风车提水,11世纪风车在中东已获得广泛的应用。

"纸风车"是2005年万人大挑战的一道赛题，通过"纸风车"这个案例能给我们一些启发。例如，我们可以利用风车把积水抽到海里，这样既环保又节省了能量资源。还能利用自然风力来发电、灌溉农田、碾谷物、榨油。

在制作纸风车的过程中，主要难题是使风车的叶片对称，重心得找准。理论上风车的叶片越少则效率越高，但是叶片数量为1片或2片都有平衡问题。而3片则是既保持风车运行稳定又数量最少，风能转换效率相对最高，飞机的螺旋桨与风车原理相似，只是功能恰好相反。一般飞机的螺旋桨也都是低叶片数量布局。经过测试比较，方案二的纸风车由于加厚了，虽然比方案一的纸风车更加稳定，但由于重量问题测试效果不理想。方案三由于三叶风车重心难定，制作较方案一，方案二复杂，成绩不理想。

* 比赛现场图

重力车

　　制作一辆用重力作为动力来源的小车，小车的长度和高度都不能超过20厘米。小车的动力来源可以为1只30克重的砝码，或者用6枚1元硬币，其他材料也可以，利用该材料从小车顶部落下时的能量使小车行驶尽量长的距离。

比赛规则：

　　1. 使砝码（或其他材料）到达小车的最高点，小车从起跑线后出发。小车在砝码（或其他材料）位置变化的作用下向前行驶。

　　2. 当小车停止行驶时，小车前部离开起跑线的距离（厘米）即为该队员的成绩。

　　3. 每名队员有两次行驶机会，取成绩好的一次作为正式成绩。

　　4. 小车行驶出边线成绩为零。

比赛场地示意图：

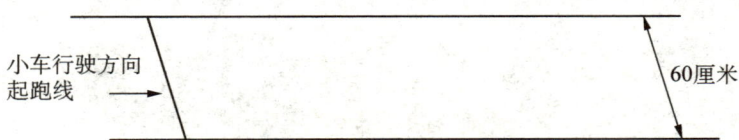

小车行驶方向
起跑线　　→

60厘米

准备器材：

参赛队员可事先制作好重力车。

另外准备：比赛场地、1架天平、1把米尺、1块秒表。

大脑碰碰撞之讨论

我觉得这个问题的关键在于重物落下的过程。

我也这么觉得，但是怎么把这个过程转变成小车的动力呢？

我有办法了，我们可以将重力势能（高度）转化成动能呀，只是这个砝码（或其他材料）应该固定在多高的地方呢？

你的意思是说应该让砝码（或其他材料）从很高的地方开始落下，是吗？

没错，如果太低小车肯定跑不远的。实践出真知，我们只能慢慢试了。

但是太高的话，小车的平衡性会受到影响。

大脑碰碰撞之方案

准备材料：打好孔的雪糕棍、打好孔的木方、圆木棒、车轴、光杆、车轮、垫片、502胶水、棉线等。

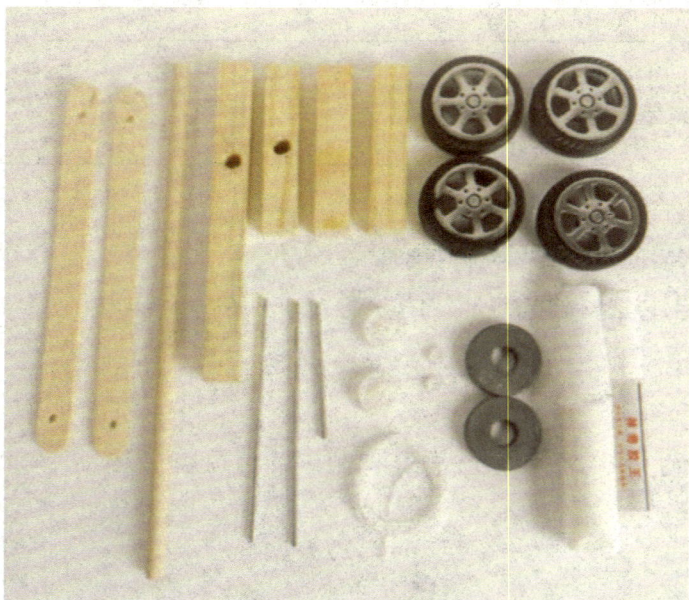

方案：（砝码前置）重力车。

1. 将打好孔的雪糕棍、打好孔的木方粘在一起。

2. 安装车轴。

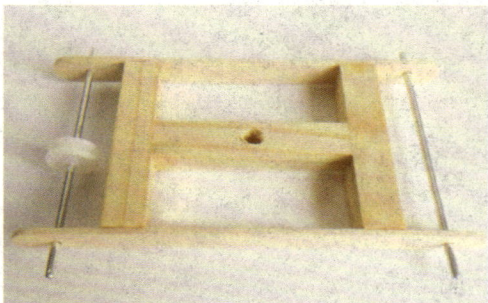

3. 安装光杆和车轮。

4. 把圆木棒插进底座木方的小孔内并用502胶水粘牢固。

5. 安装光杆并用垫片固定好。

6. 完成。

　　"重力车"是2010年万人大挑战的赛题，上述方案中线最好缠在轴上而不是系在轴上。如果是系在轴上，当砝码落到最低点后，线会绷直，车身将不得不利用前进的动能再次把砝码提起来。如果是缠在轴上，当砝码落到最低点后，线会与轴脱离，之后车子还可以凭借惯性向前行驶一段。砝码的势能有上限，可以当定值来看，在这样的条件下，地面阻力也可以近似视为和车重是线性的，至于空气阻力，只要没有特别明显的迎风面应该不用特别关注。因此重点在于减少势能转化损耗，减轻车体的重量，减小所有轴的摩擦以及减小迎风面。重力车运用到了物体势能和动能的转换，这样的例子生活中有很多，比如被堤坝拦住的水水位升高,水的重力势能增大,打开闸门后水开始流动,水的动能带动水轮机转动发电——利用动能做功。骑自行车下坡时，自行车与人所处高度减小，重力势能减小；速度增加，动能增加，重力势能转化为动能。所以不用蹬车也可以加快速度。将钟表的发条拧紧后，发条因发生弹性形变而具有弹性势能。发条在恢复原状的过程中，可以带动齿轮转动，将弹性势能转化为齿轮的动能。

电动直线车

任务：

制作一辆电动小车，用1节5号电池作为能源，使小车能沿直线快速行驶到终点。

小车：

1. 制作一辆电动车，其小车的长度不能超过20厘米，只能使用1只131电动机直接驱动车轮，小车行驶途中不能改变尺寸。

2. 只能用1节5号电池（型号不限）作为能源。

3. 不得使用遥控、光控、线控等外部控制装置。

要求：

1. 小车从起跑线出发，直线行驶到达终点线。

2. 小车任何部分越过起跑线开始计时，任何部分穿过门标停止计时。

计分：

1. 到达终点线时小车从两个门标中穿过，即得到该门标的分值。如碰到门标以低的分值计算。

2. 每名队员有两次行驶机会，取成绩好的一次作为正式成绩。

3. 每名队员的时间不得超过5分钟。每次比赛允许队员修理小车（但不能调换）。

4. 得门标分高的队员名次在前，如得分相同以行驶时间最少的队员名次在前。

时间限制： 5分钟。

比赛场地示意图：

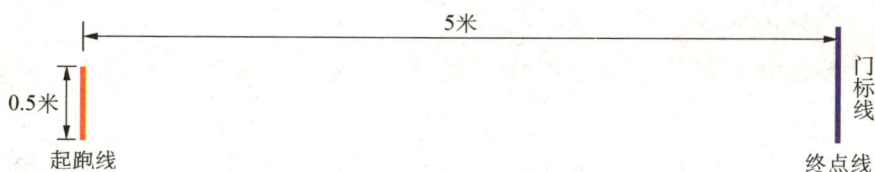

"电动直线车"比赛场地图

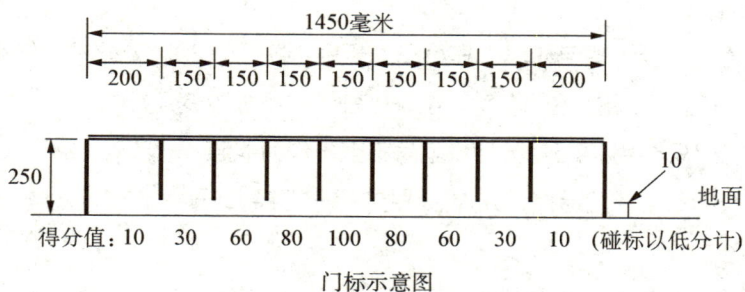

1450毫米

200 150 150 150 150 150 150 150 200

250

10

地面

得分值：10 30 60 80 100 80 60 30 10 （碰标以低分计）

门标示意图

大脑碰碰撞之讨论

怎么样才能让小车跑直线呢？

可以试试让前后轮子之间的连线形成一个等腰三角形，看看是不是能让小车跑直线呢？

等腰三角形和等腰梯形都是最稳固的图形，是不是这个原理呢？

这个主意不错，那让我们试一下吧！

大脑碰碰撞之方案

所需材料：双面胶、前轮2个、后轮2个、2个车轴、塑料吸管、尺、电池盒、马达、美工刀、尖嘴钳、铅笔、卡纸、大齿轮、小齿轮等。

方案: 等腰梯形电动车。

1. 在硬纸板上画出车身轮廓。

2. 用剪刀和美工刀将小车轮廓进行剪裁。

3. 将大齿轮和吸管套进车轴。

4. 将后轮与车身进行对接。

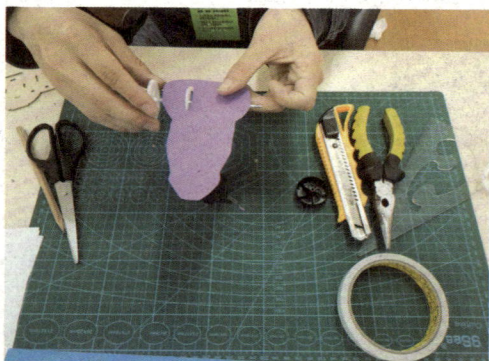

5. 取出大吸管，在大吸管上打孔，将前轮车轴插入孔中。

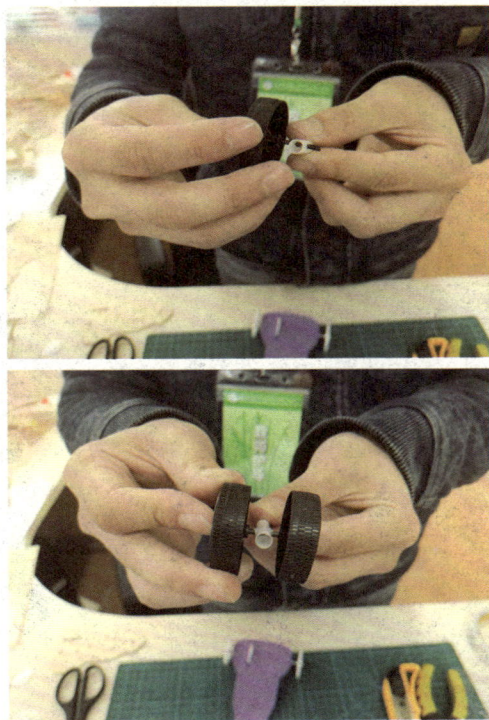

6. 将前轮与车身对接。

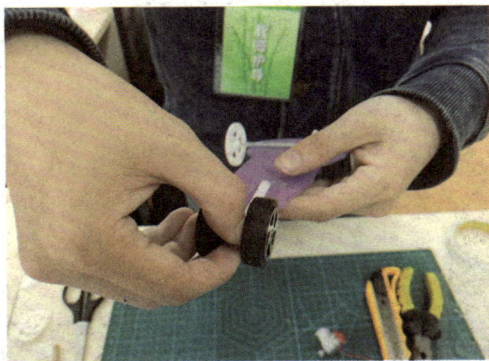

7. 将马达装上小齿轮，并用双面胶固定在与大齿轮啮合的位置。

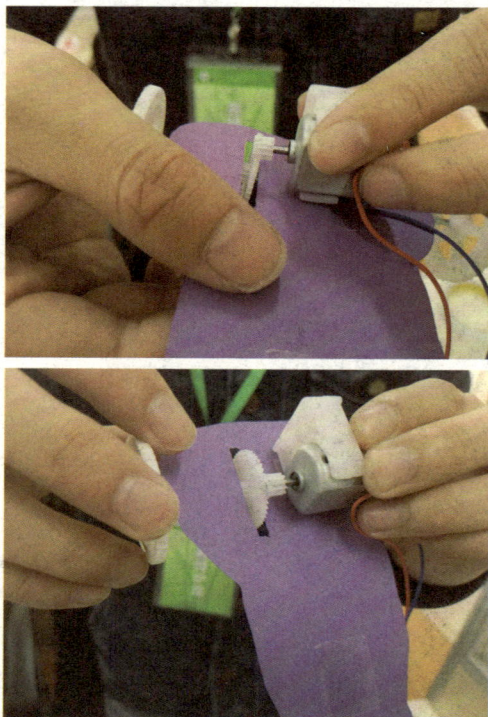

8. 将电池盒用双面胶安装在车头部位，小车的制作就完成了。

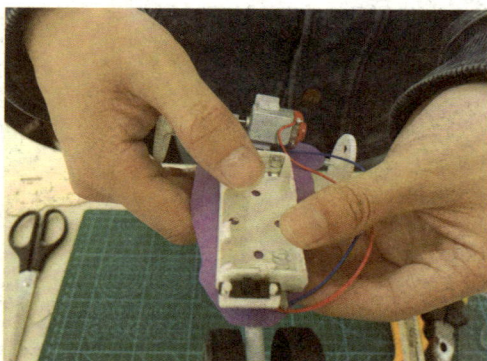

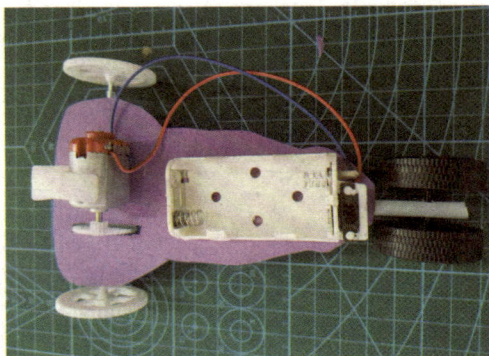

　　"电动直线车"是第三届头脑奥林匹克万人大挑战赛题。在本例中所要克服的最大难点就是如何让小车走直线。因此在制作过程中，我们选择了前后轮呈现等腰梯形这一方案，但是在最终测试时发现由于前轮有两个车轮，导致小车前进时不能长时间保持直线，所以参赛选手可以将方案进行改进，比如只使用1个前轮，用2个吸管将其固定住，前后轮呈现1个等腰三角形。而马达可以继续选择放置在后轮，通过后轮的转动来带动前轮，这样能够获得最大动力。由于需要考虑到电池的重量，参赛选手在车身材料的选择上可以选用更加结实牢固的硬纸板，以此来增强车身的稳定性。

附录："电动直线车"成绩记录单

比赛级别：初赛（　　　）、决赛（　　　）、总决赛（　　　）（在相应的括号内打√）

学校	姓名	年级	方向得分		正式成绩	备注
			第一次	第二次		

每页30行　　　　　　　　　　　　裁判签名：

多拉快跑

任务：

制作一辆电动小车，运送尽量多的乒乓球。

小车：

1. 制作一辆电动小车，该小车必须能放入20厘米×20厘米×25厘米的盒子内（包括车厢）。

2. 小车的动力只能由1节5号电池（型号不限）提供，只能使用皮带传动。

3. 小车必须自行行驶，不得使用任何外部控制装置（包括瞄准器）。

车厢：

1. 由队员设计、制作。

2. 车厢的尺寸、形状、材料不限，但车厢的尺寸包括在整个小车尺寸的限制范围内。

比赛：

1. 队员站在"出发线"后，载着尽量多乒乓球的小车从出发线后出发，行驶到"终点线"。

2. 小车的任何部分越过"出发线"后，队员不能再接触小车，小车出发时不得外加人为的推动力。

3. 运送过程中，掉落在地上的乒乓球，不得再使用，也不计入成绩。

4. 没有越过"终点线"的小车成绩为0分。

5. 每名队员有两次运送乒乓球的机会，所用的总时间不得超过3分钟，取成绩高的一次为正式成绩。

6. 小车的任何部分越过"出发线"开始计时。任何部分越过"终点线"停止计时。运送乒乓球数量多的队员名次在前，如所运送的乒乓球数相同，则所用时间少的队员名次在前。

比赛场地：

1. "出发线"和"终点线"的长度各为1米，它们之间的距离为3米。

2. "出发线"后放有1只装有乒乓球的盒子，"终点线"后放有1只空盒子。

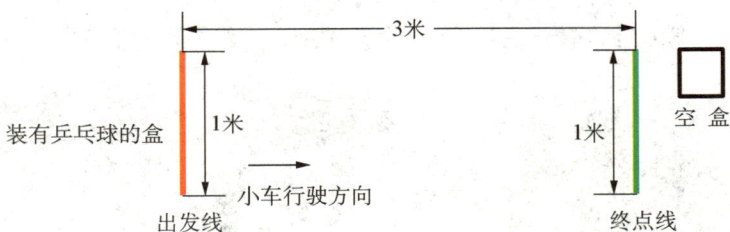

大脑碰碰撞之讨论

要让小车能多装载点乒乓球，我觉得小车可以尽可能地做得大点，这样可以多装球。

我觉得这样说不全对，题目中对小车的大小是有要求的（20厘米×20厘米×25厘米），而且小车的动力源只能是一节5号电池，太大的车可能反而载不了多少球，所以一定要给车减重。

那样的话，除了把马达，齿轮，皮带等必需品留下，其他的不重要部分去除，尽可能减轻重量，留出空间来。

你们都忽略了一个问题，车厢也是很重要的一部分，如何设计车厢使它和小车稳固地结合，并能顺利运输小球呢？也值得思考。

可以用一次性塑料杯来做车厢，简单而且轻便。

我觉得可以用塑料盆，只要选择大小符合题目要求的即可。

我觉得我们可以用纸来做车厢，比塑料好折叠，而且容易固定。

同学们说得很好，就让我们试试看吧！

大脑碰碰撞之方案

方案一：一次性杯子小车。

小车的马达置于底盘下方，上方留空，用双面胶固定住杯子。

方案二：塑料盆作车厢小车。

盆必须下小上大，保证不影响车轮转动。

方案三：纸箱小车。

　　"多拉快跑"是第四届头脑奥林匹克万人大挑战的赛题。以上的三种方案，相同点是都把与小车动力相关的马达等部件放在了车子底盘下，节省了上方空间。而"车厢"则各有不同。第一种用几个一次性杯子做车厢，最大的优势在于简便，固定起来容易，可仔细看就会发现它最大的缺点在于空间利用率低，明显比另外两种能装的乒乓球少。第二种用塑料盆做车厢也很容易，空间也更大，但是塑料盆的重量要多出不少来，小车还能携带多少乒乓球是个问题。而用纸做车厢的话，空间也大，重量也轻，可是纸这一材料太软，容易变形，想要做一个大的纸车厢并固定在底盘上，制作难度高了不少。怎样才能获得最好的结果，需要同学们开动脑筋！

　　在我们的生活中，就有各式各样的车，其中像"擎天柱"式的集装箱卡车，就给了我们不错的解题灵感。本题的限定条件较多，其中车子的动力是固定的，车轮和车身必须保留。所以解题时处理的关键在于给车身减重，在选择车身材料上要尽可能选择轻便的塑料。制作车厢的材料，可以选择如塑料薄膜，韧性较好的纸张等。

　　想要多装点小球，那么对空间的利用也很重要，如何在题目要求的大小条件下做到最大的空间，可以用纸来完成理论上的最大车厢，再根据车厢与小车的实际贴合程度进行裁剪。

风帆车

制作一辆用风力作为动力的风帆车。小车的动力来自电风扇的风能。小车背着电风扇以最快速度行驶到"终点线"。

小车制作要求：

1. 制作一辆风帆车，该小车必须能放入20厘米×20厘米×25厘米的盒子内。

2. 小车动力必须使用由赛场提供的电风扇的风能。电风扇风叶的直径为250毫米。选手不能变更电风扇的位置和电风扇的转速（同一赛场转速必须相同）。

3. 小车必须自行行驶，不得使用任何外部控制装置（包括瞄准器）。

4. 风帆车从"出发线"后出发，背着电风扇以最快速度行驶到"终点线"。

5. 小车的任何部分越过"出发线"后，队员不能再接触小车，小车出发时不得外加人为的推动力。

6. 没有越过"终点线"的小车成绩为0分。

7. 每个选手有两次行驶机会，所用的总时间不得超过3分钟，取成绩高的一次为正式成绩。

8. 风帆车任何部分越过"出发线"开始计时，任何部分越过"终点线"停止计时，所用时间少的选手名次在前。

场地布置：

1. "出发线"后0.5米处放一台风叶直径为250毫米的电风扇。

2. "出发线"和"终点线"的长度各为1米，它们之间的距离为3米。

3. 比赛场地示意图如下。

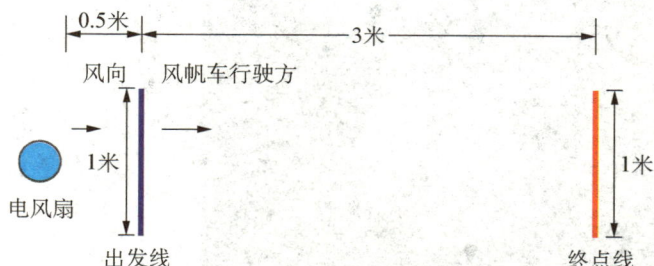

"风帆车"比赛场地图

大脑碰碰撞之讨论

我来挑选合适的制作工具：美工刀、榔头、尖嘴钳、十字螺丝刀都是我需要的。

使用美工刀要注意安全。

制作的时候要按照一定的步骤，避免有的部件提前装好后阻挡了其他部件安装，这样还要拆掉重装。

做完以后为了跑出好成绩调试是必须的。

让我们马上开始制作小车吧。

大脑碰碰撞之方案

所需材料：双面胶、尖嘴钳、四个车轮、圆头尺、剪刀、铅笔、美工刀、镙丝、螺帽、支架等。

制作步骤：

1. 用铅笔沿着圆头尺在硬纸板上画出车身和风帆杆。

2. 用美工刀把车身和风帆杆从硬纸板上刻下来。硬纸板比较厚，要多刻几下。

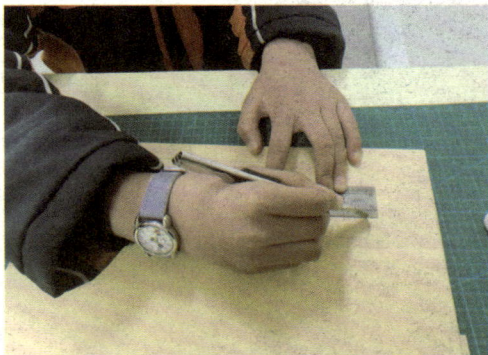

3. 在车身上用尖头锥前后各钻一个洞，再把车轴架用螺丝螺帽固定在车身上。可用尖嘴钳夹住螺帽，用十字螺丝刀把螺丝拧紧。

4. 把车轴插入小车轮中心，再把车轴穿过车轴架上的小孔，接着把另一只车轮装在车轴上，注意留1毫米左右的轴向间隙，使车轮能灵活转动。

5. 车身完成后，用刻刀在泡沫板上切出一块棱长大约2厘米的正方体，用双面胶固定在车身正面。

6. 把风帆杆用双面胶黏贴在泡沫块上。

7. 把彩纸做的帆用双面胶黏贴在风帆杆上，一辆漂亮的风帆小车就做好啦。

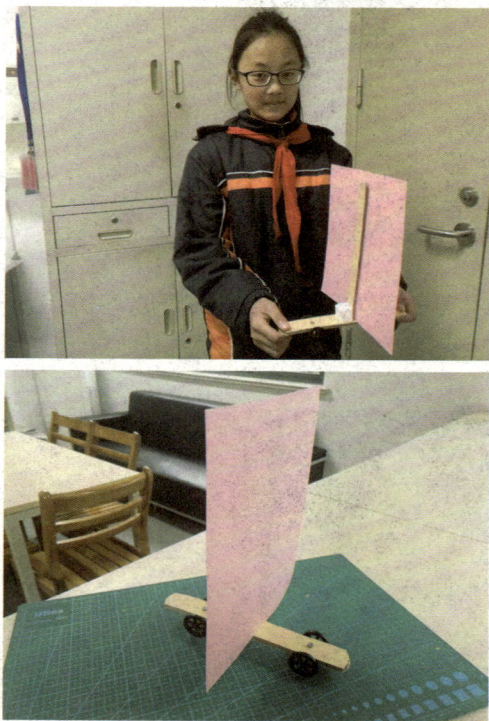

调试方法：

1. 检查前后轮的转动是否灵活。

2. 把小车放在平整的地面上，车后用电风扇吹风，小车能向前行驶。调整小车轮支架的位置，使小车能直线行驶。

3. 想一想、试一试、改一改，怎样使小车能行驶得既直又快。

浣熊无敌透析

风能是一种无污染、可再生、高效清洁的新能源，有着巨大的发展潜力。无论是发展中国家还是发达国家，都越来越重视对风能的开发利用。

　　本道赛题就是要求同学们制作一辆风帆车，以电风扇的风能作为小车的动力，让大家初步体验风能的利用。

　　根据"让风帆小车背对着电风扇以最快速度行驶到终点线"的比赛要求，我们要注意两点：一是小车要保持直行方向，二是车轮转动要灵活。

　　如何让小车保持直行？我们在制作小车的过程中，固定各部件的螺丝要拧紧，不能松动。制作完成后，我们在试车的过程中要根据小车行驶的方向调整小车轮支架和风帆的角度，直到小车能以直线方式前行。

　　如何让小车跑得更快？我们在安装左右车轮时，两边车轮和车身之间都要留出1毫米左右的间隙，才能保证车轮能灵活转动。

　　同学们，在制作过程中，你们一定还会遇到各种各样的小问题，相信凭着你们灵巧的双手和灵活的大脑，一定能克服困难，做出一辆辆跑得又快又直的风帆小车。

　　上面只是提供了一个简单的方案，供同学们参考。风帆车的做法其实还有很多，万人大挑战比赛中有时会指定套材，请同学们注意灵活运用。

电动圆周车圆周行驶

任务：

制作一辆能沿圆周行驶的小车，沿圆周行驶时小车的速度要尽量快。

小车：

1. 制作一辆能沿圆周行驶的小车，该小车必须能放入20厘米×20厘米×25厘米的盒子内。

2. 小车的动力只能由1节5号电池（型号不限）提供。

3. 车身上必须要有一个小圆环，使牵引线上的钩子能钩在这小圆环上，使小车能沿圆周行驶。

比赛：

1. 把牵引线的钩子钩在小车圆环上，小车从起跑线后出发，沿圆周行驶6圈。

2. 当小车行驶1圈后，任何部分越过起跑线（即第二圈开始）开始计时。小车再行驶满5圈时，任何部分越过起跑线停止计时（实际计时为五圈）。所用时间少的队员名次在前。

3. 小车行驶中，因牵引线松弛而进入圆周内得0分。

4. 每名队员有2次行驶机会，取成绩高的一次作为正式成绩。总的比赛时间不得超过4分钟。

比赛场地：

1. 重的圆柱体：可用质量为200克以上的砝码代替。

2. 牵引线：用普通细的蜡线。一端连接在一个圆环上，圆环套在砝码的上端，要尽量减少圆环和砝码上端的摩擦力。另一端与一个小钩连接，小钩钩在小车上的小圆环中（见图1）。

3. 比赛场地（见图2）。

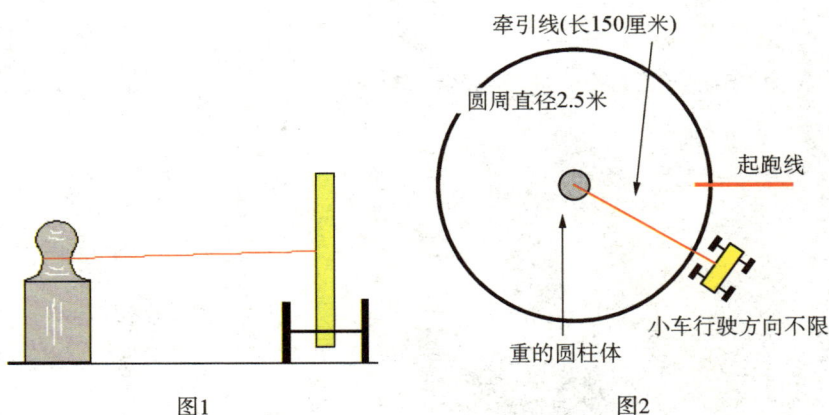

牵引线(长150厘米)

圆周直径2.5米

起跑线

重的圆柱体

小车行驶方向不限

图1

图2

准备器材：

参赛队员事先制作好圆周车。

另作准备：比赛场地、1块秒表、1把尺、牵引线及装置。

大脑碰碰撞之讨论

拿出我的赛车车轮来做小车如何？

那可不行，平时赛车车轮感觉太大了。

那大家一起想想看吧。

大脑碰碰撞之方案

所需材料： 小车车身、电机、车轮、车轴、螺丝刀等。

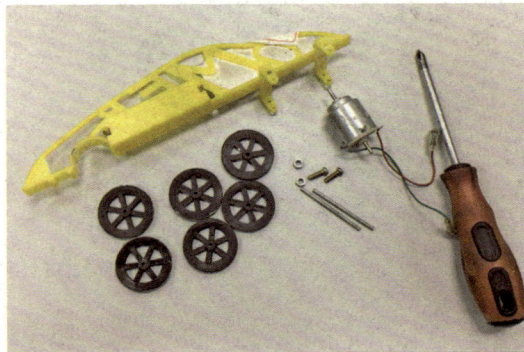

制作步骤：

1. 用螺丝刀将车转向的螺丝拧牢。

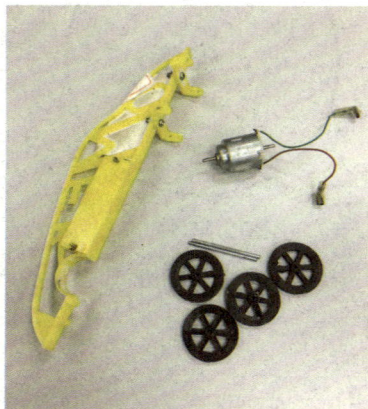

2. 将车轮装上车身。

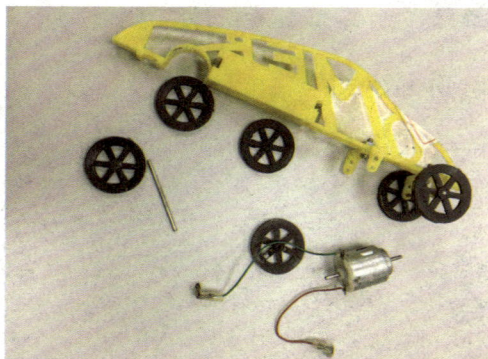

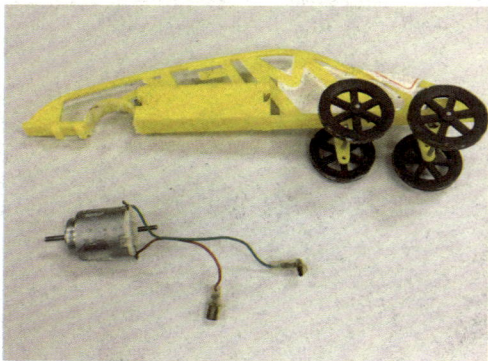

3. 将电机的导线焊在车身上的铜片上。

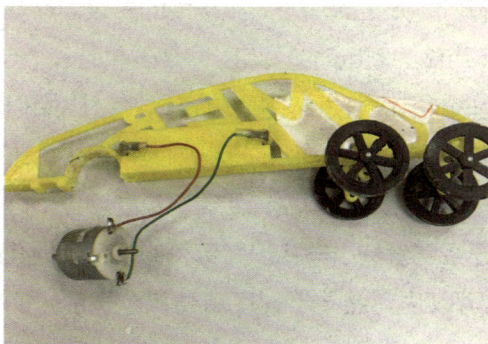

4. 在电机轴上装上后轮，并将电机黏贴在车身后部车轮安装处。

5. 小车制作完成，连上牵引线即可。

浣熊无敌透析

　　"电动圆周车圆周行驶"是第五届万人大挑战的赛题。这是一道简单的小车靠牵引线绕定点做圆周运动的题目。

　　题目其实只要求小车能尽快通过起跑线就可以了。比如你可以在小车的身上装上一些东西：可以把车头的部分制作得更尖，来减少空气的阻力；你可以在车头装上一些物品，使得车头能够更早地通过起跑线；其实现在科技已经能够使小车在没有牵引的情况下做圆周运动。图中给出的小车也可以达到这一步，只需要将车子前轮的转向固定，用502胶水黏牢，减少绳子的拉力，也能够使小车速度变快……许多方法只要是在题目的限制条件之中，那就是你可以尽情去尝试的，从而做得和别人与众不同。

小车滑坡

浣熊出题

任务：

制作一辆无动力的滑坡小车，小车从斜坡上滑下后自行行驶尽量远的距离。

小车：

1. 制作一辆滑坡小车，该小车必须能放入20厘米×20厘米×25厘米的盒子内。

2. 小车能从斜坡上自行滑行，车上不得有动力装置（包括能量转换装置）。

3. 小车上不得使用任何外部控制装置（包括瞄准器）。

4. 小车的重量不得超过40克（用电子天平称重）。

斜坡：

斜坡宽为15厘米、长为90厘米、高为40厘米，用细木工板制成。

比赛：

1. 小车可从斜坡上的任何位置滑下，小车滑行时不得外加人为的推动力。

2. 小车滑下斜坡后，队员不能再接触小车，直到小车停止行驶，裁判计完分为止。

3. 小车滑下斜坡后，在跑道上停止行驶时，小车前端离开起始线的距离为队员的成绩。

4. 小车行驶出跑道边界线，则以小车出线时的位置离开起始线的距离为队员的成绩。

5. 每名队员有两次行驶机会，取成绩高的一次为正式成绩。比赛时间不得超过3分钟。

场地：

1. 跑道的宽度为60厘米，长度至少8米。

2. 比赛场地见图所示。

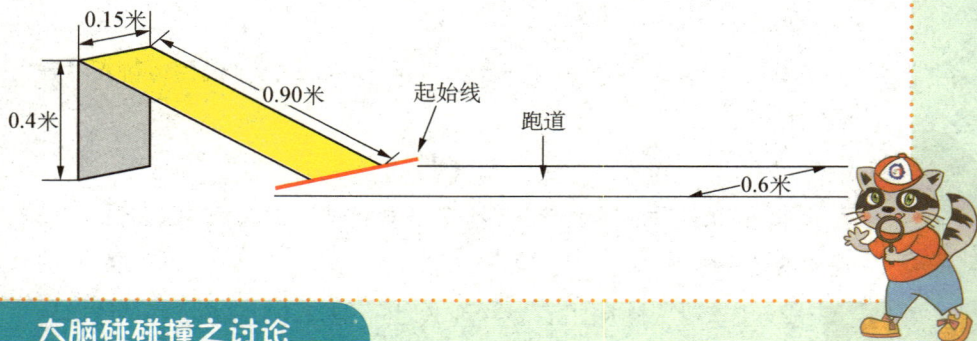

大脑碰碰撞之讨论

小车滑坡？我可没听说过，什么意思？

小车滑坡呀，就是让小车自己从斜坡上滑下来，滑得越远，分数可就越高。

原来是这样啊，那我们怎么来做呢？

这辆小车主要是靠它自己的重量滑下去，小车肯定越重越好。

那可不对，题目规定只能有40克，而且如果它很重的话就滑不远了。

那你说应该怎么办？

车轴和车轮接触的地方，车轮和斜面接触的地方，我觉得都应该要很滑才行。

你说的不错，这样它肯定能滑得很远。

那我们一起来做做看吧！

大脑碰碰撞之方案

所需材料：车轮、车轴。

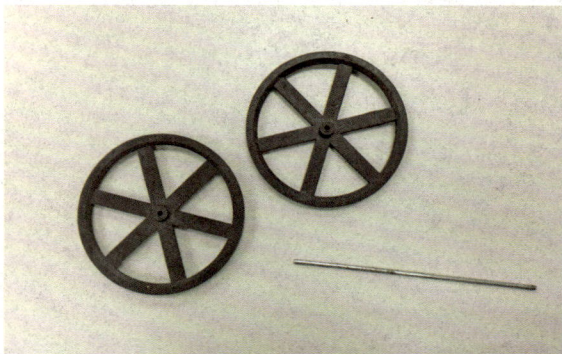

制作方案：

方案一：将车轴插入车轮即可。

方案二：若没有车轮的话，也可以用纸质圆盘（圆形硬纸）、吸管代替。

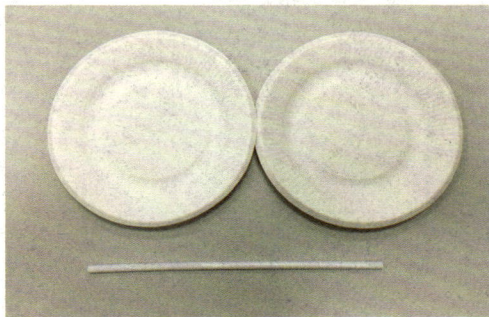

制作步骤：

1. 在纸质圆盘上找到圆心。

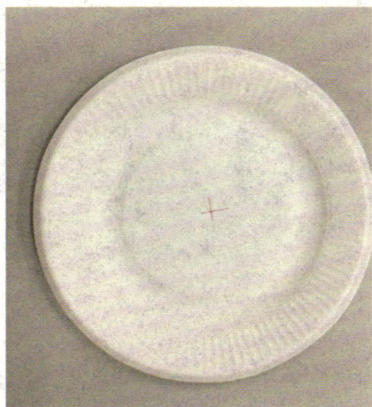

2. 用笔或剪刀在圆心处打孔。

3. 将吸管插入孔中，连接两个圆盘即可。

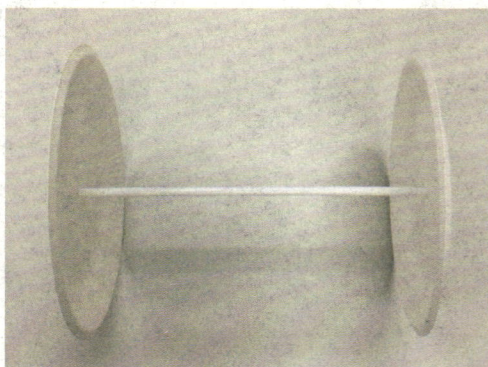

浣熊无敌透析

　　"小车滑坡"是第八届头脑奥林匹克万人大挑战赛题，这是一道小车做自由滑行运动的题目。题目中明确地说明了不可以使用任何的动力，即使是推也不可以。所以小车主要是以自己本身的重量进行滑行运动，这就要求小车本身的重量足够，并且车轴、车轮能够有效地滚动，这样才能滑得比较远。

　　说是小车，但并不一定拘泥于车子这一造型，只用两个车轮进行参赛也是可以的。我们知道面积越大，阻力肯定越大，所以只用车轮，减少了阻力，肯定能滑得更远了；在用车轮的情况下，你觉得是车轮大滚得远？还是车轮小滚得远？当车轮比较大的时候，重心偏上，车轮会更容易滚动。任何在小车上增加的装置，都需要从重量和运行方面去考虑，从而判断到底有没有必要去增加。

橡筋动力车

浣熊出题

制作一辆既能准确行驶又能自行停止在规定范围内的小车。

小车可使用任何材料进行装配，可以进行改装，但车的动力只能用2克橡筋提供。

小车必须能放入20厘米×20厘米×25厘米的盒子内。

小车能自行停止在规定区域内。

比赛要求：

1. 小车从出发区内出发，向前直线行驶一段距离后自行停止在规定区域内。

2. 每人有两次行驶机会，取成绩高的一次作为正式成绩。

3. 小车出发后队员不能以任何方法干扰小车的行驶，小车自行停止在得分区域内的分数即为该队员的成绩。如小车的投影落到分数线上，则以低分计算。

比赛场地布置如下图所示：

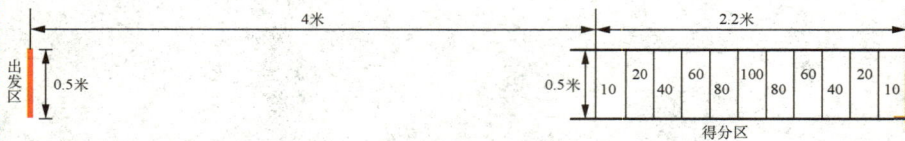

大脑碰碰撞之讨论

怎样让橡筋为小车提供动力呢？

我想扭动橡筋，橡筋弹回来的时候会带动螺旋桨产生推力，使小车前进。

怎样才能使小车正好停在100分区域呢？

橡筋扭动不同的圈数产生的推力会不同，扭动圈数太少，动力不足，无法到达100分区域，扭动圈数太多，又会超过100分区域，所以做完小车要反复试验才行。

小车的大小和橡皮筋的重量都有规定，我们准备材料的时候要注意。

大脑碰碰撞之方案

所需材料：木方、轴杆、轮子、皮筋、双面胶、螺旋桨、铁钉、螺丝钉等。

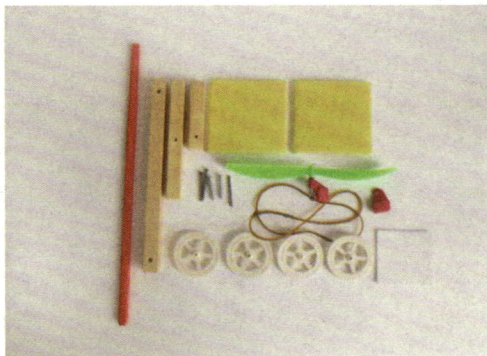

制作步骤：

1. 用螺丝钉将三根木方连接在一起。

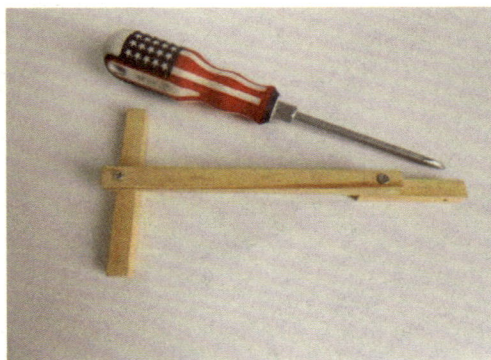

2. 将轴杆插在短木方上的小孔内。

3. 安装轮子。

4. 用铁钉把轮子安装在长木方上的小孔内。

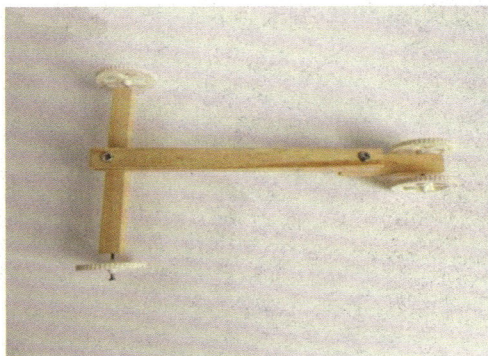

5. 在两块泡沫板上贴好双面胶。

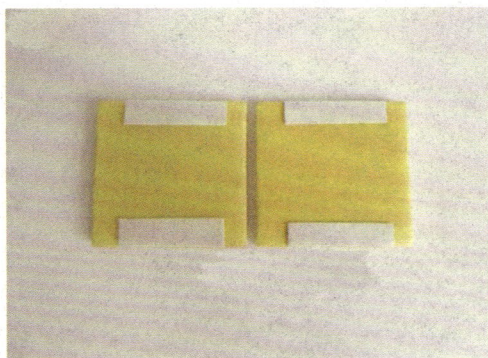

6. 把螺旋桨安装在长杆上。

7. 把贴好双面胶的两块泡沫板粘到木方上。

8. 把安装好螺旋桨的横杆粘到泡沫板的上端。

9. 安装皮筋。

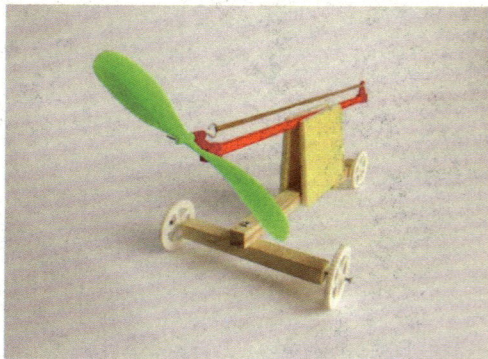

10. 好了，一辆橡筋动力小车大功告成啦，快跟大家比一比吧！

问题一：想一想，试一试，你还有其他制作橡筋小车的方案吗？
问题二：如何制作一辆既能前进又能折返的橡筋小车呢？

　　"橡筋动力车"是第十一届万人大挑战的赛题，橡筋动力车是一种简单的车辆模型。它利用橡筋拉伸扭曲产生的弹性势能作为动力源驱动车轮转动，具有取材方便、价格低廉、容易制作、易于调整的特点。

　　制作小车，我们可用橡筋动力车套材（有时比赛会有指定套材），小车做完以后，要检查前后轮的转动是否灵活。如果改装车辆，小车的大小不超过20厘米×20厘米×25厘米，橡皮筋的重量不超过2克。橡筋扭动不同的圈数产生的推力会不同，扭动圈数太少，动力不足，无法到达100分区域，扭动圈数太多，又会超过100分区域，必须反复试验，力求达到100分。

　　橡筋反复扭曲或拉伸后容易损坏断裂，那么如何保管，才能延长橡筋的使用寿命呢？应把它用清水洗干净，放在阴凉处晾干，再用两只手掌合拢夹住橡筋，反复搓涂蓖麻油后备用。涂过蓖麻油的橡筋可扭绕的圈数大大增加，且扭力柔和，不易断裂。未涂抹过蓖麻油而直接使用的橡筋，可扭绕的最多圈数减少，易断，但扭力大，爆发力强。橡筋要放在温度25℃以下的环境里，避光防热保存。

*比赛现场图

小车拖重物

任务：

用指定的材料，设计、制作一辆小车。小车从斜坡上滑下，拖动放在地上的放有重物的盆子。

小车：

1. 当场制作小车，制作时间不得超过5分钟。

2. 制作小车的材料由队员自备，参考材料如下：

6根塑料吸管（直径不超过5毫米）；

2根车轴钢丝（直径不超过3毫米，长不超过15厘米）；

6根橡皮筋（圆圈形）；

4只塑料车轮（直径不超过70毫米、厚度不超过5毫米）；

6枚回形针（大小不限）；

1条即时贴（宽不超过3厘米，长不超过45厘米）；

10支木铅笔（长度不超过19厘米）；

8枚1元硬币（不得损坏）；

2只一次性纸盆（直径不超过20厘米）；

2只一次性塑料杯子（或纸杯、塑料瓶，大小不限）。

3. 只能使用1把剪刀作为工具，剪刀不得成为小车的一部分，剪刀由队员自备。

斜坡（赛场提供）：

长为91厘米、高为40厘米、宽为15厘米，用木板制成。

盆子和重物（赛场提供）：

1. 盆子是一只一次性的塑料盆。一处装有一根长60厘米的线，末端有个绳环。

2. 重物为一些标准螺丝帽（孔径10毫米）。

比赛:

1. 比赛时间为3分钟。

2. 队员把小车与盆子上的线连接，盆子必须放在斜坡前端后面地板上的任意位置。小车必须从斜坡上的任意位置处滑下，拉动盆子。

3. 在规定的3分钟时间内，队员可以进行多次试验，以队员自己认可的一次成绩为正式成绩。

4. 评分：

（1）小车能从斜坡上滑下得5分；

（2）被小车拖动的盆子的移动距离，每1厘米得2分（以去尾法测量）；

（3）被拖动的盆子内的每只螺丝帽得2分。

"小车拖重物"场地

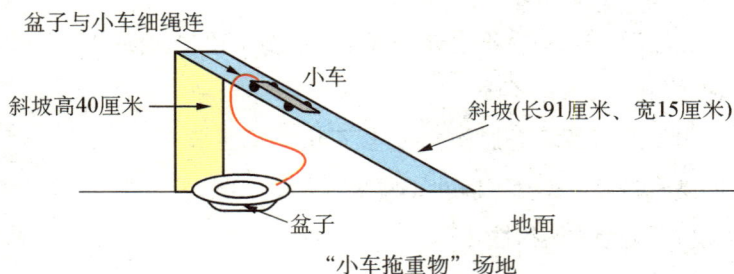

大脑碰碰撞之讨论

问题的关键在于小车从斜坡滑下的这个过程。

我也这么觉得，但是怎么把这个过程转变成小车的动力呢？

我有办法了，我们可以将重力势能（高度）转化成动能。

小车从高处下滑得到的势能为mgh，其中g是9.8，高度也是固定的，那么，我们能改变的就只有小车的质量。

所以，让小车变重，那我们就能得到更多的势能，也就能让小车有更多的动力啦。

没错，但是同时，势能的消耗分两部分，一部分是小车自己的摩擦耗能，一部分是拖动的盆子的摩擦耗能。

但是摩擦耗能又与重量有关。

如果小车太重的话，自己的摩擦耗能就会很大，那么用于拖盆子的摩擦耗能就很小了。

如何才能在这两个问题之间找到一个平衡点呢？

那就让我们来试试吧！

大脑碰碰撞之方案

方案：四轮小车（车轮加厚）。

1. 在塑料瓶或塑料杯上钻四个孔，插入吸管。

2. 将塑料车轮套到吸管上当轮子（若没有车轮，可用瓶盖代替）。

3. 用回形针穿过吸管来固定住轮子。

4. 用即时贴加厚车轮。

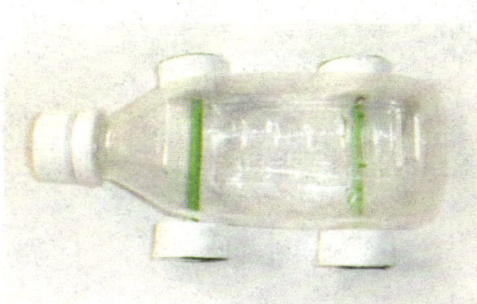

浣熊无敌透析

　　"小车拖重物"是第四届头脑奥林匹克万人大挑战的赛题，在制作过程中，要注意小车前后轮之间的距离，如果前后轮之间距离太近会导致车身的整体平衡性较差，会影响拖重效果，经测试，若不在车轮上缠上即时贴，小车在拖重物时容易产生打滑现象，缠上即时贴可以增加轮子与接触面的摩擦力，可以使拖重效果增加。另外车轴的长度也很关键，经测试轮子与车身之间最好留有2~4厘米的间隙，这样的话当增加重物时就不会出现轮子与车身卡死的现象。

　　如果只是利用小车本身的重力很难取得理想的成绩，因此可以利用材料中提供的橡筋作为动力。可以把橡筋圈连接在一起，一端固定在车架上，另一端固定在车轴上，转动车轮，让橡皮筋在车轴上缠绕，松开手，车轮就会转动。当橡皮筋缠绕的方向与小车运动的方向相反时，小车就向前行驶了，可参考下图的做法。

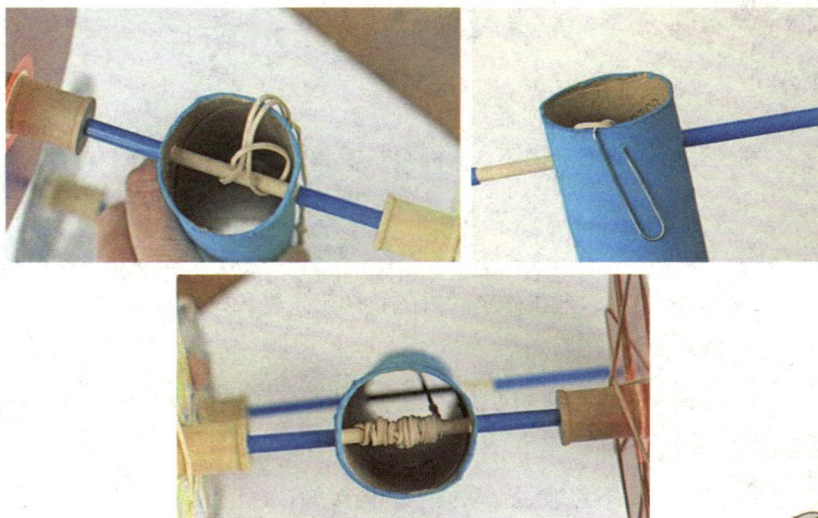

"小兔" 赛跑

任务：

用一些材料搭建一物体，能沿着斜坡滑行尽量远的距离。

要求：

A. "小兔"

比赛时队员可以把事先搭建好的物体带入赛场比赛。

B. 赛跑

1. 搭建的物体可从斜坡上的任何位置滑下，该物体滑行时不得外加人为的推动力。

2. 该物体滑下斜坡后，队员不能再接触，直到该物体停止滑行或滑出跑道边线为止。

3. 该物体滑下斜坡后，在跑道上停止滑行时，该物体前端离开起始线的距离为队员的赛跑成绩。每厘米得1分。

4. 每名队员有两次滑行机会，取成绩高的一次为正式成绩。比赛时间不得超过3分钟。

斜坡：

斜坡宽为15厘米，长为90厘米，高为40厘米。用细木工板制成。

场地：

1. 跑道的宽度为60厘米，长度至少2米。

2. 比赛场地：见下图。

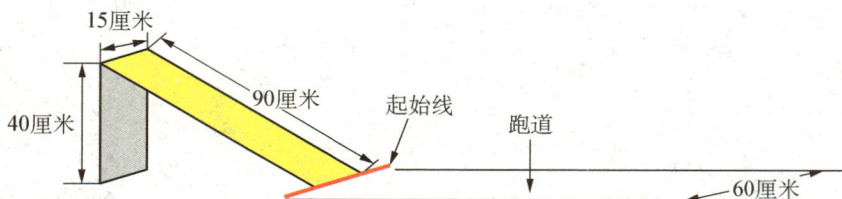

计分：

从起始线开始向前每1厘米为1分，物体滑出跑道边界则按滑出时的位置到起始线的距离计分。

大脑碰碰撞之讨论

想让"小兔"跑得远，我们可以把它设计成带轮子的"小兔"，因为从斜坡上滚动下来的话，有轮子的能滚得较远。

这样的话，可以做成一辆小车，而且可以去除车上多余的部分，尽量减少它的自重。

这是一个办法，还有更好的办法吗？

小车虽然可以滚得远，但毕竟还是有限，我觉得我们可以直接用两个轮子加一根轴，舍弃其余的部分，这样不是更好吗？

如果直接用一个轮子来滚，是不是更好呢？

我们还可以在轮子的表面涂上透明胶，降低它的摩擦阻力。

我觉得我们不一定用轮子，擅长滚动的东西中，"球体"也是不错的选择。

同学们说得很好，就让我们试试看吧！

大脑碰碰撞之方案

方案一：四轮小车。

组装一辆四轮小车，只保留轮子、轮轴、底盘和一些小零件。把小车上多余的，不符合题目要求的马达、车身等物品一律去除，减轻重量。

1. 先在底盘两边用螺帽固定轮轴插口。

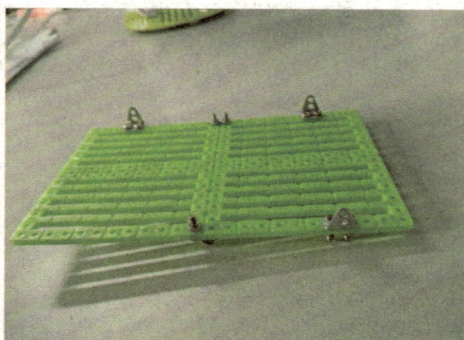

2. 再插上轮轴与防滑片。

3. 最后装轮子。

方案二：两轮小车。

选择两个光滑且胎面较窄的轮子，一根轴，只要把轴与轮子对接即可。

方案三：独轮。

使用表面光滑或者较薄的轮子。

方案四：球体。

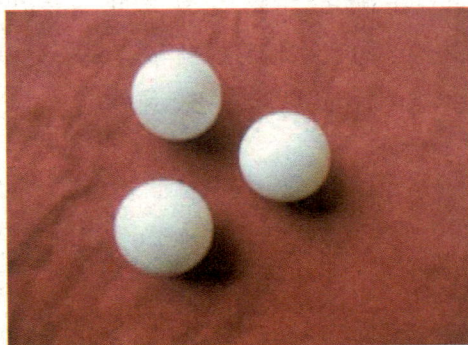

　　"'小兔'赛跑"是第七届头脑奥林匹克万人大挑战赛题。怎样才能从斜坡上滚下来后滚得更远，这是一道既平常又不简单的问题。

　　物体从斜坡处滑下，如果没有特殊的情况，它会运动一段距离后停止。从物理学角度来说的话，在这个过程中，物体的势能转化成了动能，动能又被运动过程中的摩擦阻力所消耗，最后就停下来了。对这道题来说，就是要增加它的势能（重量），同时减小摩擦阻力（光滑）。

　　具体在解题中，我们肯定用滚动的运动形式，而不用滑动（因为滚动摩擦的阻力较小）。所以用"轮子"或"球"是一个不错的主意。但同学们有没有想过，轮子到底是用几个？是大的，还是小的？其次轮子的重量与材质，内部结构等对比赛也是有影响的，尤其是轮子表面的光滑程度更是重要，而这些都需要在实践后才能了解，要开动脑筋合理使用材料。

制作材料：纸、胶水等。

制作工具：根据制作材料自选。

要求：

1. 制作一辆用纸制成的滑坡车，滑坡车长度不得超过20厘米，重量不得超过20克。滑坡车要从斜坡上滑下，行驶尽量长的距离。

2. 允许使用的粘接材料为胶水，其他粘接材料不得使用。

时间限制：每次行驶时间不得超过2分钟。

计分：

1. 滑坡车静止时最前端的位置离开斜坡底边的垂直距离即为队员的成绩。

2. 滑坡车滑出赛道，比赛即终止。

3. 每名学生有两次行驶机会，取成绩好的一次作为正式成绩。每次行驶时间不得超过2分钟。

比赛场地示意图：

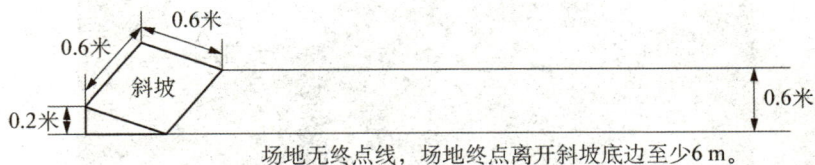

场地无终点线，场地终点离开斜坡底边至少6 m。

纸质滑坡车，我们可以做四个轮子，然后进行连接。

在制作的过程中还要考虑滑坡车的重量，只是说滑坡车，没说几个轮子，我们可以根据需要设定轮子的数量。

看来大家对题目有了一定的了解，还有什么想法？

为了减小摩擦，可以用书的封面或者家里的挂历作为材料。

没有规定只能使用一种纸质材料，我们可以将A4纸和薯片盒子或者其他材料进行组合制作滑坡车。

有道理，我们可以试试哪种组合方式的滑坡车效果好。

制作的滑坡车还要精致、对称，不然滑动过程中容易越界。

大家考虑问题的角度越来越全面，接下来就让我们动手试试吧！

大脑碰碰撞之方案

　　首先，可以参照"纸车接力"中的方案来制作一辆滑坡车。下面介绍用纸杯来制作滑坡车。

　　方案　用纸杯制作。

　　材料：纸杯、笔芯、A4纸张。

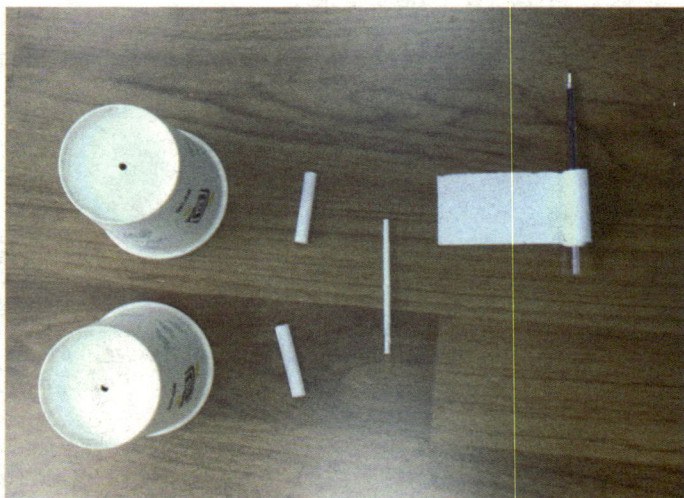

制作步骤：

　　1. 制作连接杆，用笔芯卷出圆柱体，将细杆插入到圆柱体中，细杆插入到粗杆中。

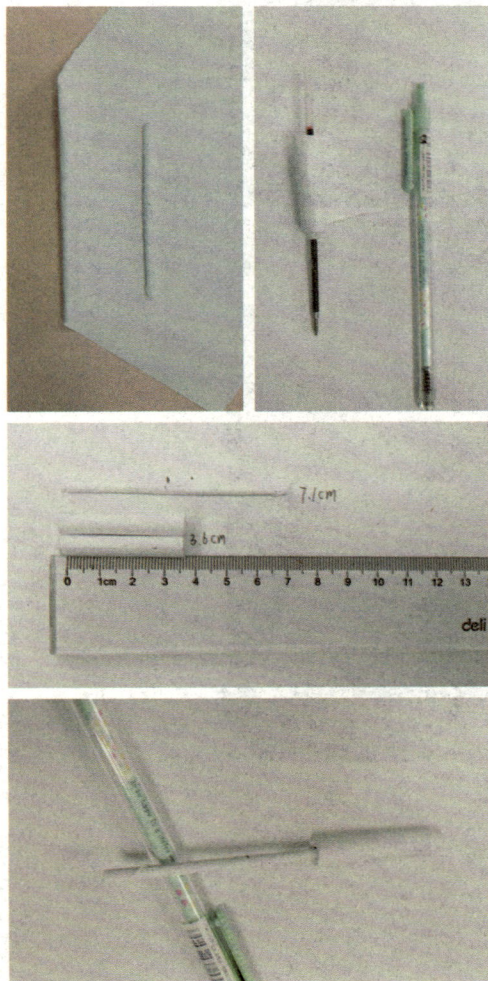

2. 组装。

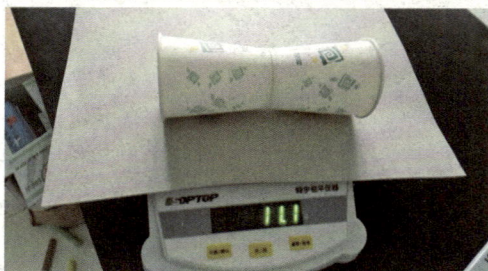

浣熊无敌透析

　　"纸质滑坡车"是第七届头脑奥林匹克万人大挑战赛题，本题要求是以纸为原材料制作滑坡车，这在一定程度上降低了题目的难度，但却没有规定是用何种纸来制作，这给学生留下了很大的思考空间，以开放性的形式挖掘学生的潜能。

　　制作、测试过程中出现的问题：

　　1. 若选用薯片盒子裁剪后制作滑坡车，相对来说接触面积比较大，摩擦力也大，滑行距离比较短；

　　2. 滑坡车在滑行过程中会发生方向偏离；

　　3. 滑坡车的质量大，和地面接触的面积大，会影响滑行距离；

　　4. 纸质车轮有折痕或者不够匀称，滑行轨迹也会发生偏离。

　　在设计制作的时候要考虑以下3点：

　　1. 滑坡车的连接要牢固；

　　2. 裁剪的过程中需精细测量，以保证滑坡车的对称性；

　　3. 滑坡车的长度应适当，保证滑坡车运行的平稳性。

　　以上方案有待改进的地方有：

　　1. 纸杯做的滑坡车可以通过往纸杯里塞纸来增加质量；

　　2. 可以将A4纸张、薯片盒子进行组装，用A4纸张制作纸杆，薯片盒子制作车轮；

　　3. 可以尝试制作四个纸车轮的滑坡车。

纸车接力

制作材料：纸、胶水等。

制作工具：根据制作材料自选。

要求：

1. 制作两辆用纸制成的滑坡车，每辆滑坡车长度不得小于宽50毫米，长100毫米，两车总重量不得超过40克。

2. 第一辆滑坡车从斜坡上滑下撞击第二辆滑坡车，使第二辆滑坡车行驶尽量长的距离。

3. 允许使用的粘接材料为胶水，其他粘接材料不得使用。

时间限制：每次行驶时间不得超过2分钟。

计分：测量第二辆小车的行驶距离，以第二辆小车行驶的距离为成绩。每名队员有两次行驶机会，取成绩好的一次作为正式成绩。

比赛场地示意图：

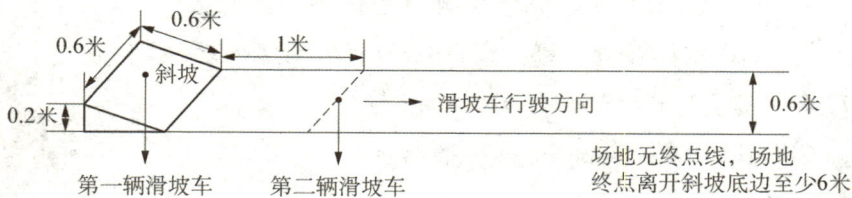

0.6米 0.6米 1米 0.6米
斜坡 0.2米 滑坡车行驶方向
第一辆滑坡车 第二辆滑坡车
场地无终点线，场地终点离开斜坡底边至少6米

大脑碰碰撞之讨论

可以利用牛奶箱子或者A4纸来制作。

并且第一辆滑坡车尽量重一些。

不错不错，从生活中寻找材料。还有其他想法吗？

为了减小摩擦，可以用书的封面来制作。

我们可以尝试将滑坡车制作成杠铃的形状。

如果用A4纸制作的话，可以利用圆珠笔芯卷出圆柱体进行连接。

把我们吃过薯片的盒子拿来制作滑坡车怎么样呢？

变废为宝，好主意，下面就让我们一起来通过试验验证大家的想法吧！

大脑碰碰撞之方案

方案：用A4纸张制作。

两辆滑坡车的形状均为杠铃状，滑坡车轮子的形状为圆形，连接杆用纸张制作。

材料：纸，固体胶。

制作步骤：

1. 制作车轮（半径约为4.3 cm）。

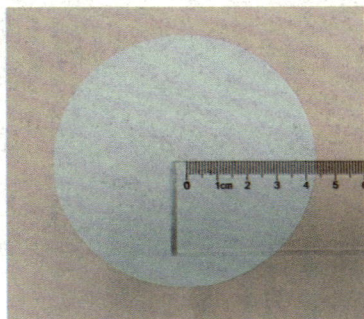

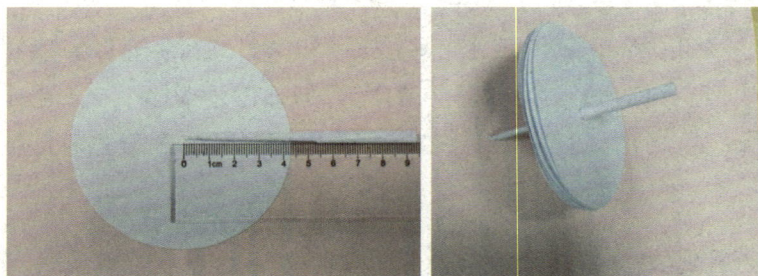

将一段短杆从圆心处插入，并固定。

2. 制作连接杆。

3. 组装（将带短杆车轮细的一端插入到长杆中并进行连接）。

4. 测量重量，看是否符合赛题要求。

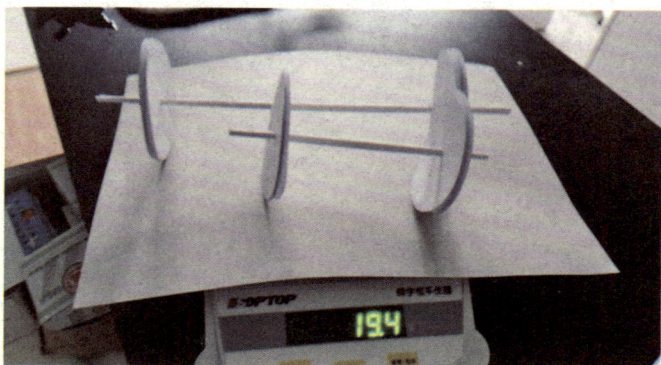

　　"纸车接力"是第十二届头脑奥林匹克万人大挑战的赛题。题目的设置旨在培养学生的动手操作能力，激发学生联系生活实际的能力，拉近创新与生活实际的关系；很多学生对小车还是很感兴趣的，这一题目的设置能够激发学生的研究兴趣，提高科学素养。要求是以纸为原材料制作滑坡车，这在一定程度上降低了题目的难度，但却没有规定是用何种纸来制作，这给学生留下了很大的思考空间，以开放性的形式挖掘学生的潜能。

　　在解题过程中要注意以下4点：

　　1. 滑坡车制作的过程中要考虑到摩擦力，制作材料要尽可能地选择摩擦因数小的；

　　2. 从要求中可以看出，第二辆滑坡车的动力来源于第一辆滑坡车，第一辆滑坡车的质量要尽可能大；

　　3. 第一辆滑坡车要能够接触到第二辆滑坡车，制作过程中要考虑到两辆滑坡车的大小，测试过程中两辆滑坡车的中心要尽可能地在一条直线上；

　　4. 第二辆滑坡车滑行的范围是设定的，所以滑坡车的制作需要精细，要保证滑坡车的对称性。

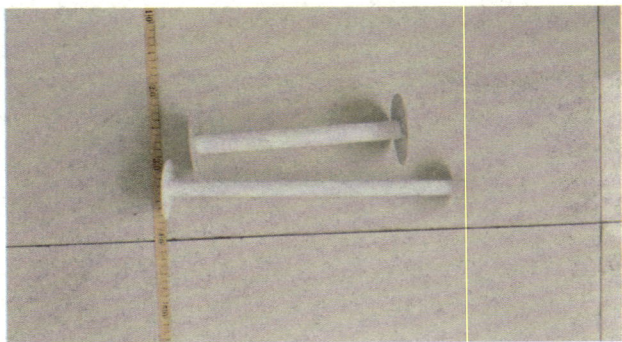

以上方案中需要改进的地方有两点：

1. 通过称量可以看出滑坡车的质量都不到40克，可以通过增加圆片数量来增加第一辆滑坡车的质量，从而提高第二辆滑坡车的动能，延长第二辆滑坡车的行驶距离。

2. 可以选择更光滑的材料，例如：家里不用的挂历或者书皮。

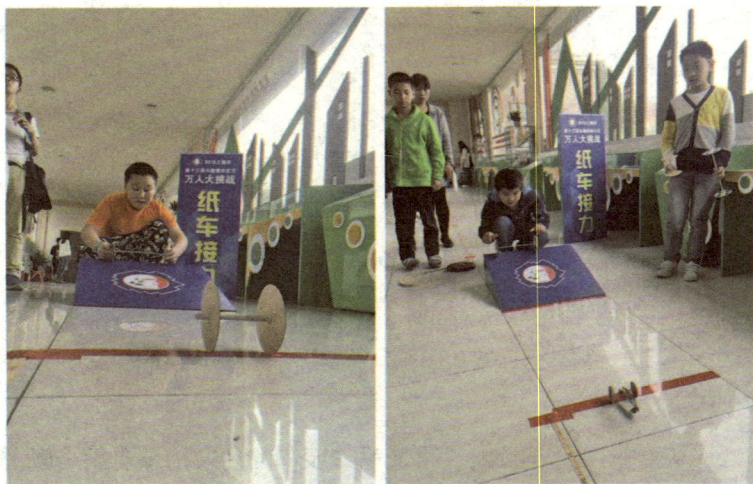

Part 3

附录

三个结合：
动脑与动手相结合；
科学与艺术相结合；
自然与人文相结合。

头脑奥林匹克是一项怎样的活动

头脑奥林匹克是一项国际性的培养青少年创造力的活动。它为从幼儿园到大学的学生组织创造性解题的比赛。头脑奥林匹克题目没有标准的正确答案，每个解题方法都是独特的。在解题时，学生能将自己的兴趣爱好和知识技能运用到解题实践中。他们快乐地解题和学习，并因此终身受益。

头脑奥林匹克的历史

头脑奥林匹克活动是由美国新泽西州葛拉斯堡罗州立学院教授塞缪尔·米克卢斯先生于1976年创立的。米克卢斯经常设计一些有挑战性的题目，并奖励那些敢于冒险的学生，他们的方案并不一定成功，却富有可行性和独创性。1978年，来自新泽西州的28支队参加了第一届头脑奥林匹克大赛。从那时起，这项比赛逐渐发展为吸引世界各地上百万参赛者的活动；从1980年开始，每年举行一次世界头脑奥林匹克决赛，至2017年已举办了38届。

谁可以参加头脑奥林匹克活动

大、中、小学和幼儿园的学生都可以参加。学生按年龄或年级分组，参加各道题目的比赛。

怎样参加头脑奥林匹克活动

　　每年9月至12月，以学校为单位报名组队。于次年2月底或3月初参加中国上海头脑奥林匹克创新大赛决赛。冠军队将有资格参加5月举行的世界头脑奥林匹克决赛。头脑奥林匹克万人大挑战每年4月—6月举行，可直接上网下载题目，在校内和地区比赛。头脑奥林匹克亲子擂台赛在每年7月—11月举行，可至学校或社区街道报名。

中国上海头脑奥林匹克协会　　http://www.omchina.org
上海市科技艺术教育中心　　http://www.sycste.org.cn
上海教育报刊总社　　http://www.sepg.net.cn

宗旨：
开发青少年创造力，培养青少年的两种精神：
创新精神——鼓励与众不同；
团队精神——鼓励团队合作、共同努力。

要求：
三个结合——
动脑与动手相结合；
科学与艺术相结合；
自然与人文相结合。

誓言：
让我成为知识的探索者！
让我在未知的道路上漫游！
让我用我的创造力把世界变得更美好！

115

　　头脑奥林匹克活动有美国、中国、俄罗斯、德国、日本、韩国、新加坡、加拿大、墨西哥、澳大利亚等37个国家和地区的学生参加。世界头脑奥林匹克决赛每年5月在美国举行，参赛队伍超过800支。

　　美国多位总统包括罗纳德·里根、乔治·布什、比尔·克林顿用写信、录像等不同方式表达了对头脑奥林匹克大赛的支持。除此之外，活动还得到了社会各界的许多支持，IBM、NASA、MICROSOFT、DISNEY、CTW等企业或机构都已成为头脑奥林匹克世界决赛的合作伙伴。

　　在世界头脑奥林匹克决赛期间，还会举行"彩车和旗帜"创意大游行、头脑奥林匹克教练比赛、头脑奥林匹克精神奖表彰及创意嘉年华等活动。

世界头脑奥林匹克协会的网址：http://www.odysseyofthemind.com

头脑奥林匹克创新大赛的题目有一定的难度，组织和参与大赛需要投入一定的人力和物力。为了让更多的学生参与头脑奥林匹克活动，树立创新意识，培养动手能力，作为普及型的头脑奥林匹克万人大挑战于2003年诞生。万人大挑战与科技节活动相结合，每年4月—6月在上海各中小学、幼儿园全面开展。大赛分初赛、复赛和决赛三个部分。

万人大挑战活动的题目简单、易操作，并且趣味性十足。"曲线飞行"、"越高越好"、"纸桥承重"等赛题一推出即深受广大中小学生和幼儿园学生的欢迎。2017年第十四届头脑奥林匹克万人大挑战参加学生超过20万。许多学校鼓励学生参加多个项目的竞赛，目的就是为了让学生在实践中培养动脑动手的能力。一些区县结合当地的科技节活动联动社区开展头脑奥林匹克万人大挑战活动，使大挑战活动渗透到了街道社区之中。

117

为了推动头脑奥林匹克活动的开展，总结开展头脑奥林匹克活动先进学校的经验，发挥先进学校的示范作用，中国上海头脑奥林匹克协会和世界头脑奥林匹克中国区组委会决定开展第五届头脑奥林匹克活动特色学校的评选。经过评审，共有92所学校被评为第五届"头脑奥林匹克活动特色学校"。

上海市浦东新区周浦小学	上海市黄浦区曹光彪小学	上海市宝山区经纬幼儿园
上海市浦东新区惠南第二小学	上海大同初级中学	上海市月浦实验学校
上海市三灶学校	上海市格致初级中学	上海市崇明县长江中学
上海市浦东新区新世界实验小学	上海市卢湾高级中学	上海市崇明县横沙中学
上海市徐汇区科技幼儿园	上海市格致中学	上海市金山区朱行小学
上海市徐汇区光启小学	上海市向明中学	上海市金山区海棠小学
上海市徐汇区龙苑中学	上海市杨浦区民办阳浦小学	福建省厦门市思明区第二实验小学
上海市田林第三中学	上海市打虎山路第一小学	江西省南昌北湖小学
上海市民办华育中学	上海市理工大学附属中学	江苏省常州解放路小学
上海市金汇实验学校	上海民办打一外国语小学	江苏省常州市天宁区北环幼儿园
上海市闵行第一幼儿园	上海市复旦科技园小学	湖北省武汉市硚口区井冈山小学
上海市闵行区江川路小学	上海市第二师范学校附属小学	湖北省武汉市育才小学
上海市闵行第四幼儿园	上海市市东中学	湖北省武汉市沈阳路小学
上海市海南中学	上海交通大学附属中学	湖北省华中科技大学附属小学
上海外国语大学附属外国语小学	同济大学第一附属中学	湖北省武汉市青山区新沟桥小学
华东师范大学第一附属中学	上海理工大学附属小学	湖北省武汉市青山区钢花小学
上海市民办新华初级中学	上海市扬帆学校	湖北省武汉市青山区第一幼儿园
上海市万里城实验学校	上海理工大学附属初级中学	湖北省武汉市翠微中学
上海市江宁学校	上海市延吉第二初级中学	湖北省武汉市汉阳区江汉二桥幼儿园
上海市普陀区真光小学	上海市松江区第三实验小学	广东省广州市番禺区洛浦中心小学
上海市普陀区新普陀小学	上海市松江一中	广东省广州市番禺区南村镇锦绣香
上海市晋元高级中学	上海市松江区第二实验学校	江小学
上海市市西中学	上海外国语大学松江外国语学校	广东省广州外国语学校
上海市大宁国际小学	上海师范大学附属外国语中学	广东省广州市荔湾区蒋光鼐纪念小学
上海市静安区宝山路小学	华东师范大学松江实验中学	广东省广州市协和中学
上海市嘉定区戬浜学校	上海市松江区方塔幼儿园	广东省广州市第二中学
上海市嘉定绿地小学	上海市松江区泗泾第四幼儿园	广东省广州市天河中学
上海市交通大学附属中学嘉定分校	上海市松江区荣乐幼儿园	广东省广州市执信中学
上海市嘉定区丰庄幼儿园	上海市松江区大学城幼儿园	山东省青岛市太平路小学
上海市启秀实验中学	上海市松江区西林幼儿园	山东省青岛市城阳区实验小学
上海市黄浦区重庆北路小学	上海市第三女子中学	山东省青岛实验初级中学

118

2016上海市第十三届头脑奥林匹克万人大挑战之"挑战王"名单

荣获"挑战王"称号名单（共19名）

赛项	组别	姓名	区县	学校
特技飞行	小学	马 庄	崇明	北堡小学
特技飞行	小学	姚约瑟	宝山	罗南中心校
特技飞行	初中	肖仁强	浦东	上海市康城学校
特技飞行	高中	王婧怡	嘉定	嘉定一中
滑翔飞行	小学	蒋 安	徐汇	光启小学
滑翔飞行	初中	邹晓慧	嘉定	南苑中学
滑翔飞行	高中	余茹茵	闵行	上海市田园高中
桥面承重	小学	方基晨	徐汇	田林三小
桥面承重	初中	王丹苾	中福会	中福会少年宫
桥面承重	高中	陈雪琦	中福会	中福会少年宫
桥面承重	高中	罗怡莹	长宁	长宁区少科站
折返橡筋动力车	小学	奚铭卿	普陀	万里城实验学校
折返橡筋动力车	初中	胡思彤	徐汇	田林中学
折返橡筋动力车	高中	李志恒	嘉定	嘉定一中
纸车接力	小学	黄河清	普陀	万里城实验学校
纸车接力	初中	陈思源	崇明	横沙中学
纸车接力	高中	李志恒	嘉定	嘉定一中
赶小猪	幼儿	张可萱	松江	方塔幼儿园
赶小猪	幼儿	徐 硕	宝山	四季万科幼儿园

达人小档案

姓　　名	姚约瑟
星　　座	天秤座
所在学校	上海市宝山区罗南中心校
所在年级	五年级
兴趣爱好	喜爱绘画、跑步、爱动脑及动手类项目

参加头脑奥林匹克相关比赛的获奖情况

2016上海市第十三届头脑奥林匹克万人大挑战	特技飞行	挑战王
2016上海市第十三届头脑奥林匹克万人大挑战	滑翔飞行	三等奖
2016年第八届头脑奥林匹克创新学习活动亲子擂台赛	滑翔飞行	铜擂奖
2016年第八届头脑奥林匹克创新学习活动亲子擂台赛	纸风车	银擂奖
2015年上海市第十二届头脑奥林匹克万人大挑战	紧急迫降	二等奖
2015年上海市第十二届头脑奥林匹克万人大挑战	滑翔飞行	三等奖
2015年第七届头脑奥林匹克创新学习活动亲子擂台赛	航天运载飞机	金擂奖
2015年第七届头脑奥林匹克创新学习活动亲子擂台赛	纸陀螺	铜擂奖

小达人参赛感言

　　一年一度的头脑奥林匹克万人大挑战在每年的五、六月举行，最近几年我连续参加了三届比赛。在赛题中有一道题是"纸车接力"的比赛项目。"纸车接力"项目要求制作两辆大小不能小于宽5厘米、长10厘米，总重量不能超过40克的小车，有一辆车放置在距离跑道起点1.5米的地方，另一辆车从一个长60厘米、宽60厘米、高20厘米的斜坡上滑下，撞击放在赛道上的那辆车，然后被撞击的那辆车在赛道内跑得越远越好。在科技老师的指导下，我做了许多次实验，针对小车发生的问题，我结合以往的经验不断地调试、探究、改进，在一次次的测试中，我也收获了快乐，为了想获得好成绩，我花了不少心思。

　　首先熟悉比赛规程，并严格按赛项要求设计结构草图，再利用CAD软件制图定稿，最终手工制作结构。每一阶段都经历了反复制作、测试、推敲、论证与修改。特别是在制作过程中，仅凭有限的尺、圆规、砂纸等简易工具，手工制作成大小尺寸、厚薄、光洁度一致的车轮并不是一件容易的事。在制作和练习中，科技指导老师总是鼓励我们说："大家自由发挥，努力挖掘自己的潜力就行了。"

　　同时我们几个参赛学生也会利用课余时间聚在一起，切磋各自的项目，做彼此的"小老师"，在很多关键地方科技指导老师则会提供灵感与指引。在赛前训练过程中，我少了些刚参赛的激动，多了点沉着冷静。但到临近比赛日，我才发现赛题规则与自己解题时的理解有出入，于是我及时进行了调整，在决赛中充分发挥了自己的优势。虽然我的比赛成绩没有获得"挑战王"的称号，但我想就算没有得奖，我也认真地参与了比赛。经过三年的参赛，我对OM的理解更深了。感觉到OM万人大挑战是一个能突破自我的比赛，也是一个挑战自己的项目。经过一次又一次的练习，一次又一次地取得进步，让自己在发挥最大实力的同时，真正锻炼了自身的创造力和动手能力。

121

玩转头脑奥林匹克

万人大挑战

结构类

主　　编　陈伟新

副 主 编　张建庆（结构类）

　　　　　徐　迅（飞行类）

　　　　　吴　强（车辆类）

编 写 者　李源源　陈国芳　第荣珠　叶侃骥

统　　筹　万　佳

华东师范大学出版社

前言

　　本书的"姐妹篇"《玩转头脑奥林匹克·创造力大爆炸》一出版，就受到了读者的热捧。首次印刷2.4万册，几个月内就售罄，不得不一而再、再而三地加印，一年多内共印了四次。令人欣喜的是，此书还被评为"2015年上海市优秀科普图书"二等奖，这是对该书的肯定和鼓励。由此激发我们写了第二套书《玩转头脑奥林匹克·万人大挑战》。

　　俗话说，一叶知秋。《玩转头脑奥林匹克·创造力大爆炸》一书受到欢迎，从一个侧面说明了如今青少年创造力的培养正受到学校、社会、家庭越来越多的重视。"创新"已成了当今的热门词。国家需要创新，城市需要创新，个人也需要创新。唯有创新才能提升国家和城市的实力，唯有创新才能提高个人的竞争力。AlphaGo的问世，提醒人们，知识可以在网上查阅，记忆可以依靠智能设备，智能机器人将逐步取代人的简单、重复的劳动。将来，有创造力的人可以选择工作，而缺乏创造力的人只能被工作选择！30年前，当我们从美国引进头脑奥林匹克活动时，需要花很大的精力向人们解释创造力的重要性，而如今则心有灵犀一点通，这印证了时代的进步和中国的巨变。

　　中国的头脑奥林匹克活动诞生于上海，如今已扩展到北京、山东、广东等19个省、市、自治区，每年约有100万人次参加活动。头脑奥林匹克活动有两块理论基石：

第一，每个青少年都有创造力。常有老师和家长评价某个学生说"这个学生脑子笨"，"那个学生成绩差"。这些学生常常受到不公正的待遇，甚至被剥夺参加许多活动的机会。头脑奥林匹克认为，创造力是分层次的，每个孩子都有创造力，他们的创造潜力都可以被开发出来。因此头脑奥林匹克的创造之门向所有学生开放。不管是成绩好还是成绩差，不管是大学生还是幼儿，不管是男生还是女生，不管是身体健全还是有缺陷，只要他愿意，均可成为头脑奥林匹克国际大家庭的一员。

第二，在创造性解题的过程中培养创造力。创造力是不能依靠老师台上讲、学生埋头记这种模式培养的，必须通过实践。头脑奥林匹克聘请科学家出题，所有题目均是开放的，没有标准答案，具有很大的挑战性，所以引起了广大青少年的兴趣。

然而头脑奥林匹克的长期题都是综合性的，需要7个学生组成一个队，花几个月的时间去解题，对许多学生来说有一定的难度。于是我们根据中国的国情，对头脑奥林匹克的长期题进行改编，于2003年开始组织头脑奥林匹克万人大挑战。大挑战的题目相对来说任务单一，取材容易，但创意依旧无限，一下子吸引了广大青少年，现在每年约有20万左右的学生参加。

本书对十几年来万人大挑战的题目进行了筛选，把相同门类的题目汇编在一起，分成一、二、三册。第一册为"车辆类"赛题大集锦，分风力车、橡筋车、电动车等，有的要求直线行驶，有的要求曲线行驶，有的要求多拉快跑。这些题目让学生动脑又动手，从中培养创造力。第二册为"结构类"赛题大集锦，分纸结构、吸管结构、扑克牌结构等。有的要求结构承载的重量越重越好，有的要求结构越长越好，而有的则要求越高越好。第三册则为"飞行类"赛题大集锦，制作飞行器的材料以纸为主，有的增加了吸管等。这些飞行器需要完成不同的任务，如滑翔飞行、曲线飞行、特技飞行、紧急迫降等。

除了上述动手类题目以外，我们还选编了部分头脑奥林匹克即兴题。即兴题要求学生在几分钟内就完成一道题的解题，可以培养学生"一只脚思

考”的能力。何谓"一只脚思考"？人用一只脚站着，站不了多长时间。即兴题就是要求学生用一只脚能站的时间完成一道题目的解题。这样的训练有很大的好处，可以锻炼学生快速应变的能力，可以培养学生思维的流畅性、灵活性和独创性。这些题目经常成为一些学校招生、单位招工的面试题。

读者在使用本书时，可以参考书中要求训练。为了便于训练，我们介绍了在万人大挑战中涌现的一些优秀的解题方案。这样做有利有弊，有利的是可以给读者一些启发，或许使人脑洞大开，达到豁然开朗的效果；不利的是可能给人先入为主的想法，易受他人思路的束缚。但愿我们的解题方案仅起到抛砖引玉的作用，我们期待出现百花齐放、争奇斗艳、万紫千红春满园的景象。

头脑奥林匹克活动的发展离不开上海市各区活动中心、少科站的支持，他们是活动组织的主力军。万人大挑战均由他们在上海市各区组织。所以我们邀请宝山区青少年科学技术指导站、静安区少年宫、普陀区青少年中心的领导和老师分别编写第一、二、三册。他们长期奋斗在第一线，能使本书的编写更接地气。在此向吴强、张建庆、徐迅以及丁乃扬、李源源、叶梦得等老师表示衷心的感谢。

有人说"万人大挑战"这个名称起得好，有气势，有广度，还有高度。我们衷心希望本书的读者看完书后，能积极参加这个活动，形成万马奔腾之势，在中国大地上兴起一个人人学习创新、人人参与创新、人人支持创新的热潮。

中国上海头脑奥林匹克协会执行主席　陈伟新
2017年5月

OM小组
达人介绍

奥梅儿

　　我就是大名鼎鼎的世界头脑奥林匹克吉祥物无敌小浣熊，我的中文名叫"奥梅儿"！对啦，我还有一个英文名呢，那就是"OMer"！我有个伟大的理想，用创造力改变这个世界。

　　爱好特长：跟世界各地的小朋友玩游戏。

小旋风

人物特点：头脑灵活，聪明盖世，受爸爸的影响动手能力很强，外号"电器杀手"，喜欢拆东西，实验活动时主要负责动手。

爱好特长：组装模型。

芊芊

人物特点：长相甜美，性格坚毅，能把蓝泡泡从书本里拉出来，也能阻止小旋风拆东西，是OM小组的隐藏BOSS，负责组织小组活动，偶尔要给陈老师带路或者把迷路的陈老师找回来。

爱好特长：装可爱变脸。

蓝泡泡

人物特点：OM小组成员，喜欢看书，口头禅是"宅宅更健康"、"书本就是一切"，遇到问题就翻书，每天就是看书，知识面非常广泛，什么都知道一点。

爱好特长：看书查找资料。

陈老师

人物特点：OM小组的教练，和学生打成一片，非常受欢迎，擅长联系实际来教学，有一副好嗓子，每次拿了OM世界冠军就爱飙歌，不过是个路痴，没去过的地方肯定会迷路。

爱好特长：和学生一起K歌。

目录

Part 1
语言即兴题

极多与极少 2

变换 4

行动缓慢 6

迟到的理由 8

没有轮子的世界 10

小狗 12

美 14

五颜六色 16

有吸引力的人和物 18

船 20

水 22

飞行 24

网球 26

修理 28

外星人的逻辑 30

糟糕的时候 32

Part 2
结构类赛题大集锦

综述：结构与纸结构 36

越长越好 44

吸管桥承重 47

神奇的结构　51

乒乓球塔　55

纸竿托球　58

越高越好　62

纸桥承重　66

纸桥效率　70

纸制斜塔　74

纸的延伸　77

纸结构承重　81

扑克牌结构　85

搭桥旋笔　88

旗杆结构　96

牙签宝塔　101

牙签森林　107

Part 3
附录

NO.1　什么是头脑奥林匹克　115

NO.2　世界头脑奥林匹克决赛　116

NO.3　头脑奥林匹克万人大挑战　117

NO.4　第五届"头脑奥林匹克活动特色学校"　118

NO.5　2016上海市第十三届头脑奥林匹克万人大挑战

　　　之"挑战王"名单　119

NO.6　OM小达人之张文希　120

Part 1
语言即兴题

OM宗旨：
开发青少年创造力，培养青少年的两种精神：
创新精神——鼓励与众不同；
团队精神——鼓励团队合作、共同努力。

极多与极少

你们的问题是：列举各种类似的"极多"和"极少"的例子。

时间限制：5分钟。

计分：每个普通回答得1分，创造性回答得5分。

大脑碰碰撞

在学校里，有极多的学生和极少的教师。

自然界中有极多的工蜂和极少的蜂王。

足球赛中，有极多的射门和极少的进球。

在我们OM比赛中，也有极多的参赛者和极少的冠军。

一个年级中有极多的普通少先队员和极少的大队委员。

沙漠里有极多的沙丘和极少的绿洲。

在OM初学者中有极多的普通回答和极少的创意回答。

淘金者在矿山中挖出了极多的矿石和极少的宝石。

肥胖者摄入了极多的垃圾食品和极少的新鲜蔬果。

有极多的彩票购买者，仅有极少的中奖者。

有极多的日月轮回，仅有极少的日食、月食。

选秀比赛中，有极多做着明星梦的选手，最终只有极少成为super star的人。

　　极多和极少，相辅相成，"极多"和"极少"之间的关系是相对而言的。仔细想想，在我们的生活中，这样的例子比比皆是：比如说学生们最熟悉的校园生活，教师的数量相对于学生数量而言是少的；大队委员的数量相对于普通少先队员来说也是少的。我们还可以将思维拓展到大自然现象中，如工蜂与蜂王、沙漠与绿洲等现象，都是有一个相对的关系。大家在回答此类问题时要注重多运用日常知识。

　　蓝泡泡和陈老师将思维投向了竞技场上，这又为答案开辟了一个新领域。每一个竞技比赛都有极多的参赛者和极少的冠军产生，因此可以说的答案有很多，但是大家应尽量避免相同类似的答案，比如前一个回答是足球场上，下一个回答就不要再用其他球场上了。可以拓展到其他比赛中，如我们的头脑奥林匹克竞赛、即兴题竞赛，或者目前大热的选秀节目。

　　拿到这道题目，我们首先需要思考的是事物的一种"对比性"，有极多的现象，那么极少必是很珍贵的；反过来，有极少的存在，必有极多的铺垫。俗话说得好"物以稀为贵"，我们也可以从这方面出发来思考，想一想生活中有哪些东西是很"稀有"的，然后通过稀有的东西，想到相对它而言平常普通的东西，那么就可以延伸出很多答案。

创意记录区（把尽可能多的答案写在下面）

变换

浣熊出题

说一句话来体现"变换"。

时间限制：5分钟。

计分：每个普通回答得1分，创造性回答得5分。

大脑碰碰撞

冬天气温变冷。

搬家了更换地址。

毛毛虫变成蝴蝶。

棉花经过加工变成衣服。

秋天到了，树叶由绿变黄。

人老了，头发变成了白色。

小蝌蚪变成了青蛙。

面粉经过发酵烘焙变成了面包。

一张十元纸币兑换成了十个一元硬币。

太阳出来了，雪人融化成雪水。

经过一学期的努力，小明的成绩由倒数变为了名列前茅。

梦想变为了现实。

　　生活在我们这个大千世界，无时无刻不在经历着变换的过程，地球转动不息，变换时刻存在，这便是万物延续的规律。小旋风首先想到了季节和气候的变化，类似的自然变化还有很多，比如树叶由绿变黄，水结成了冰等等；芊芊回答的搬家属于时空的变换，这也属于变换的一种，他们的回答都很好，可是都只能算作普通回答。

　　蓝泡泡是一个热爱观察生活的孩子，他知道丑陋的毛毛虫经过蜕变之后就成了美丽的花蝴蝶，说明他对自然生物常识有一定的积累，而且这个变换是具有前后鲜明对比的，属于创造性回答。陈老师的回答和蓝泡泡一样具有异曲同工之妙，是属于比较神奇、让人眼前一亮的变换，当中要经历一系列的过程，同样可以联想到"玉米变成爆米花"、"面粉变成面包"，经过外力的加工，从而产生变化，这些都可能产生创造性回答。

　　这道语言题思考的范围很广泛，首先可以从最容易想到的时间、空间的变化去思考，再可以考虑一些自然现象，如蛹变成蝴蝶；比较深层也是比较好的回答，则是联想到事物发展、成长、变化的一系列过程，或是经过外力、后天影响造成的变化，如粮食发酵、成绩变好、从孩童长大成人等等，这些都是比较有创意的回答，接下去就由你们来开动脑筋想一想吧！

创意记录区（把尽可能多的答案写在下面）

行动缓慢

讲出行动缓慢的人或物。

时间限制：5分钟。

计分：每个普通回答得1分，创造性回答得5分。

大脑碰碰撞

慢慢飘扬的雪花。

行动缓慢的蜗牛。

爸爸开始了漫长的戒烟过程。

慢慢消化的胃。

太阳从东边徐徐升起。

头发从短到长需要很久。

龟兔赛跑的故事。

地球绕太阳转一圈需要一年的时间。

地球的运动

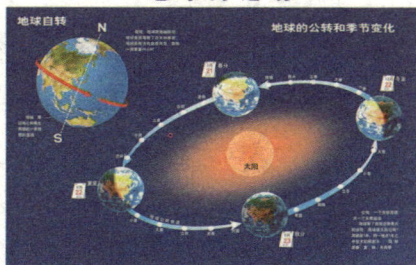

指甲长得很慢。

春天播种，秋天收获。

气球慢慢升空。

工程人员经过多年的施工完成了一项伟大的工程。

行动缓慢的人或物，在自然界中有很多可以列举：小旋风想到的雪花，这是一种自然现象，而芊芊想到的蜗牛，本身就是行动缓慢的动物，同样还有乌龟、软壳虫等。

陈老师想到了我们的人体器官，这是一个非常好的创意回答。我们也可以观察一下我们自己的身体，还有哪些部分是缓慢发生变化的。比如，缓慢生长的指甲、慢慢变长的头发、慢慢老去的身体……这些都不是一蹴而就的，都是慢慢发生的变化。蓝泡泡的回答颇有创意，是一种生活习惯、规律的缓慢改变，包括减肥等等，都是缓慢的过程。拿到这道题目，我们也可以开动脑筋，头脑风暴一下，不仅仅从字面意思去理解"缓慢"，更要从深层次的含义去寻找生活中"行动缓慢"的人和物。

创意记录区（把尽可能多的答案写在下面）

迟到的理由

说说上学迟到的理由。

时间限制：5分钟。

计分：每个普通回答得1分，创造性回答得5分。

大脑碰碰撞

闹钟失灵了。

放假太久，我误以为今天是周日。

我在马路上帮助了一个盲人老奶奶。

我想我不会是最后一个到的人。

昨晚喝了咖啡失眠了，很晚才睡着。

等公交车等了半个小时，导致上学迟到了。

地铁出故障，延误了时间。

目睹了一场交通事故，等警察来找我做了目击证人。

昨晚同学生日开派对，玩得太晚，早上睡过头了。

一夜暴雨，路上积水了，举步维艰。

梦见外星人把我拐走了。

今天早上正好发生了日食现象，错把白天当做了黑夜。

浣熊无敌透析

这道题目和我们的日常生活有关，大家上学、上班都会担心迟到问题，但有时候迟到恰恰又是不可避免的，为迟到想一个理由，但这个理由又要在情理之中，充满创意。有一些回答是比较常见的迟到理由，还有一些不可抗力的原因：如地铁出故障了，下大雨、公交车延误了等等，都是因为不可抗力的原因所致，却也在情理之中。

有一些理由不常见，例如助人为乐而迟到了，这个迟到的理由就被戴上了光环，比较有创意；还有种回答属于逆向思维，想想大家都有可能会迟到，我肯定不会是最后一个到的人，抱着这样的心理，所以迟到了，也算是比较特别。值得一提的是回答中提到的"日食现象"，日食，又叫做日蚀，是月球运动到太阳和地球中间，如果三者正好处在一条直线时，月球就会挡住太阳射向地球的光，月球身后的黑影正好落到地球上，这时发生日食现象。在民间传说中，称此现象为"天狗食日"。日食全过程大概持续六分多钟，在这期间，太阳会短暂"消失"，从而出现以假乱真的黑夜现象，所以就有了"错把白天当成黑夜，所以迟到"的理由。

同学们请你们也发挥想象力，脑洞大开，想出更多在情理之中又让人出乎意料的答案吧！

创意记录区（把尽可能多的答案写在下面）

没有轮子的世界

假设轮子从此消失了。你们的问题是：设想一下没有轮子的世界将会有什么不同。

时间限制：5分钟。

计分：每个普通回答得1分，创造性回答得5分。

大脑碰碰撞

用滚筒洗衣机里的滚筒代替轮子。

设计一个水下世界，所有人都在水下生活。

把电风扇当做竹蜻蜓，带我们飞向远方。

建造一种隐形阶梯。

人们都选择低碳出行，用步行取代轮子。

网络如此发达，可以不用出门在家通过网络办一切事情。

让我们的宠物成为我们的坐骑。

废物利用，利用圆形的物体自己建造一辆"车"。

拥有哆啦A梦的口袋，变出交通工具送我们到想去的地方。

一切变得很原始也挺好，人们真正开始享受慢生活。

我们可以向高人请教瞬移大法。

人们通过网络社交软件、电子邮件进行联系和交流。

浣熊无敌透析

说起轮子，首先我们想到的便是"圆形"。如果没有轮子，是否可以用其他圆形的物品来替代呢？小旋风就联想到了这一点，同样我们还可以想到木桶、呼啦圈、圆球等等，但这样的回答比较普通。芊芊的回答等同于换一种交通方式生活，把原本人类的陆地生活改为了在水下生活，那么大家可以靠轮船、游艇等出行，想法可行，但还是欠缺创意。

蓝泡泡通过电风扇联想到了竹蜻蜓，可以带小朋友们去想去的地方，我们可以学习他的这一创意思维，展开想象。比如，《哈利·波特》里的魔法扫把，也可以发挥这样的作用，把人们送去目的地。陈老师的回答很高科技，想象了一种未来社会的模式，隐形阶梯就像传送带一样，可以替代轮胎，帮助人们出行，这样的答案是具有创造性的。这道题目的题意是问大家没有轮子的世界会怎么样，答案无疑是失去了一样非常重要的交通工具，人类的行动会很不方便。希望大家进一步想出积极应对没有轮子的办法。所以首先要审清题目，了解题意，才可以充分发挥想象力，也期待你们能创造出更多更丰富的答案，加油！

创意记录区（把尽可能多的答案写在下面）

小狗

根据小狗图片，用各种方式来描述这条小狗。

时间限制：5分钟。

计分：每个普通回答得1分，创造性回答得5分。

大脑碰碰撞

小狗的毛发很漂亮。

小狗高兴地摇着尾巴。

小狗看起来很友好。

比真实尺寸小。

小狗的尾巴细细的。

小狗飞跑着。

小狗仰望天空，心里在想：如果我有一对翅膀，就能飞上天空和小星星一起玩耍了。

画里的狗不会叫。

小狗的鼻子黑黑的。

小狗套了一个红色的项圈。

我只能看到小狗的半边身体。

这只小狗像纸片般单薄。

浣熊无敌透析

狗是人类的好朋友，现在很多家庭都饲养着不同种类的宠物狗，可见大家对狗的喜爱程度非同一般，所以这道题很好回答，至少每个人都能说上一两点。

在回答这道题时，我们可以对小狗进行一些特征描述，就像小旋风所说，"小狗的毛发很漂亮"。我们还可以突破表面的特征，深入到小狗的内心世界，就像蓝泡泡的回答："小狗仰望天空，心里在想：如果我有一对翅膀，就能飞上天空和小星星一起玩耍了。"

其实，这就是一幅小狗的图片，所以，我们在答题时还可以对图片进行一番评论，就如陈老师的答案：它比真实尺寸小。只要我们仔细观察图片里的小狗和真实小狗之间的细微差异，还可以从中发现好多有趣的现象呢！

除了对图片进行评论以外，我们还可以作出更多情理之中、意料之外的想象，如：我闻不到狗味；这不是条护卫犬；它在努力看自己的尾巴；这是一条可穿越过去、现在和未来的狗；小狗的领带也许是和人类交流的语言转换器；这是一条有身份证的狗，名叫点点；这是一条二维平面狗；这是一条外星来的救援犬；这是一张智能机器犬的海报等。

尽情发挥想象吧！我们对这一小狗的描述一定会更有创意。

创意记录区（把尽可能多的答案写在下面）

你认为生活中什么是美的。

完成下列句子：我认为美是_____。

时间限制：5分钟。

计分：每个普通回答得1分，创造性回答得5分。

我认为美是春天的鲜花。

我认为美是孔雀开屏。

我认为美是朋友间的友谊。

我认为美是助人为乐的美德。

我认为美是天空中的云朵。

我认为美是飞翔的小鸟。

我认为美是漂亮的衣服。

我认为美是拾金不昧的行为。

我认为美是蓝蓝的大海。

我认为美是我的发型。

我认为美是妈妈关爱我的亲切话语。

我认为美是传递爱的使者。

　　美，是人们对于生活自然的感觉。美，是基于物质之上的一种思考。随着物质生活的日益丰富，促使人们对美不断地追求，可以说社会的进步，就是人类对美的追求的结晶。

　　俗话说，爱美之心，人皆有之。美不仅仅局限于艺术方面，生活中也有很多很多值得我们欣赏、赞叹、令人震撼的美。可以说真正的美都在我们的身边，一幅画、一本书、一场电影、一曲音乐、一朵山茶花、一个简单的眼神和动作，都是美的源泉。生活中美的东西说也说不完，动物、植物、各种物品等。小旋风发现了植物在自然界四季变化中产生的景色美，芊芊观察到动物的行为动作而产生的美，他们都有一双善于观察的眼睛，不过这些美都是直观或表面的美。

　　美可以分为很多种，有内在和外在的，内在称心灵的窗口，外在称形象的标志。我们对美的理解不要停留在外表，要突破表象，表达深层次的美，赋予美新的内涵，体现美的价值。心灵美、语言美、行为美才是美的最高境界，高尚思想道德是我们人人应该追求的美。如：生命诞生的瞬间是美的，在妈妈的眼中浪子回头最美好，丰收田野是美的，人们赞美文明优雅的举止，飞机俯冲降落时好美等。这些答案让美的感觉更广泛和深入。

　　同学们尽可以用你们的慧眼去发现，去寻找生活中各种不同的美。

五颜六色

说说五颜六色的东西。

时间限制：5分钟。

计分：每个普通回答得1分，创造性回答得5分。

大脑碰碰撞

春天的公园里有五颜六色的鲜花。

我的调色板是五颜六色的。

我的童年梦想是五颜六色的。

琳琅满目的故宫博物馆是五颜六色的。

我的水彩笔是五颜六色的。

我们的舞裙是五颜六色的。

我的风筝是五颜六色的。

万花筒中能看到五颜六色的花。

会场里的气球是五颜六色的。

白雪公主的城堡是五颜六色的。

电影中的画面是五颜六色的。

阳光下的泡泡是五颜六色的。

浣熊无敌透析

五颜六色指多种颜色或形容色彩丰富。

蓝天、白云、绿草、红花，我们幸福地生活在这样一个多彩的世界里。我们的生活中随处可见各式各样五颜六色的东西，它可以是植物、可以是食物，可以是用品，就像小旋风所说公园里的鲜花、气球等，只要我们平时注意观察，随口就能说出很多。

如果换一个角度想想，五颜六色除了单指色彩，它还可以引申为各式各样，就如陈老师解答的"琳琅满目的故宫博物馆是五颜六色的"，这里的五颜六色就泛指博物馆中的各种物品了，这样的思路是不是让答案更丰富了呢？

如果对五颜六色的词意再进行大胆扩展的话，我们会发现五颜六色还可以表达一种美好的愿望、美好的事物等，如：童年的生活是五颜六色的，童年梦想是五颜六色的。

还有没有更巧妙的解答呢？只要我们敢于大胆畅想，一定会有更好的答案涌现的。比如：彩虹湾新城，彩虹湾中的"彩虹"蕴含五颜六色，在这里它却不表示色彩，而作为一种名称。这个答案回答很巧妙，你想到过这样的解题方式吗？彩虹豆、七色花……这些是不是都属于这种解答方式呢？

举一反三，你一定也能说出更多创造性的答案。

创意记录区（把尽可能多的答案写在下面）

有吸引力的人和物

列举有吸引力的人或物，以及他们对什么东西有吸引力。

时间限制：5分钟。

计分：每个普通回答得1分，创造性回答得5分。

大脑碰碰撞

垃圾吸引苍蝇。

磁铁吸引铁制品。

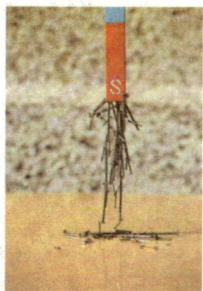

昆虫灯吸引昆虫。

歌星吸引歌迷。

肉骨头吸引小狗。

玩具吸引小朋友。

教师吸引学生。

美食吸引食客。

专家讲座吸引学者。

花朵吸引蜜蜂。

打折商品吸引顾客。

安静被浓郁的花香吸引着。

自然界中的万事万物之间都有一种神秘的联系，那就是吸引。

吸引可以是自然界的一种现象，如垃圾吸引苍蝇。

吸引可以是物体间的一种本质属性，如磁铁吸引铁制品。

吸引还可以是人们的一种行为，人们通过创造一些物品、良好的语言、高尚的道德行为等来达到吸引某些对象的目的。比如：人们发明创造了昆虫灯，用它来吸引昆虫，教师在课堂上运用生动的语言吸引学生，商家运用打折的商品广告吸引顾客，雷锋助人为乐的精神吸引着大家。

除了以上这些，生活中还有许多另类的吸引，如：政治家吸引选民，娱乐场所吸引爱玩的人，博物馆吸引艺术家。

如今，在我们的年轻人中盛行一种追星潮流，歌迷、球迷、粉丝比比皆是，其实，这也是一种吸引，被明星所吸引。

这道题考验了我们对生活的观察力，我们只要关注生活，关注生活中的热点问题，就可以从中找出很多这样的例子。

随着科学的进步和社会的发展，能吸引人们目光的东西越来越多，希望同学们在答题时也要与时俱进。

*毛线球吸引猫咪

创意记录区（把尽可能多的答案写在下面）

船

请你说出尽可能多的船（ship）的种类。

时间限制：5分钟。

计分：每个普通回答得1分，创造性回答得5分。

大脑碰碰撞

商船（merchant ship）。

轮船(steam ship)。

装船（Ship goods）。

血缘关系(kinship)。

客轮（passenger ship）。

补给船（supply ship）。

掉转船头（wind a ship）。

继承权（heirship）。

读者身份（readership）。

困苦(hardship)。

上船（take ship）。

孪生（twinship）。

浣熊无敌透析

ship的基本意思是"船、舰"，可指大大小小的船，每个人都能说出很多，如果只是列举各式各样的船，即时回答很流畅，答案也太过一般，答案的创造性不够。

　　其实，在英语中"ship"可以有很多种用法，它可当动词，如：坐一小时的船(to ship an hour)，装船（ship goods）等；它可后接副词off表示"运走"或"派往"，后接副词out表示"运出"或"坐船动身"；它可以后缀在名词中，形成跟"船"没有任何关系的一些词语，如：友谊（friendship），团体（fellowship）、博士学位(doctorship)、崇拜（worship）等。

　　如果大家在答题中能想到这样一些"ship"的不同用法，那你的答案就称得上是创造性答案啦！

　　所以能否灵活而正确地运用"ship"，是这道题创造性解题的关键。

　　这道题也提示我们，学习英语要讲究方法，死记硬背可不行，要灵活多样，特别是对一些词语或短句的用法不要孤立地记，要学会理解和归纳，这样才能准确把握它们的不同用法。

创意记录区（把尽可能多的答案写在下面）

水

浣熊出题

说说玻璃杯中的水，或用杯中的水进行即兴创作。

时间限制：5分钟。

计分：每个普通回答得1分，创造性回答得5分。

大脑碰碰撞

这杯水看上去很干净。

我想用它去浇花。

这是蚂蚁们最新建造的全透明游泳池。

（用手指蘸些水，闻一闻）香，香，这酒太香了！

这杯水无色透明。

我想喝它。

这是水吗？我觉得是雪碧。

生命之水。

（用手晃动杯子）海啸了！

（吹动水面）平静的水面掀起了浪花。

这是一杯神仙水。

这是我送给鱼宝宝的礼物。

浣熊无敌透析

在我们居住的地球上，哪里有水，哪里就有生命，我们的生命离不开水。纯净的水在正常状态下是无色、无味、透明的液体，它遍布于世界各地。

　　大家对水再熟悉不过了，因此在回答这道题时，很多人都会首先想到介绍这杯水的一些明显的特征，如：清澈、干净等。如果只是这样解答，答案就显得太简单，没有新意，也不够有创意。

　　水与我们的生活息息相关，在我们日常生活中，水可以用来做很多事，洗衣、做饭等，可以说我们做任何事几乎都要用到水。水的用途也很广泛，可以利用水来发电，可以利用水来灌溉等。因此，我们在解题时也可以说说水的各种用途，当然，如果只是一般用途，答案的创造性也明显不够。

　　发挥一下你的想象，你能把这杯水想象成什么呢？我们可以把它想象成：小蝌蚪的浴室、金鱼的晚餐等。这样的答案是否既充满了童趣又富有创意呢？

　　所以，大胆地想象，会使我们的答案具有意想不到的效果。

　　值得提醒的是，大家千万别忽略了这道题还可以用杯中的水进行即兴创作哦，就如陈老师的答题，（用手指蘸些水，放在鼻子处闻闻）香，香，这酒太香了！这就是一个简单的即兴创作，有动作，有夸张的表情，有幽默感，而且，把水想象成酒，联想丰富。陈老师的答题可谓别具一格。

　　希望大家跟陈老师学一学，释放自己，解题中大胆地进行即兴创作！

创意记录区（把尽可能多的答案写在下面）

飞行

浣熊出题

说出尽可能多的能飞的东西，或者尽可能多地用异常的方式来使用"飞行"。

时间限制：5分钟。

计分：每个普通回答得1分，创造性回答得5分。

大脑碰碰撞

白鸽。

蚊子。

飞行棋。

我想驾驶飞机。

喜鹊。

蒲公英。

飞行小子。

变换飞行模式。

飞行器。

蝴蝶。

火箭。

飞行员。

浣熊无敌透析

在我们的日常生活中会飞行的东西有很多，如：各种小飞虫、各种小鸟、各种飞行器等。这道题的解题其实还蛮简单的，因为，这些会飞的东西大家都能讲出很多，虽然这些保证了答案的量和答案的正确度，但如果只是这样的一些答案，就显得有些太简单了，没有新意，缺乏创造性。

那么，我们该如何进行创造性解题呢？

让我们一起来看看蓝泡泡的答案：飞行棋、飞行小子。我们发现这些答案中都包含了"飞行"这个词，但和"飞行"的意思却大不相同。这是一种很巧妙的解答方式，也是值得推广的一种解题方式，这样一些答案就称得上是创造性答案了。

陈老师的"我想驾驶飞机"这一答案，让我们大开眼界，他在解答时能够大胆突破常规，用异常的方式来使用"飞行"，这种思考问题的方式很灵活，答案很有创意。

大家能否学学陈老师的解题方法，试着来解这道题呢？相信你们也会想到更多创造性的答案！

创意记录区（把尽可能多的答案写在下面）

网球

利用网球的一半或两半进行创作，用来代表某些东西。

时间限制：5分钟。

计分：每个普通回答得1分，创造性回答得5分。

大脑碰碰撞

月亮。

护膝。

这是老鼠的耳朵（把两个一半的网球放在头顶上）。

护目镜。

杯子。

鼠标。

蚂蚁山。

耳机。

馒头。

浮球。

盖子。

健身器。

浣熊无敌透析

网球的一半不就是半球形吗？在我们的生活中，类似半个网球这种半球体形状的物品多之又多。同样，两个半球体组合成的物品也是随处可见。

  这道题的解题应该从多角度进行思考，在生活中寻找这一形状的物品。只要思路开阔，碗、窝窝头、灯罩等答案随口就能说出来。答案虽然多，但内容比较容易被大家想到，有些就事论事，缺乏新意。

  这道题的解题还可以围绕"像什么"展开丰富的想象。只要善于想象，答案一定会与众不同，有创意。比如：蓝泡泡把两半网球放在头上，把它想象成老鼠的耳朵，这个答案可以说跳出了一般性的回答模式，很形象、很有趣，符合创作的要求。

  陈老师在解题中，思考问题的范围明显比同学们广泛多了，想象力也更丰富了，特别是蚂蚁山这个答案非常绝妙，对小蚂蚁来说这个一半的网球真可谓是一座高山了，这样的想象既合情合理，又出乎意料。所以，大胆的想象会使平凡的事物变得与众不同哦！

  你是否愿意按照陈老师的解题方法也来试一试呢？期待同学们更多创意的答案。

创意记录区（把尽可能多的答案写在下面）

修理

说出能够修理东西的人和物，以及各修理什么。

时间限制：5分钟。

计分：每个普通回答得1分，创造性回答得5分。

大脑碰碰撞

汽车修理工修理发动机。

木匠修椅子。

钢丝矫正牙齿。

医生治疗断骨。

妈妈修理我。

鞋匠修皮鞋。

蛋白质修复我们的身体。

教师训练我们的行为习惯等。

橡皮修理写错的字。

洗衣液修理衣服上的污垢。

开水修理冰块。

警察修理小偷。

浣熊无敌透析

"修理"这个词语，大家都不陌生，一般指对损坏或不整洁的物体和事物进行修复和理顺。当它的对象为物品时，有维护、整治的意思；当它的对象为人时，有滋扰、闹事、用言语或暴力教训对方的意思。所以，在回答这道题的时候，要思路开阔，修理的对象能够渗透到生活的方方面面。

在大家的答案中，不难发现，很多答案具有局限性，局限了把"修理员"作为一种职业，汽车修理工、木匠和鞋匠，这些都是我们生活中的一些职业"修理员"，这些解答其实有些类同，从这点上说，答案都不具备创造性。

那么，怎样才能让答案具有创造性呢？我们不妨看看蓝泡泡的"钢丝矫正牙齿"这一答案，在这个答案中再也找不到修理员了，对象改为了物品，合情合理，符合常规，还特别有意思。按照蓝泡泡的思路，螺丝刀拧紧螺帽、橡皮擦掉错字等答案，很自然就会冒出来了，蓝泡泡的思考方法值得称赞。

一起看看陈老师的答案吧！你能发现其中的奥秘吗？就"医生治疗断骨"这一答案来说，陈老师把思考的对象扩展到除了修理员以外的一些职业，从一般的修理员扩散到从事各种职业的人。陈老师的这一思路让我们深受启发，豁然开朗。

是呀，我们一定要善于打破固定思维模式，学会换角度思考，这是形成创新思维的好方法哦。

创意记录区（把尽可能多的答案写在下面）

外星人的逻辑

假如你是来地球参观的外星人，把一些诸如书、太阳帽、雨伞、圆珠笔、纸币、尺、钱包、手套、围巾、皮带和盒子等这些物品带回了你的星球。你如何告诉你星球上的人们这些东西的用处呢？

时间限制：5分钟。

计分：每个普通回答得1分，创造性回答得5分。

大脑碰碰撞

皮带可以用来给孩子荡秋千。

书可以用来打死虫子。

盒子用来关宠物"X"（外星动物名字）的笼子。

钱包用来存放星球间快递的收据。

太阳帽是小动物的窝。

圆珠笔是指挥棒。

手套是玩偶。

雨伞是往返地球与外星球的交通工具。

尺是教训小偷的工具。

雨伞是保护自己的武器。

书可以用来做餐垫。

太阳帽是特殊医疗器具。

浣熊无敌透析

这是一道非常有趣的题目，它为答题者提供了一个充分的想象空间。生活中的这些常用物品，在外星球究竟可以有什么用处呢？在天马行空的想象中，大家一定会想到无穷无尽的答案。不过，这些答案中难免出现了一些漫无边际的胡思乱想。

大家知道：丰富的想象需要天马行空，更要合情合理。在这道题的想象中，大家一定要注意观察物品的特征（功能、构造、外形等），围绕这些显著特点，展开想象。在这些答案中，我们看到很多都准确抓住了这些物品的特征，以这些特征为发散点进行想象，想象的内容合情合理。但问题是，有些答案明显缺少了一些创意，因为这些答案大多数同学都能想得到。

想象除了合情合理，还要设法让自己脑洞大开，让想象的内容更奇妙，比如陈老师的"雨伞是往返地球与外星球的交通工具"这一答案，想象力丰富，很有新意，既在情理之中，又出乎意料，正可谓想象中蕴含了创造，彰显了想象的深度和广度。

这样的回答才是创造性答案哦！

创意记录区（把尽可能多的答案写在下面）

糟糕的时候

请你尽可能多地说出那些在平时你很喜欢听到它，但在某些时候你却不喜欢听到它的事情。

时间限制：5分钟。

计分：每个普通回答得1分，创造性回答得5分。

大脑碰碰撞

在扭伤脚腕的时候，有人对我说："让我们一起出去散步。"

我正在房间里看足球比赛，妈妈叫我出来吃晚饭，特扫兴。

下雨时，我不喜欢听到"让我们去野餐吧"。

在做美梦时，讨厌你叫我起床。

在上厕所的时候，有人对我说"开门"。

我正在和大家一起游戏的时候，妈妈叫我回家。

体育课时，我不喜欢听到"体育老师休假了"。

我牙痛的时候，不喜欢看到各种糖果。

在我考试不及格的时候，有人问我："你考了几分？"

春游的时候，我不喜欢暴雨的天气。

上课时，我不喜欢听到"这个问题请你来回答"。

浣熊无敌透析

同学们的许多回答都符合题意，很贴切。

这道题的内容，是我们每个人都有过的生活经历。在我们的生活中，每个人都有自己的兴趣爱好，但在事情或情况不太好的时候（即糟糕的时候），会阻碍或让我们无法去做这些事情，这个时候如果有人提及它们会让我们觉得特扫兴，情绪也会变得低落。造成这些不太好的情况的原因有很多，有主观的，也有客观的，比如："肚子痛了，不能吃冷饮了"这一答案涉及到的就是主观原因。"下大雨了，不能去野餐了"这一答案涉及到的就是客观原因。无论是主观原因还是客观原因，这些在我们的日常生活中几乎人人都会碰到，大家深有体会。这种结合生活实际进行解题的方式，能开阔我们的思路，有助于我们想到更多的答案，但从创造性角度来说，这些答案都很平常。

那么，如何既源于生活又超越生活，让答案有意想不到的效果？如何在这种看似常规的思考模式中，让答案具有创意呢？这就需要我们扩散思维，通过奇思妙想，找出有趣的、意想不到的情况。就像陈老师"在做美梦时，讨厌你叫我起床"这一答案，他想到的情况与众不同，美梦既是常事，又是虚幻之事，这样的回答就很巧妙。

创意记录区（把尽可能多的答案写在下面）

Part 2

结构类赛题大集锦

誓言:

让我成为知识的探索者!

让我在未知的道路上漫游!

让我用我的创造力把世界变得更美好!

综述：结构与纸结构

衣、食、住、行是人类最基本的需求。

在远古时代，人们不知道怎样造房子，只能像动物那样，住在山洞里或其他可以遮阳避雨的地方。人类进入农业时代以后，开始定居，并学习建造房子。最简单的方法是把树木砍下来以后，搭成一些简易的木房子。

随着经济的发展，人们的建房技术和水平逐步提高。为了应付各种各样的气候，人们造出了不同特点的房子。北欧常常下鹅毛大雪，所以建筑的屋顶大多是尖尖的，坡度很陡，使屋顶上不易积雪；热带潮湿的地方，人们常常建造空中楼阁式的房子，使室内保持干燥；草原上的牧民，他们的住房又常常是圆形的，适应一望无际的环境。

古代劳动人民用他们的智慧给后人留下了许多颇具特色的建筑，埃及的金字塔、中国的万里长城等，都是人类建筑史上的瑰宝。

现代建筑用钢材、水泥、砖头等代替了传统的木结构、竹结构和砖木结构。曾是香港最高建筑物的汇丰银行大厦，全部采用钢结构，用螺栓把一根根钢梁牢牢地紧固着。只要把屋顶上的最后一根钢梁拆下，就可像拆积木那样把整幢大厦拆走，在另外的地方再拼成一模一样的大厦，这是目前世界上造价最高的建筑物之一。

结构

一、合理利用三角支撑的原理，使结构稳固牢靠。

东方明珠电视塔高467.9米，该建筑于1991年7月兴建，1995年5月投入使用。东方明珠由当时华东建筑设计研究院设计，设计者富于幻想地将11个大小不一的球体组合在一起，创造了"大珠小珠落玉

盘"的意境。

东方明珠广播电视塔把多筒结构与球形网壳结构巧妙结合，以风力作用作为控制主体结构的主要因素。主体由三个斜筒体为支撑、三个直筒体为主干和11个球组成，形成巨大的空间框架结构。这样的建筑特点使电视塔的塔身具有较强的稳定性，其设计抗震标准为"7级不动，8级不裂，9级不倒"。此外，还具有良好的抗风性能。

三角支撑的原理在生活中应用很广泛：摄像师用的三脚架、树木的支撑架、电视塔的底座等等，用的都是三角形支撑结构，也是利用三角形结构的稳定性。在头脑奥林匹克万人大挑战的搭高类结构赛题以及悬臂斜拉类赛题中，许多成绩优秀的作品也运用到三角形支撑结构作为底座，来防止结构坍塌。

二、利用平拱即扁弧形拱的形式，增加结构稳定性和承重能力。

开山劈路，遇水架桥，是古代劳动人民出行的准则。桥在人们的出行中占据了非常大的比例，从原始的遇水架桥到今天的公路桥、铁路桥、立交桥等，桥的用处延伸得更大更广了。

桥的原理是利用各种锥形、三角形、圆柱以及一些承重力好的形状，巧妙组合，来分散或间接抵消外来压力，增加承重力。

石拱桥是中国传统桥梁四大基本形式之一，石拱桥这一体系多种多样，在中国桥梁发展史上一经出现，发展很快，始终保持其旺盛的生命力，显示了中国古代劳动人民的聪明才智和古代桥梁建造技术的辉煌成就。

赵州桥是中国石拱桥中杰出代表之作，距今已有1400多年的历史。该桥是一座空腹式的圆弧形石拱桥，是中国现存最早、保存最好的巨大石拱桥之一。

赵州桥全部用石头砌成，无桥墩，只有一个拱形大桥洞，大桥洞两边各有两个小桥洞，这种设计是世界造桥史上的一个创造，既减轻了流水对桥身的冲击力，使桥不容易被大水冲坏，又减轻了桥身的重量，节省了石料。在漫长的岁月中，虽然经过无数次洪水冲击、风吹雨打、冰雪风霜的侵蚀和多次地震的考验，却安然无恙，巍然挺立在清水河上。

在头脑奥林匹克万人大挑战的桥梁类赛题以及悬臂斜拉类赛题中，很多参赛选手会尽量将结构轻微拱起，来达到使结构尽量长、更加稳固的目的。

三、改变形状，合理设计，纸桥也能承重

日本著名建筑师坂茂先生于2007年在法国南部一条河流上设计建造一座纸桥，可载20人。这座桥梁共耗费了281个纸筒，每个纸筒直径约11.5厘米，厚度为1.19厘米。此外，桥梁的台阶由纸和塑料材料做成，固定桥梁的桥基则是装满沙子的木盒子。整座桥梁重量约7.5吨，几乎全部是可循环利用的纸，可以允许20个人同时在桥上走动。这座桥梁建在加尔东河一段宽度约10米的河段上。桥呈弧形，类似石拱桥，两端分别固定在略高于水面的沙石堆中，周身呈原木颜色，由类似扶杆的纸筒相互连接而成。

　　虽然主材料是纸，可桥的质量却不是"纸糊的"。纸筒结构桥梁比较坚固，很多去观摩的朋友都三五结群在这座纸桥上留下珍贵的留影。这么牢固的纸桥，多么不可思议。

　　坂茂先生在建筑设计领域始终倡导环保理念，力求采用轻质原材料。而可循环利用的纸正好满足了上述两个要素，成为坂茂先生的灵感来源。最有意思的是这座"纸桥"的选址也颇为特殊。距离它不足1公里处，就是世界文化遗产之一、法国著名的古罗马水道加尔桥。"这是一个非常有意思的对比，古罗马石桥和纸桥，"坂茂先生说，"纸其实也可以变得永久、坚韧和耐用，我们应该抛弃掉那些偏见。"

　　2005年4月，美国弗吉尼亚大学以坂茂先生在人道主义、环保以及建筑设计理念方面做出的贡献授予他"托马斯·杰斐逊建筑奖"。

　　在头脑奥林匹克万人大挑战的纸结构类赛题中，参赛选手经常会通过改变形状的方式来提高纸张的刚性，使纸结构具备一定的承重能力。

古代、现代许多杰出的建筑设计构造给了我们很多的启示和可以学习借鉴的经验。特别是纸桥这种纸结构，你一定会被深深吸引。

纸是我们学生生活中最熟悉的东西之一。说起纸的用途，我们能列举无数，但说到纸结构的巨大威力时我们常常会觉得神奇无比，百思不得其解。小小一张看似柔弱的普通复印纸为什么能承受超过它自重几百、几千倍的重量呢？

一、纸结构承重原因：改变形状可以使物体的承受力增加。

一张平面的纸很薄，很小的受力厚度导致非常小的承受力。而如果改变纸的形状，把纸折叠成瓦楞形或卷成圆柱体后，受力厚度大大增加，承受力也就大得多。纸结构就是一种由点、线、面、体构成的组合。纸的基本物理特性之一就是平面，纸结构的设计就是基于纸这一平面物理特性,设计成点、线、面、体和角,进而形成一个稳定的物理结构。所以说纸结构承重的最关键一点就是要将结构体系从二维平面转化到三维立体来进行考虑，不仅仅要关注静载作用下结构的承重情况，更要关注其在动载作用下的承重情况。在桥梁和房屋建筑等受力的构造中，经常用到这样的结构，这样会使建筑物又轻巧又牢固，也比实心的构造节约了很多材料。

二、纸结构种类。

1. 叠高。

叠高，就是把普通的A4纸或卡纸用少量的粘贴标签纸，甚至不用粘贴标签纸来叠高，比谁叠得更高。于是就会碰到很多问题，一般纸张的特性：抗拉性较强，抗压性较弱。

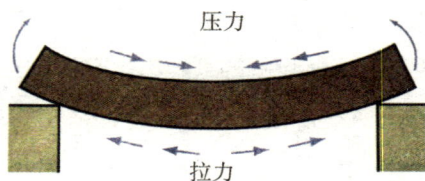

压力

拉力

于是，在叠高的过程中首先要解决的是结构的抗弯曲能力问题，使其不容易倒塌。最简单的方法就是在纸上折痕，于是纸就变直、变硬。折痕的方法很多，可以折成不同的形状，只要围绕解决问题的目标，从增加抗弯曲力的角度思考，那么办法也就很多了。在叠高中有的题目会这样要求：不仅要高，同时还要能承受一定的重量。这时就要考虑增加抗压力，其实抗压力和抗弯曲能力异曲同工，结构在能承受重量的情况下不弯曲不倒塌就是成功。叠高、承重的结构还会受到外界的影响，比如：风扇、窗户，人的走动等等，这些都需要进行综合考虑。薄薄的一张纸，有趣的纸叠高，定会让你乐不释手。

2. 架桥。

架桥是纸结构中的经典。从叠高到横向延伸，同时还需要承重，充满着诱惑和挑战。

　　纸桥经常会用到上述第四幅图中的这些基本形状，这是因为架桥同样需要解决结构的抗弯曲能力问题，不过一个是竖向受力，一个是横向受力，受力的面和点不同，所以解决的方法也各有侧重。把这些基本形状进行巧妙的堆砌组合就能增加纸桥的承受力。一座小纸桥，内有大学问，亲自做一做，收获会不少。

三、纸结构的基本形状。

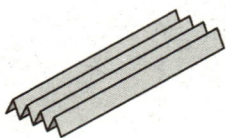

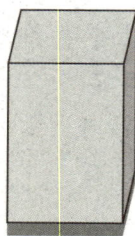

W形状结构，多了几个棱，纸的硬度加大，表面承受力增大。

稳固形的正方形柱状结构：只要接口处结合得好，承受力大大增加。

稳固形的圆柱状结构：可加工成任何粗的或细的形状，搭高和承重都是很好的选择。

稳固形的锥形柱状结构：在承受力基本相同的情况下，材料相对节约的一种形状。

四、纸结构的组合。

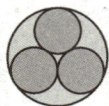

　　当纸结构的一些基本形状进行不同的组合后，就会产生更大的抗弯曲力、承受力。上面介绍的这些纸结构组合都是常用的，它们没有最好，没有可比性，只有是否合适。要看什么样的纸，什么样的结构用在什么情况下。因为头脑奥林匹克的题目千变万化，有材料限制，有高度要求，有长度要求，有对高度承重同时计分的，有对长度承重同时计分的，任务目标也各不相同。这时选择就很重要了。给大家介绍基本的纸结构组合，就是告诉大家通过这样的纸结构组合可以增加纸结构的抗弯曲力、承受力。

　　纸结构奥妙无穷，千变万化。但万变不离其宗：唱主角的始终是纸。所以玩纸结构的过程中，只要我们熟悉纸张的特性，灵活合理创造性地运用纸张的基本形状和基本组合，那么我们就一定能设计出更好的纸结构。同学们，开始吧，让我们一起走进纸结构的王国，探究结构造型与我们生活的关系！

越长越好

在规定时间内将半张A4纸剪成一条尽量长的纸条。

材料准备： 半张A4纸。

制作工具： 剪刀。

测试准备： 皮尺（一把）。

时间限制： 2分钟。

活动要求：

1. 在2分钟时间内用剪刀把纸片剪成一根尽量长的纸条。

2. 测试时，先把纸条的一端固定在地上，另一端拿在手中并尽量拉长。测量纸条两端之间的距离（地上一点和手中一点之间的直线距离），即为纸条的长度。若在拉长过程中纸条发生断裂，则断裂部分不计尺寸。

大脑碰碰撞之讨论

纸条可以剪得细一点，这样可以剪长一点。

要沿着纸边一圈圈地往里剪，可剪细了时间够吗？

一前一后来回剪，这样会剪得快点。

大脑碰碰撞之方案

方案一： 由外向内剪。

沿着长方形的纸张走向一圈一圈连着往里剪，剪成"回"字形。

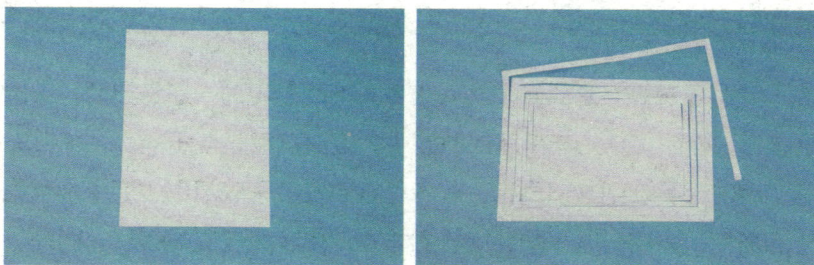

方案二：上下来回剪。

　　沿着长方形纸张的任意一条边开始剪，先从下往上剪，不要剪断，再从上往下剪，同样不要剪断，来回反复。

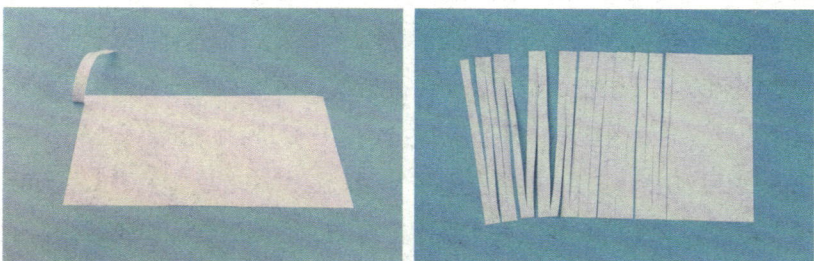

方案三：中间折叠，上下来回剪。

　　剪的方法与方案二相同，为了节省剪的时间，在纸张的中间折叠，使每一次的来回距离变短，这样就可加快速度了。

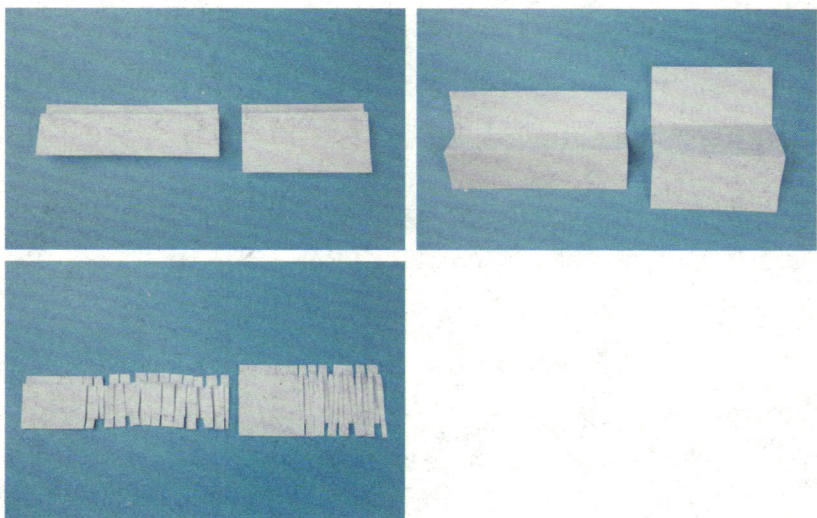

46

"越长越好"是头脑奥林匹克万人挑战赛中的一道经典题，曾出现在2004年、2005年两届的赛题中，取材简易，便于操作，却又充满了趣味性。拿到这道题目，首先可以启发孩子联想到生活中削苹果皮的场景，采用一圈一圈回旋绕的方式，使苹果皮变得很长。同样，我们的纸张也可以通过这样的方式，一圈一圈，沿着长方形的边框剪下来，这样一张完整的纸就变得"越来越长"了。是不是很奇妙呢？当然还可以用上下来回剪的方式，剪刀一上一下，细纸条就在手下出现了。小明曾按照一圈一圈剪和上下来回剪的方法进行了试验，可是在规定的2分钟时间里，要把纸条剪得越长越好，时间似乎很紧张，于是小明用方案三进行试验，由于中间折叠，每来回剪一刀省下了一半时间，这回时间足够了，只用了1分多一点的时间就把纸条剪好了。看来寻找更好的解题方法很重要。了解了思路想法之后，就进入了动手操作阶段，这个时候要注意尽量剪得均衡，剪得越细，也就越长。但要细心，不要剪断哦。

这道题测试是关键，很多同学把纸条剪得又细又长又均匀，好像是胜券在握，却毁在临门一脚，测试时纸条断了，长度必须从断口处计分，所以测试时必须整理好纸条，一手托住纸条从测试点开始一点一点往地上放并往后退，以免功亏一篑。

在实践中发现，剪纸条时所用的方法与测试成功与否关系不大，测试成功与否与测试时的谨慎态度和纸条整理有关。

吸管桥承重

　　用以下的材料制作一座吸管桥。吸管桥要架在高10厘米、宽20厘米、相距30厘米的两个桥墩上，吸管桥要有尽可能大的载重量。

　　材料准备： 25根塑料吸管、8张黏性标签纸、20根牙签、1只信封。

　　测试准备： 1个桥墩（高10厘米、宽20厘米、相距30厘米），螺母若干，1张桌子。

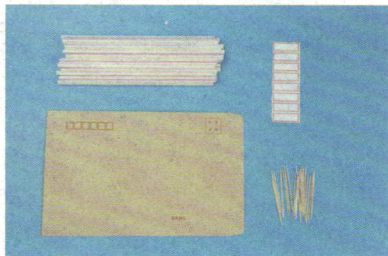

　　制作工具： 剪刀。

　　时间限制： 第一部分10分钟，讨论并完成装置的制作。第二部分5分钟测试吸管桥的承重。

　　活动要求：

　　1. 吸管桥只能架在桥墩上，不得架在另外制作的物品上。

　　2. 测试时，在架在桥墩上的吸管桥上放上塑料盒，再把螺母一个个地放在塑料盒子内，直到桥梁倒塌或碰到桌面为止。承受的重量要维持2秒钟才认可成绩。

　　3. 成绩以吸管桥能承载的螺母数量而定。

大脑碰碰撞之讨论

　　一根吸管做桥面不够长，可以用标签纸把吸管接长接宽，信封折叠做桥面。

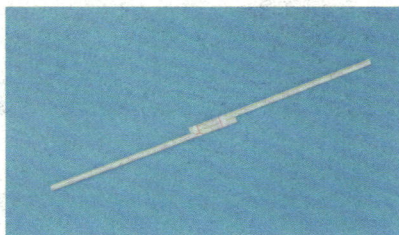

吸管是空心的，可以用一根吸管的头插进另一根吸管里的方法来连接，像竹筏一样并排，再用牙签串起来。

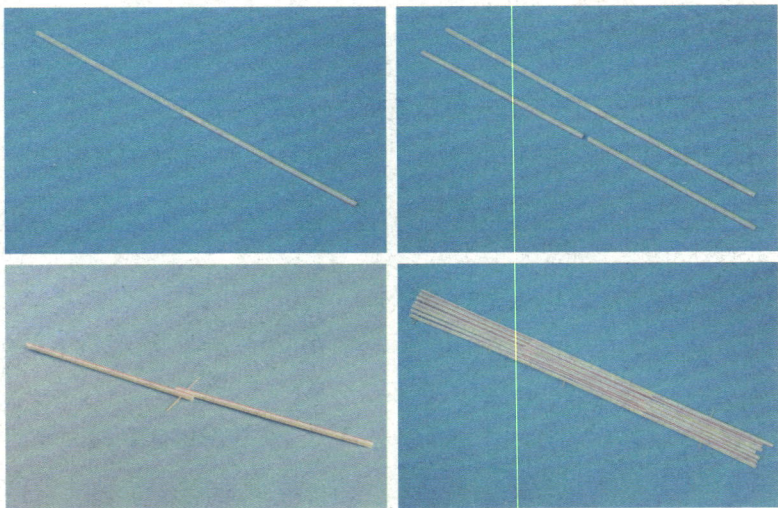

如果材料够用，还可以在平面的桥上再加个梯形面，增加桥面的承重能力。

大脑碰碰撞之方案

方案一： 标签纸连接吸管的桥面，信封折叠放桥面中间。

用标签纸把吸管连接成一个长方形的桥面，把信封折叠包裹住桥面加固。

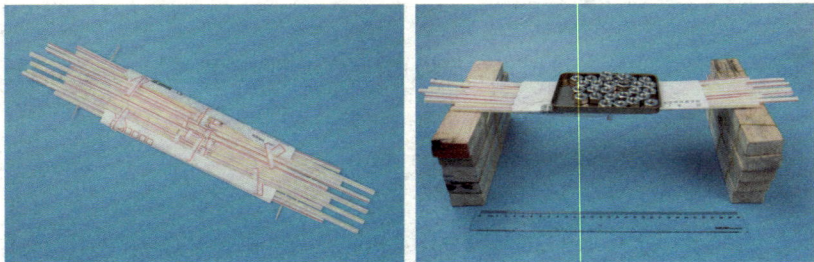

方案二：吸管和吸管连接的桥面。

吸管和吸管连接，用牙签串起来的，做成像竹筏一样的桥面。

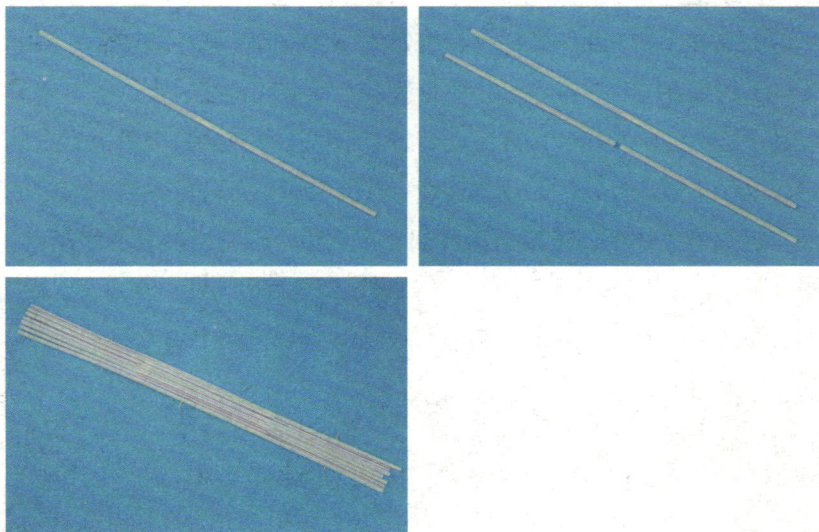

方案三：桥上再连接个梯形的桥面。

在方案1、2的桥面上再加个梯形面，因为桥的中间最容易陷下去。

浣熊无敌透析

"吸管桥承重"是2004年万人大挑战的一道赛题，是非常经典、有趣的一道题目。首先，要熟悉所给的材料，明确材料的特性。

吸管的特点是长，是一种软塑料，当中是空心的。为了接长，我们可以把两根吸管连接起来。如何连接？方法有好多种，一种是芋芋说的用标签纸粘连，一种是用牙签把吸管连接。另外还有一种方法，是将一根吸管穿进另一根中，把一根吸管的一头摁扁一些，插进另一根吸管中，这样就节约了标签纸。长度够了，横截面也要够宽，这时候可以像小旋风说的那样，用牙签或者标签纸把连接好的长吸管再横向地串起来，不过穿牙签的时候要注意：穿完后可以把牙签尖锐的部分折掉，这样避免伤手。长度、宽度都够了之后，吸管桥的雏形就搭建好了。如果还有时间和材料，不妨试试蓝泡泡的方案，在平面的桥面上再加上一个梯面，这样桥更稳固，承重能力也更强。

用以下材料制作一个结构，把结构放在两张相距20厘米的桌子间，结构要能承受尽可能多的高尔夫球（最多可加10个球）。

材料准备：5张粘贴纸、4根牙签、1根20厘米长的纱线、10张卡纸（18 cmX12 cm）。

制作工具：剪刀、美工刀。

测试准备： 10只高尔夫球（可以用玻璃弹子代替）、2张桌子。

时间限制：第一部分制作结构8分钟。

第二部分测试结构的承重6分钟。

活动要求：

1. 用提供的材料除了制作结构外，还需制作一个放高尔夫球的悬挂物，可被悬挂在结构上，也可被放在结构上，但不能作为结构的一部分。

2. 8分钟制作结构结束后，开始测试结构。测试时往悬挂物里加高尔夫球。每承受住一个高尔夫球得10分。（每放一只高尔夫球必须承受3秒钟以上）

用卡纸两张连接，折叠成细长方形柱体空心管4根，牙签并排穿过做承重结构。剩下的2张纸做一个盒子当作悬挂物，放在结构上。

用8张卡纸互相连接。卷成很结实的长棍，做承重结构，剩下的2张纸做盒子当作悬挂物，悬挂在结构上。

悬挂物虽然不计分，但在承重测试中却起着非常重要的作用，我想悬挂物最好设计成细长的，测试时接触面积大，压强小，承重大。

大脑碰碰撞之方案

方案一：方形柱体空心管排列的结构。

做4根细长的方形柱体空心管，大小粗细相等，排列平整，悬挂物的盒子里要有卡槽，防止球往一边滑。

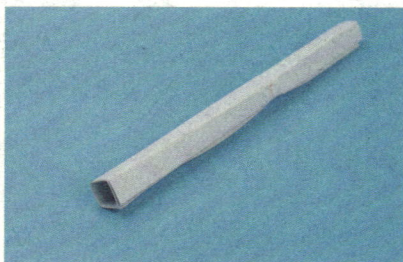

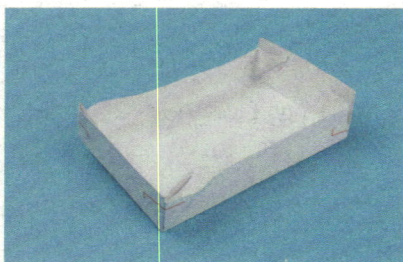

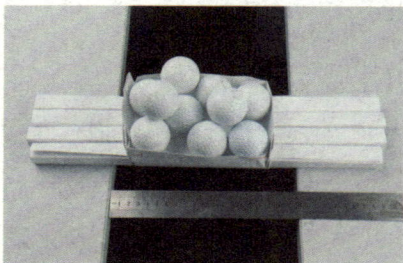

方案二：结实的长棍的结构。

长棍要卷得越紧越好，稍微长点，盒子悬挂中间。

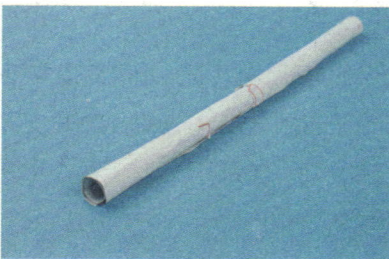

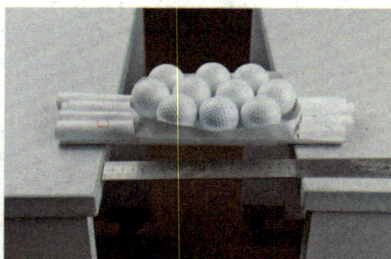

方案三：空盒子做成小船形状。

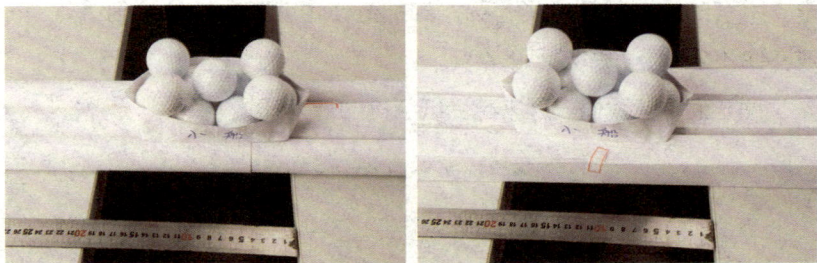

浣熊无敌透析

　　此题2014年首次出现在万人大挑战的比赛中，也是很经典的一道赛题。题目的要求是运用卡纸制作纸结构，上面能承重高尔夫球。材料的主体是卡纸，卡纸比普通的A4纸更为厚实，密度大，承重没有问题，因此问题的关键是如何排列组合，并且能够在上面放置很多会移动的高尔夫球。因此这个结构除了要承重力强，更要稳固。我们想到的方案是把纸卷成长方体空心管和圆柱体空心管，用牙签和粘纸固定排列组合，细节地方尤为注意，长方体的每一面要尽量均等，圆柱体的直径也要相同，否则容易出现不平整导致倾斜的现象。最后可以用一张卡纸折成船形制作成一个盒子，在里面放置高尔夫球，盒子的底面积要大，这样放置在纸结构上才比较稳固。悄悄地告诉你们：卡纸折叠长方柱体管时有个窍门，先用笔在卡纸上等分，画好等分平行线，然后再按平行线折叠，这样折叠出来的柱体管平整、承受力大。我们可以用卡纸两张连接，折叠成细长方形柱体空心管4根，做个并行排列的结构。

　　如果你是选做长棍结构的，一定要学会卷纸，因为卡纸较硬，卷纸之前可先找一支圆柱体的铅笔夹在卡纸中把纸先卷一下，让纸有弧度，这样卷长棍时就可以随心所欲。另外悬挂物的制作也很重要，关系到能否放更多的高尔夫球。折个小船想法不错，只是要解决卡纸较硬如何翻折的问题。要是做方形纸盒必须解决纸盒四边不让它塌下来，所有的问题都解决了，结构的神奇你也就在做中体验到了，或许你还会有更多的发现和收获。

同学们，让我们一起来感受纸结构的魅力吧！

乒乓球塔

用以下材料制作一个可以把尽可能多的乒乓球连接起来的球塔装置。并尽可能增加球塔的竖直高度。

材料准备：4根塑料吸管、8张粘纸、1只一次性塑料杯，20只乒乓球。

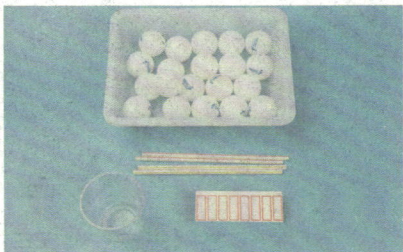

制作工具：剪刀、美工刀、小尺。

测试准备：1把米尺、1张桌子。

时间限制：8分钟。

活动要求：

1. 球塔装置必须安装在桌面上，至少要有一个乒乓球与桌面接触。

2. 球塔装置上的每个乒乓球都必须互相接触，任何1只乒乓球都不能损坏。

3. 测试时，身体任何一个部分都不能去接触乒乓球及球塔装置。

4. 计分：球塔装置的高度每厘米得1分，装置设计制作的创造性得1~20分不等。

大脑碰碰撞之讨论

把粘纸剪成细条，用粘纸把3个乒乓球竖直固定，一次性塑料杯底开小口，当基座。

把3根塑料吸管等分，用来卡紧乒乓球3边，一次性塑料杯底开小口当基座。

把一次性塑料杯剪开，卷成若干个圆环作两个乒乓球之间的托架，塑料吸管作辅助支撑用。

大脑碰碰撞之方案

方案一： 粘纸固定的乒乓球塔。

可先用3个乒乓球搭个底座，粘纸剪成细条一定要直，如果粘纸够用，也可乒乓球4边竖直固定，这样可能更牢固。

方案二： 塑料吸管支撑乒乓球塔。

塑料吸管支撑乒乓球塔时最好底角向外分开，增加稳定性。

方案三： 圆环连接的乒乓球塔。

用塑料吸管做成能放乒乓球的底座，圆环要先做一个试试，确定圆环的高度和大小，这样就不会太浪费时间。

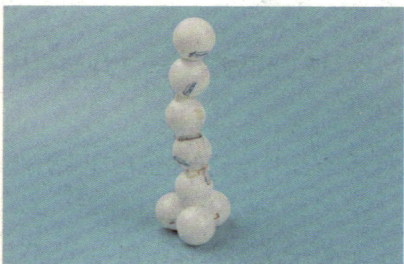

　　"乒乓球塔"是2004年万人大挑战的赛题，这是一道搭高类的动手题。由于乒乓球易滚动，使得赛题存在一定难度。因此，找到最困难的地方，想办法解决它就行了。众所周知，万丈高楼平地起，搭高的关键在于底座。只有将底座建设好，上面的建筑才会又高又稳固。同样，这道题目的关键也在于底座，如何用乒乓球做一个底座呢？按照芊芊的想法，用三个乒乓球组成一个三角形，用粘纸固定起来，然后每搭高一个都用标签纸固定，这种方法简单易行，缺点可能会因为粘纸不够用而不能把球塔搭得更高；第二种方法可以利用吸管作为支撑，对搭高的乒乓球形成保护，这样球塔便不容易倒下来，能够放置更多的球；吸管支撑是个好办法，可以用3根吸管作支撑脚，一根吸管折叠两个三角形用来固定支撑脚，这样球塔就稳定多了。如果时间多余的话，还可以用吸管、杯子做出其他底座，新的想法将在做中产生，让我们一起动手试试看吧！

纸竿托球

用以下材料制作一个尽可能高的纸竿，在纸竿的顶端托住1只乒乓球。

材料准备：4张A4纸、8张黏性标签纸、1只乒乓球。

制作工具：剪刀。

测试准备：1只乒乓球、1把米尺、1张桌子。

时间限制：10分钟。

活动要求：

纸竿必须安装在桌面上，把1只乒乓球放在纸竿顶端，纸竿要能自行竖立在桌面上。测量时，身体的任何部分都不能接触纸竿和乒乓球，用米尺测量桌面到乒乓球顶端的距离，每1厘米得2分。

大脑碰碰撞之讨论

下面做成三角形，上面卷成个圆柱形，然后竖起来，下面用标签纸粘住，顶端剪3刀分开，便于放球。

第一张纸制作个喇叭口状的圆筒，然后卷直筒继续升高。

先用一张纸卷3个圆纸筒，夹住中间的主竿。最底下的用竖的一张纸，接下来两张纸，一张横的对开竖的卷筒，一张竖的对开竖的卷筒，增加高度。

大脑碰碰撞之方案

方案一：直筒形纸竿。

三角形具有稳定性。三角形做底部，圆柱形插进，用标签纸固定一下，以后每次插进一个圆柱形都要固定一下，同时要保持竖直。

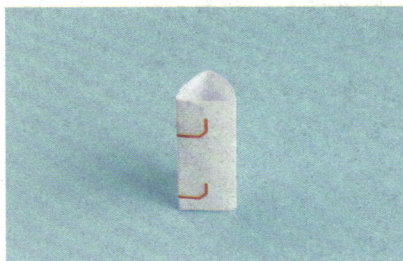

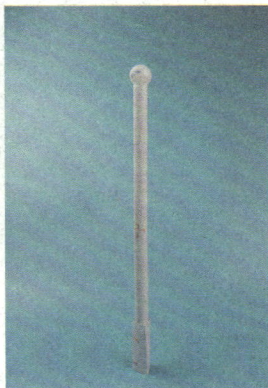

方案二：喇叭口状纸竿。

底座做成喇叭口状的圆筒，增加稳定性。上面用直筒形。纸竿会晃动，手感方向也很重要。

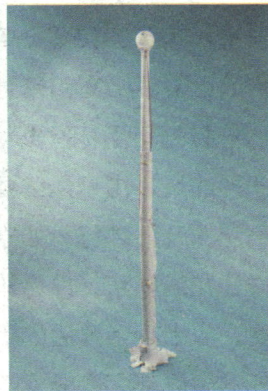

方案三：有底座的纸竿。

底座用3个圆纸筒来夹紧中间的主纸竿，接触面大了，稳定性就提高了。

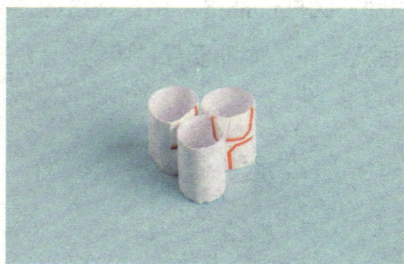

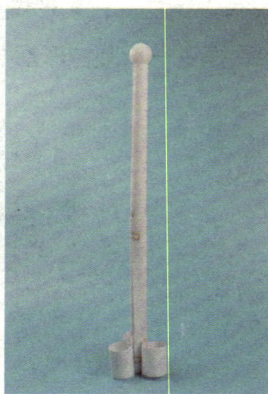

　　"纸竿托球"也是2004年万人大挑战的赛题，和"乒乓球塔"有着异曲同工之意，区别在于这道题目要用A4纸直接搭高，最后能够承受一个乒乓球。因此，题意在于要搭建一个笔直的纸竿，稍有歪斜，就无法承受乒乓球。首先还是底座的制作，在方案中分别列出了三角形、喇叭口和圆纸筒的底座，这些形状的底座都是比较稳固的，切记要遵循平衡和接触面大的原则。在此基础上将卷纸筒插入底座，连接处可用标签纸粘住固定。这样最基本的纸竿就做好了。值得一提的是，由于最终要在纸竿顶部放置乒乓球，所以纸竿顶部要有一定的开口才行，如果纸筒卷得直径过小，可以把最顶部的纸筒剪成开花喇叭状，最后放上乒乓球。要想取得好成绩，除了底座很重要，放上乒乓球后的手感也很重要，因为人的说话、走动，甚至窗外的微风都会影响纸竿托球，这时需要你用敏感的双手不停地调节好最佳的角度。同样高度，同一个纸竿，不同的同学就会测试出不同的结果，你知道是为什么吗？赶快来试试，其中的奥秘你一定能解开。

越高越好

　　制作一个结构，在能够承受1枚或2枚一元硬币的情况下，越高越好。

　　材料准备：1张A4纸（80克金旗舰）。

　　制作工具：剪刀。

　　测试准备：1枚或2枚一元硬币，1张桌子。

　　时间限制：30分钟。

　　活动要求：

　　1．只能用一张A4纸（80克金旗舰）制作，不能进行任何方式的加固，不得使用任何粘接材料。

　　2．承重测试的时间不得超过3分钟，由队员独立进行。

　　3．测试时，将结构放置在桌面上，顶端放置1枚或2枚一元硬币，硬币保持5秒不掉落。一元硬币顶端离桌面的竖直高度计入成绩（精确到1 mm）。

　　4．分数=硬币数量×结构高度。（硬币数量为1或者2，结构高度以毫米为单位。）

大脑碰碰撞之讨论

　　把A4纸竖立卷成细圆柱，上面一定能放2枚一元硬币。硬币竖着放。

　　把A4纸拦腰分成2张，把纸竖立折成2个正方体，第二个架在第一个上，顶端再平放2枚硬币，

　　把A4纸竖开平分成2张，把纸竖立折成一个长方体，第二张卷成三角锥体。

63

63

大脑碰碰撞之方案

方案一：圆柱体上站硬币。

把A4纸竖立卷成细圆柱，开始时要卷紧，不让纸散开，然后换一个方向把外圈的纸卷到中间，这样卷成的细圆柱不易散，再在顶端开浅的小槽，让硬币站立在圆柱体上。

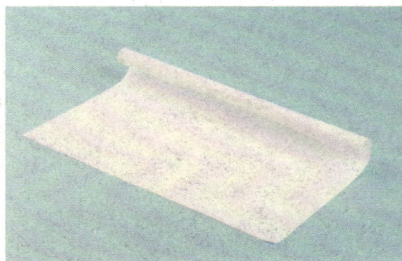

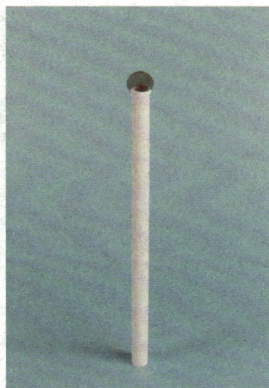

方案二：横开纸，双层上躺硬币。

把纸横开成2张纸，把纸竖立，平分8等分，折出硬痕，做成2个长方体，架高，把硬币小心地平放在上面。

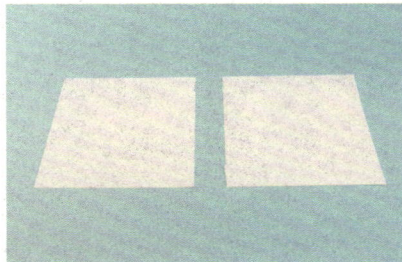

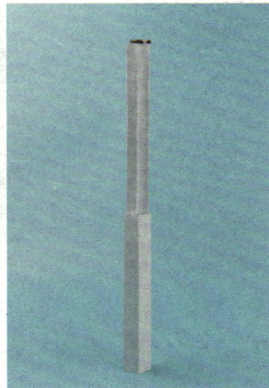

方案三：竖开纸，双层上躺硬币。

把纸竖开成2张纸，把纸竖立，平分8等分，折出印痕，做成1个长方体，1个三角锥体，然后在每一面的中间往里竖立折出印痕，再架高，把硬币小心地平放在上面。

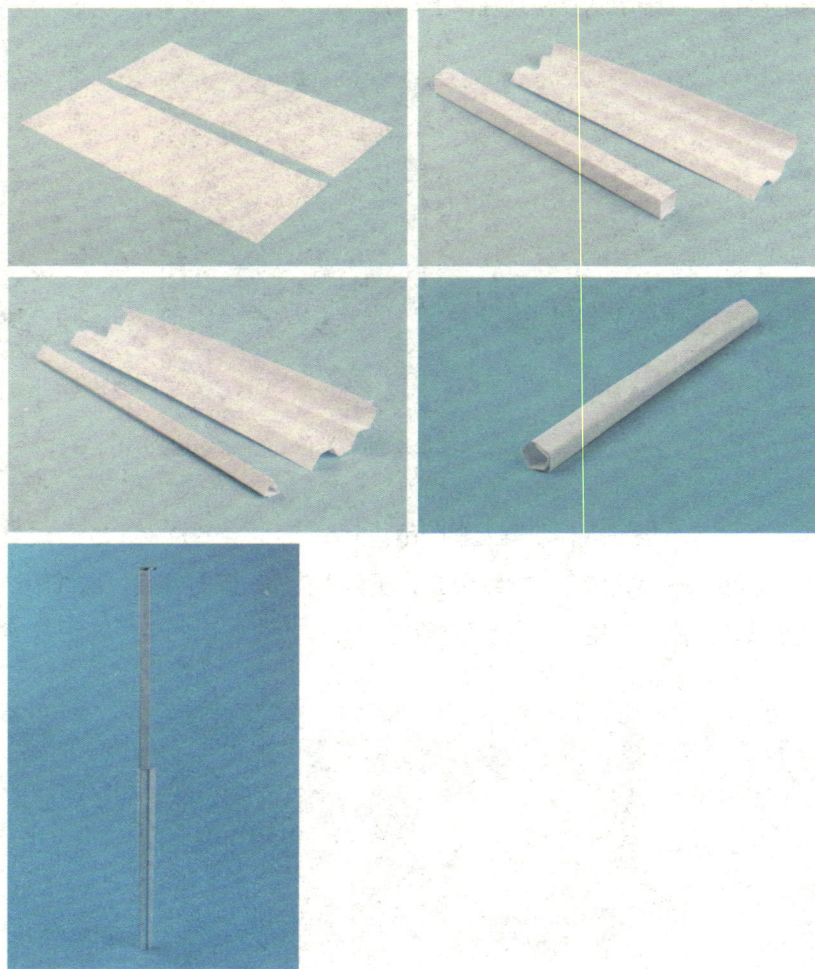

浣熊无敌透析

　　"越高越好"是2011年万人大挑战的赛题，也是一道结构搭高题，有一定难度。难度在于材料有限，只有一张A4纸用来搭高，能够承受一枚硬币，并且要求"越高越好"。如何将这张A4纸裁分，是解这道题的关键。芊芊的方案是直接把纸卷成纸筒，这个方案可以，但是在高度上就没有优势了；小旋风的方案是把纸横开均分成两半，制作成两个长方体立柱，叠加在一起，这个方法比单薄的纸片更为牢固，高度上也取得了一定的突破；蓝泡泡提供的方案具有一定难度，是将纸竖开分成两等分，一半做成长方体、一半做成比长方体体积小的三角锥体，体积大的在下面，体积小的架在上面，这样就同时拥有双倍的高度和稳固的结构了。但是这样做会有一点风险，因为比较高，结构晃动得厉害。为了追求效益最大化，我们还可以不断摸索，比如：在长方体柱形的每一面再竖向加个棱，改变纸张的形状、增加站立的稳定性，或者增加长方柱体与桌面的接触，方法很多，等着你来试一试。最后放置硬币要注意小心轻放，同时让自己有手感，不要破坏了结构。

纸桥承重

制作两个桥墩和一个桥面，桥面中心放置硬币，越多得分越高。

材料准备：1张A4纸（80克金旗舰）。

制作工具：剪刀。

测试准备：一元硬币若干，垫板1块，1张桌子。

时间限制：30分钟。

活动要求：

1. 制作时不能进行任何方式的加固，不得使用任何粘接材料。

2. 桥墩至少5厘米高，桥面最长处应达到20厘米以上（不包括桥墩上的桥面）。

3. 测试时，桥墩和桥面放置在水平桌面上，然后在桥面中心放置一元硬币，第二枚硬币放置方法为叠加，以此类推，硬币在桥面上保持3秒，然后计分，每放置一个硬币得10分。若几组同学比赛，硬币数相同测桥面长度。

图示：

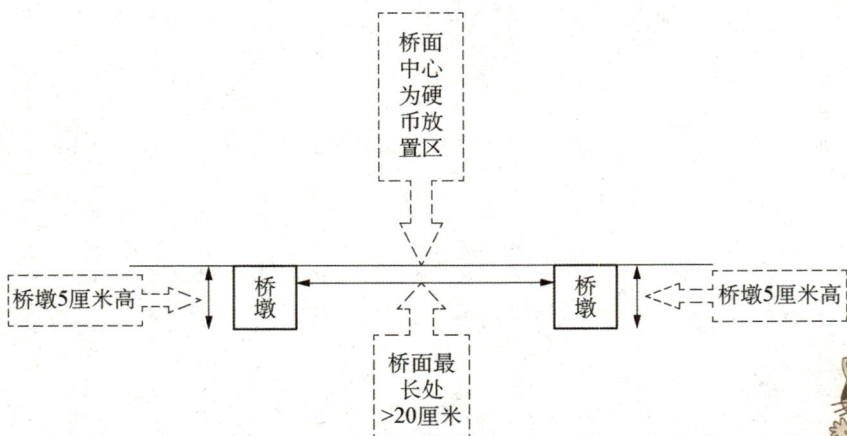

大脑碰碰撞之讨论

把纸竖向先剪去，取5厘米一条，再把这张纸平分成两张，做桥墩，桥面做凹形状。

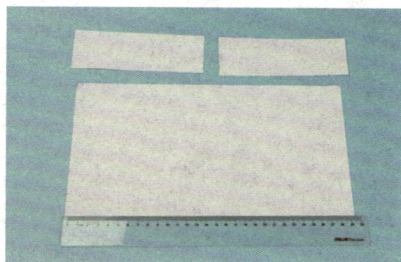

做桥墩的方法和芊芊相同，桥面我认为做成"W"形承受力会更大些。

做桥墩的方法和芊芊相同，桥面我想做成扁的长方体。

大脑碰碰撞之方案

方案一：凹形状桥面。

做桥面的纸先都折成双层，在两边分别折两次成凹形状桥面。

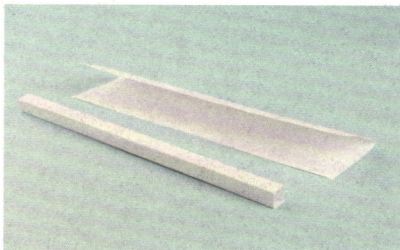

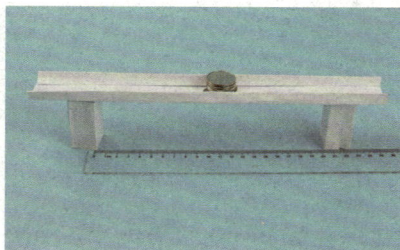

方案二："W"形桥面。

做桥面的纸先都折成双层，再折叠成"W"形桥面。

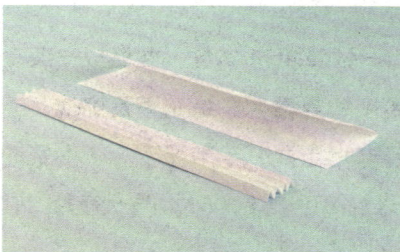

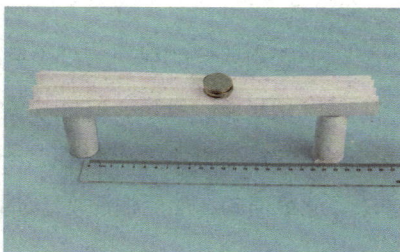

方案三：扁的长方体形状桥面

做桥面的纸折叠成和硬币一样宽的，一半硬币高的，扁的长方体形状桥面。

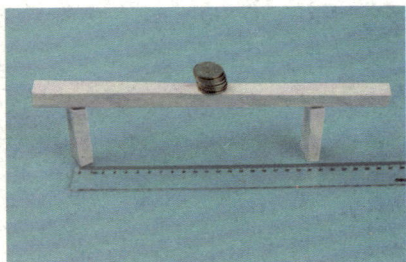

补充说明：桥墩的三种做法

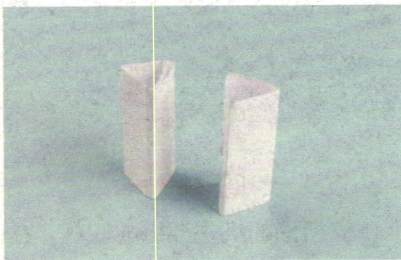

浣熊无敌透析

　　这道题目所给的材料很少，只有一张薄薄的A4纸，要做成一架有一定跨度和高度的纸桥，并能承受更多的重量，真是充满着挑战。于是合理有效地对纸张进行分割这一步非常重要，芊芊提了一个很好的想法，把纸横向，然后根据桥墩5厘米的高度裁下一条，再一分为二做两只桥墩。做这个桥墩可有讲究了，没有任何粘贴材料，但又要让桥墩做得没有破绽，这是要动脑设计一下的，同时需要在实践中不断完善。陈老师给个建议，桥墩不用做得太粗，这样纸就能多卷几下，然后最里面的纸卷卷到最外层，这样就能把缺口破绽减小，保证桥墩承重时不倒塌。同理长方形立柱、三角形立柱的桥墩都要想办法做成没有弱点的结构，这样才能保证桥墩的承受力。试试吧，也许你还会在实践中把问题解决得更好。

在这道题目中，桥面的作用是非常重要的。题目规定桥墩间的跨度大于20厘米，所以剩下的那张纸千万不要随便折叠了，否则就会有折痕影响承重，需要考虑成熟再动手，可以是工字形桥面、"W"形桥面或空心钢管形桥面等等。

到底是怎样形状的桥面能承受更多的硬币，值得你思考和实践。也许你还能想出更好的方法，创意无限，重在实践。

纸桥效率

用提供的材料制作一个纸桥，纸桥的两端放在相距一定距离的桥墩上，能承载硬币。

材料准备： 2张A4纸和2张黏性标签纸（2厘米×5厘米）。

制作工具： 剪刀。

测试准备： 一元硬币若干，垫板1块，桌子1张。

时间限制： 20分钟。

活动要求：

1. 只能用提供的A4纸和标签纸，其他粘接材料不得使用。

2. 纸桥的两端放在相距至少20厘米的桥墩上，承载硬币直至桥体坍塌，承载硬币必须放置在桥墩垂直内侧。

3. 分数：以纸桥的承载效率作为成绩。效率 = 测量承载的硬币重量（克）×桥墩相距的距离（厘米）。当桥墩相距距离≥30厘米时，承载重量按2倍计算。当桥墩相距距离≥40厘米时，承载重量按3倍计算。

图示：

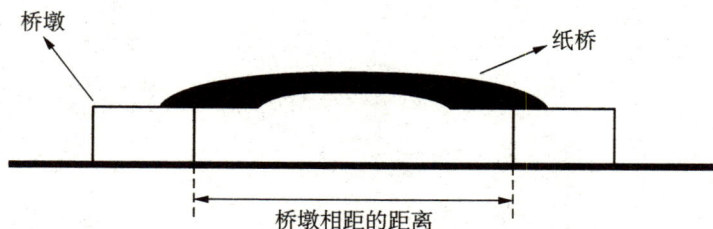

桥墩　　　　　　　　　　纸桥

桥墩相距的距离

把两张纸竖向粘贴，然后折成瓦楞状，这样桥墩相距的距离可以≥40厘米，承重就可以按3倍计算。

先把2张纸竖向粘贴，做成工字形桥面。

先把一张纸竖开平分6份，卷成3根很紧的纸卷，并排连接成竹排形状的桥面。

大脑碰碰撞之方案

方案一：瓦楞状桥。

折瓦楞纸的两边要先折双层。让纸没有缺口，增加牢度，楞纸要折得均匀。

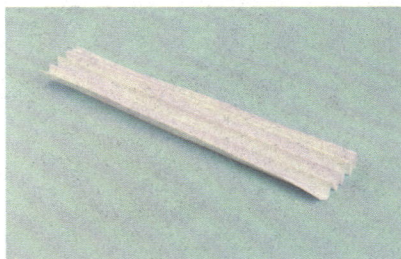

方案二：工字形桥。

桥面折叠最重要的是两边对称折，纸边要往中间折进。

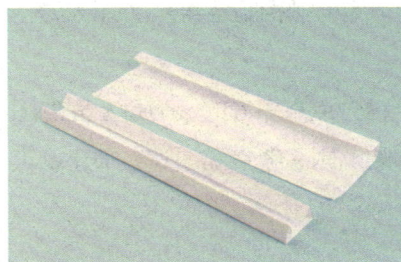

方案三： 竹排形桥。

把平分成6份的纸条，每2张纸条卷成一根细长的纸卷，然后把卷好的3根纸卷并排成竹排状做桥面。

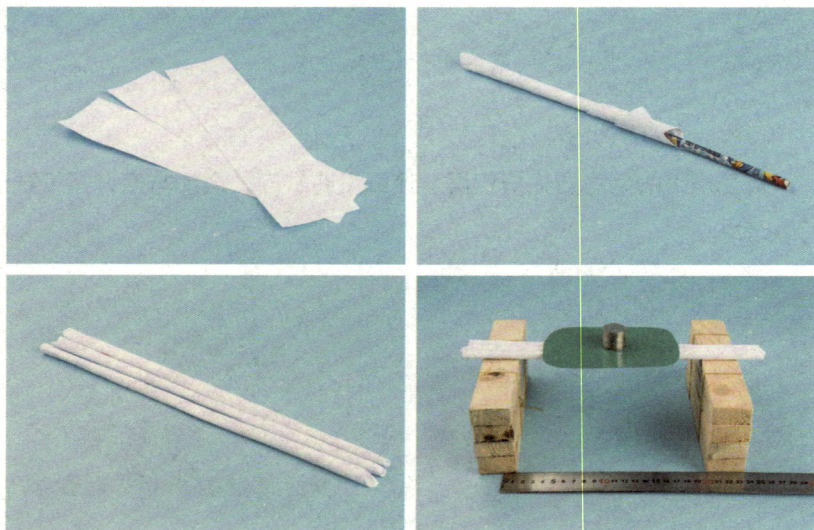

浣熊无敌透析

这道题目与纸桥承重看着相似，其实内藏玄机，又一个新挑战开始了，仔细阅读题目要求，就会找到不同了。芊芊、小旋风和蓝泡泡解题的思路都挺好的，用他们的方法也都能基本完成任务，但要想把任务完成得更好，却大有可研究的地方。分析题目：桥墩跨度小于30厘米，分数：以纸桥的承载效率作为成绩。效率 = 测量承载的硬币重量（克）×桥墩相距的距离（厘米）。当桥墩相距距离≥30厘米时，承载重量按2倍计算。

蓝泡泡解题的思路就是抓住这条得分点来思考的，但是上面的图解没有显示出来，给同学们留下足够的解题思考空间。陈老师建议可以朝这个方面寻找更好的解题方案。

接下来就是桥面的设计了，瓦楞桥面和工字形桥面制作简单，如果能平整地折叠应该会有很好的承重效果，用很紧的细长纸卷组成的竹排状桥面可能会承受更大的重力。还向大家推荐双层的工字形桥面，大家可以实践一下，也许在动手的过程中你又有了新的灵感。脑洞大开，陈老师期待着你发布更多新的解题方案。

纸制斜塔

制作一个斜塔，斜塔至少高30厘米以上，最宽处应在15厘米×15厘米以下，最窄处应达到5厘米×5厘米以上。倾斜度越斜得分越高。

材料准备： 1张A4纸（80克金旗舰）。

制作工具： 剪刀。

测试准备： 木板一块。

时间限制： 30分钟。

活动要求：

1. 用1张A4纸（80克金旗舰）制作，不能进行任何方式的加固，不得使用任何粘接材料。

2. 测试由学生独立进行，测试的时间不得超过3分钟。

3. 测试时，将斜塔放置在准备好的木板上面，然后将木板的一侧慢慢抬高。斜塔滑落或滑倒在地上时，停止抬高，测定木板与地面形成的角度，这一角度将成为选手的得分。

大脑碰碰撞之讨论

把A4纸竖的对折分成2张，一张做底座，一张做塔身。

底部散状剪开，做成花形柱体，增加底部的接触面。

底座折叠成倾斜的，放在斜面的板上就不易倒。

大脑碰碰撞之方案

方案一： 两至三层型斜塔。

把A4纸按图所示分成三份，黑色划线处用剪刀剪出卡口；三张纸片分别对折，最大的一张在最下面。两张小的分别插入卡口中，组成斜塔。

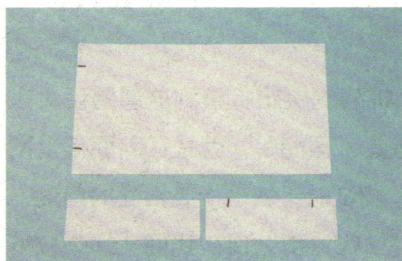

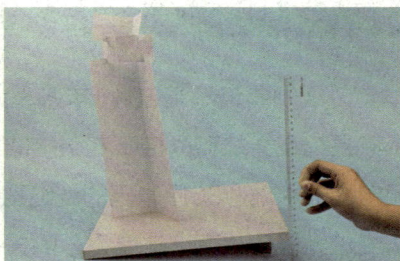

方案二：底部开花型柱状塔。

　　将A4纸按图所示分成五份，下摆剪成开花状，卷成立柱折叠摆放在木板上，另一个卷筒插入底下的卷筒叠高，将剩余的细纸条作为固定连接用。

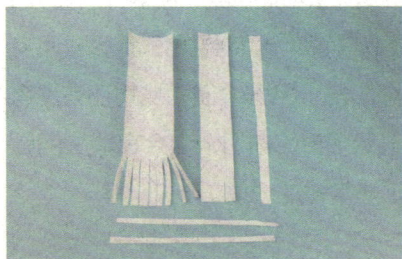

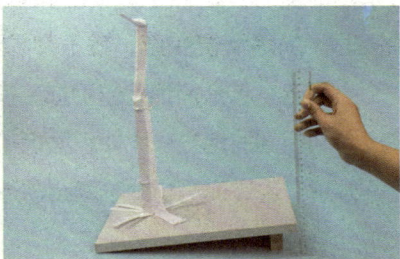

方案三：斜塔。

　　在静止的平面上放斜塔可能还会不太稳，但是放在慢慢抬起的板上就会比较稳地站立了。

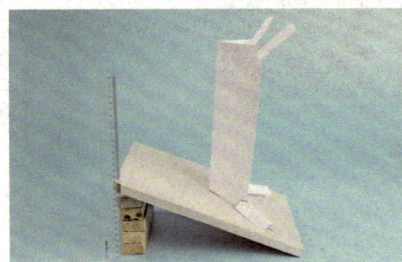

　　"纸制斜塔"是2015年万人大挑战的赛题，看到这道题目大家是不是有点丈二和尚摸不着头脑的感觉，很简单，就是在斜面板上按规定的要求做个30厘米高的纸结构，测试时不断地抬高斜面的角度，角度越大得分越高，这是得分的关键所在，那么现在我们一起来分析一下纸的性质，A4纸是光滑的，没有黏性和附着力，当斜面有倾斜度时，纸是一定会滑落的。

　　所以这道题目要想让你的斜塔能得高分，在制作时可考虑如何增加摩擦力；如何改变斜塔在倾斜时力的方向等综合因素。蓝泡泡在思考解题时就想到这点了，他的斜塔是往斜面抬高的这边倾斜，当斜面抬高时，斜塔慢慢变直，就不容易滑下去了。当然要更好地解题还有一个小秘密，老师悄悄地告诉你，换个角度，另辟途径，找找还有没有你没有利用到的地方，比如斜面板等。老师相信你们一定会有解决问题的好办法，也许你的与众不同会创造出非常棒的成绩。

＊比赛现场图片

浣熊出题

　　用所给的材料制作一个结构。结构的一端必须放在桌面上，另一端能向桌面外延伸尽量长的水平距离。

　　材料准备：用2张A4纸和2张标签纸。

　　制作工具：剪刀。

　　测试准备：桌子一张。

　　时间限制：15分钟。

　　活动要求：

　　1. 只能使用的黏性材料为标签纸，不得使用其他任何粘接材料。

　　2. 结构的一端必须放置在桌面上，另一端向桌面外延伸尽量长的距离。

　　3. 结构的延伸部分如果接触到地面，就从作品接触地面处垂直向上5厘米处剪去，如还接触地面，依前方法处理，直到不接触到地面为止。

　　4. 计分：测量结构从桌沿到延伸部分末端的水平距离，越长分数越高。

　　图示：

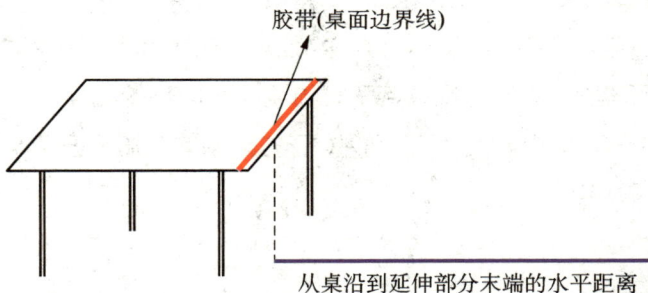

胶带(桌面边界线)

从桌沿到延伸部分末端的水平距离

把一张A4纸横着反复对折成多层。另一张纸卷纸竿，然后插进多层的底下部分。

一张纸横向平分成4份，做4个正方体。另一张纸卷成纸竿，夹在两个正方体中间。

一张纸横向平分成4份。其中一张在短的一边折个槽，取2张连接做细圆柱作为支架，另一张纸做纸竿，然后插进圆柱管内。

大脑碰碰撞之方案

方案一：对折多层底座结构。

把一张A4纸横着反复对折成多层，封住口。另一张纸平分6份卷成尽可能长的纸竿，然后插进多层的底下部分。测试伸出的最佳位置，再用粘纸固定。

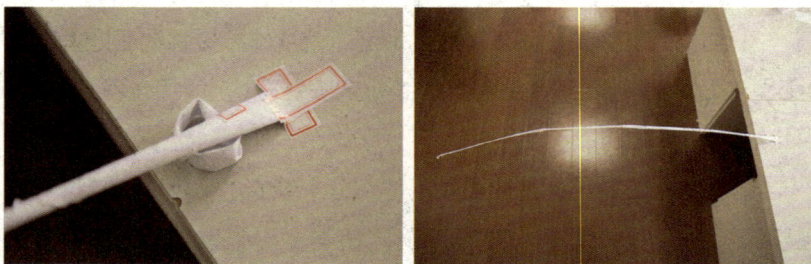

方案二：桥墩式底座结构。

一张纸横向平分成4份，做4个4厘米高的正方体。两两对放，另一张纸切割成3厘米的纸条若干，卷成尽可能长的纸竿，纸竿夹在两个正方体中间用粘纸固定。两对正方体间的距离根据纸竿制作的实际情况决定。

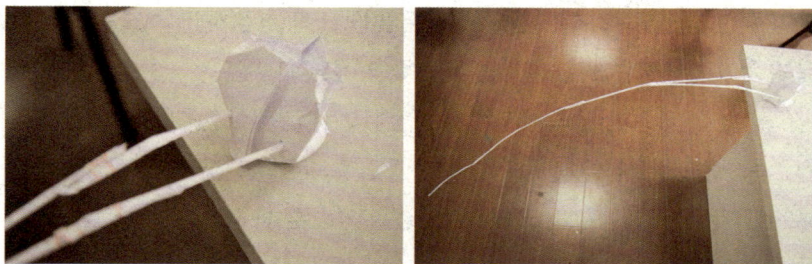

方案三：架槽式底座结构。

　　一张纸横向平分成4份。取其中一张，短的一边折起1厘米高的架槽，这张纸作为底座。取2张连接做细圆柱和底座固定，像大炮管一样伸出去。还有一张四分之一纸备用。另一张A4纸分别用美工刀划出1、2、3、4、5、6、7厘米不等的长条。留1厘米的备用，然后从窄条开始卷细纸竿，做好的纸竿插进圆柱管内固定即可，1厘米的细条对折还可加长。

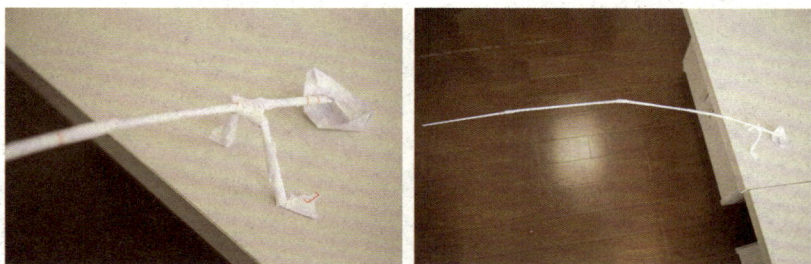

浣熊无敌透析

　　小小一张纸，花样实在多，这道题目从新的角度提出了一个需要解决的问题——纸从桌面向外延伸。柔软无骨的纸要让它延伸得更远，芊芊的办法很好，把纸分割成纸条，把纸条卷成细长的纸竿，让纸能挺直。关键是支撑纸竿的支架，你一定会想到作为支架的底座越大越好吧！可材料有限，怎么办呢？好好地利用材料中的2张标签纸，问题就能很好地得到解决。开动脑筋，你一定有办法的。

　　要使这道题解决得更好，就是要把纸延伸到更远，这里陈老师提醒大家做纸竿的时候越接近纸梢要做得越细。还有一个得高分的小窍门，就是当你把纸竿固定在桌面上后，你还可以为你的解题多得些分，留一张宽5毫米，长10厘米的细纸条，竖向对折成细条，插进顶端的纸竿中，瞬间又加长10厘米，也许可以更多一点。

　　当然老师的方法不一定是最好的，只是给大家一点启示。同学们可以在实践中寻找到更好的方法，获得更高的分数。

纸结构承重

用1张纸（A4纸），制作一个筒形结构。结构的中间必须能让1只一次性纸杯穿过，结构的高度要大于一次性纸杯的高度。不得使用任何粘接剂，结构要能承受尽量大的重量。

材料准备：1张A4纸。

制作工具：剪刀、美工刀等。

测试准备：重物（可用书、螺丝帽、螺丝等物品）。

时间限制：15分钟。

活动要求：

1. 制作时不能进行任何方式的加固，不得使用任何粘接材料。

2. 测试承重时，重物必须一个个放上去，每个重物放上去后，结构维持3秒钟不倒塌方才算承重量。

大脑碰碰撞之讨论

把A4纸竖向对折不能剪断，"W"形弯折，然后弯成圆筒状，当中穿孔然后用两根纸条搓成纸棍系起来。

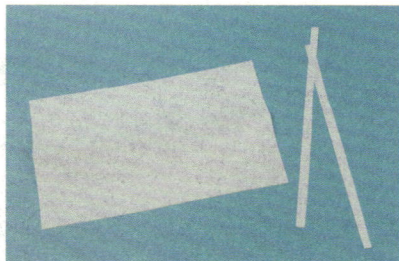

把A4纸竖向剪1厘米长条3根，余下的横向平分成三等份，做3根三角形立柱，纸条连接。

把A4纸横向剪1厘米长条4根，余下的平分成四等份，做4根圆形立柱，纸条连接。

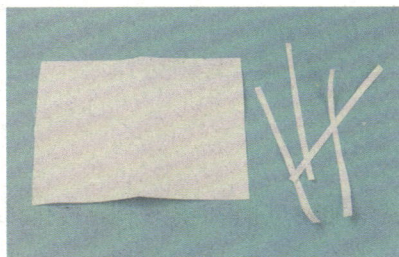

大脑碰碰撞之方案

方案一：直筒型结构。

先把A4纸竖向对折。一定要折平整，然后每隔1厘米正反折成"W"形，最好用尺先定位，保持垂直，才能增加承重。承重时对折部接触地面。

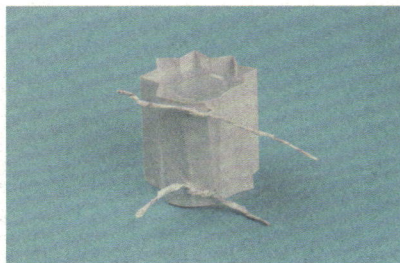

方案二：3根立柱型结构。

先把A4纸竖向平整地剪1厘米宽长条3根（窄于1厘米更好），卷成3根纸绳，余下的横向平分成三等份，尺寸一定要准确，然后做成3根边长1厘米三角形立柱，用纸绳稍微固定，纸绳不要剪断，能连接成三角立柱就可以了。

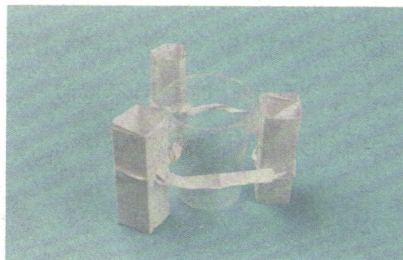

方案三：4根立柱型结构。

先把A4纸横向平整地剪1厘米宽长条4根（窄于1厘米更好），卷成4根纸绳，余下的横向平分成四等份，然后卷成4根立柱，用纸绳绑住不让圆柱松散，再相互连接成四面体立柱。

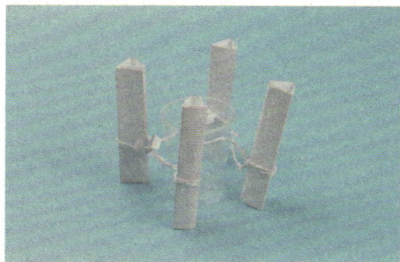

浣熊无敌透析

"纸结构承重"是2005年万人大挑战的一道赛题，又是用一张A4纸完成任务的题目，这就是头脑奥林匹克出题的最大特点，取材容易，创意无限。这道题目，如果你不看方案，在短时间里可能是没有解题头绪的。方案一：直筒型结构，最简单，但这里有个细节处理得非常好，就是在直筒型结构上折叠了很多棱，这样就增大了结构的承受力。方案二、三在处理上也有能引发我们灵感的地方。看上去3根和4根立柱本来都是单独结构，不符合解题要求。但是他们用细纸条把单独的结构连接，就成为一个完整的结构了，这个主意真的很巧妙。但是这里有一个需要注意的问题，当细纸条把立柱连接起来时，连接的技巧很重要，否则立柱会倾斜，站不稳，影响承重。怎样的连接是最好的？有待同学们继续思考。通过以上三个案例，你们是不是脑洞大开，好主意不断涌现，快去动手实践吧！你一定会惊讶纸张的无限魅力，体验到创意的收获，成功的快乐！

浣熊出题

　　设计、制作一个自重尽量轻，高度不得低于17厘米的扑克牌结构，结构必须连成一体，整个高度内要能让直径为5.08厘米的圆柱体通过，结构要能承受尽量多的重量。

材料准备： 标准纸质扑克牌（尺寸约58毫米×88毫米）若干张。允许使用的粘接材料为瞬间胶（502胶水等）或百得胶。

制作工具： 剪刀、美工刀等。

测试准备： 重物（可用书、螺丝帽、螺丝等物品）。

时间限制： 1小时。

活动要求：

1. 除了连接，不允许对扑克牌进行其他的人为加固。

2. 承重测试独立进行，不设助手。承重测试的时间不得超过5分钟。

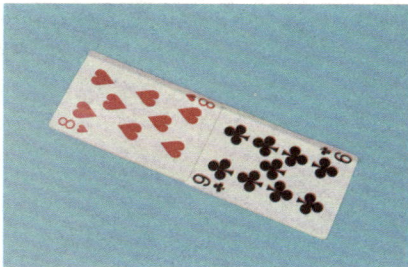

大脑碰碰撞之讨论

8张纸牌两两连接，做成一个正方形立柱。

6张纸牌两两连接，做3个正方形立柱，再用一张纸牌剪4根细条连接立柱。这样少用一张牌、自重会轻一点。

6张纸牌两两连接，做3个圆形立柱，再用一张纸牌剪3根细条连接立柱。用的纸牌数量和方形立柱数量相同。

大脑碰碰撞之方案

方案一：方形立柱纸牌结构。

8张纸牌两两连接（保证尺寸稍大于17厘米），做正方形立柱时（保证尺寸稍大于5.08厘米），多余部分全部折叠粘接成正方形立柱。

方案二：3脚鼎立的三角柱状纸牌结构。

6张纸牌两两连接，（保证尺寸稍大于17厘米）接着做成3根1厘米边长的三角形立柱，作结构的3个脚，再剪3根细条把3个脚之间连接起来。

方案三：3脚鼎立的圆柱型纸牌结构。

6张纸牌两两连接（保证尺寸稍大于17厘米），接着卷成3根直径1厘米的圆形立柱，作结构的3个脚，再剪3根细条把3个脚连接在一起。

　　"扑克牌结构"是2010年万人大挑战的赛题，扑克牌肯定大家都玩过，斗地主、争上游、玩24点不亦乐乎。可是今天扑克牌的玩法来了个华丽转身，要用扑克牌做结构承重，有点出乎意料吧！扑克牌这么小，而且整个高度内要能让直径为5.08厘米的圆柱体通过，条件够苛刻。别着急！用好502胶水，这个问题就能迎刃而解了。不过老师建议你在做扑克牌结构前先做一下纸结构承重。这样你就能把扑克牌结构做得更好。

　　要取得好成绩，还要注意扑克牌折叠时的细节。

　　扑克牌的纸张比较硬，很难折叠平整，所以一定要先用美工刀和尺划痕，再根据划痕折叠，这样做出来的结构又平又稳，外观也漂亮。做扑克牌结构还有一个细节也要注意，在用扑克牌做圆柱结构时，因为扑克牌小、纸又硬，所以要用圆柱体的笔或其他的东西作工具，把扑克牌依附在这些东西上卷，这样扑克牌卷成的圆柱挺拔没有缺陷，做成的结构就能承受更大的重量。

　　同学们动起手来，挑战一下自己吧！

搭桥旋笔

制作一座桥，这座桥必须跨越两个区域间的距离，能支撑一支笔，并能让笔旋转。

材料准备：2块橡皮泥、6根吸管、2张A4纸、8张黏性标签纸、40根牙签。

材料图片：

制作工具：剪刀。

测试准备：1支未削过的铅笔、1根橡筋。

时间限制：30分钟。

活动要求：

1. 只能使用所提供的材料来解题，不可以再用其他任何东西。

2. 不可以改变题目规定的场地布置。

3. 结构仅可接触所标的区域内的地方，才可以得分。

4. 铅笔必须与结构连接，不能接触结构以外的任何东西。

5. 测试时间30秒。测试时，当开始旋转铅笔，每次旋转必须同一方向，铅笔的方向也要一致，铅笔只能水平或垂直方向旋转，不能以笔芯为轴心旋转（滚动圆木那样旋转）。开始转动铅笔时，手可以接触铅笔，铅笔开始旋转后手不能再接触铅笔。在规定的时间里，铅笔每旋转一周计一分。

场地图示：

40厘米

区域：边长为40厘米的正方形

大脑碰碰撞之讨论

连接纸作桥梁，吸管做桥墩。

连接吸管做桥梁，纸做桥墩。

用纸和吸管做桥梁，用牙签做桥墩。

大脑碰碰撞之方案

方案一：绳状纸桥面。

把A4纸竖向平分成2等份，2张纸成为4张纸条，然后连接4张纸作桥面，吸管折叠，用牙签固定做桥墩。

1. 纸条连接。

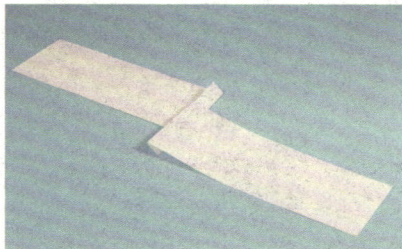

2. 折叠桥面。

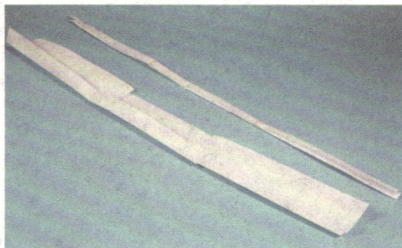

3. 吸管桥墩。

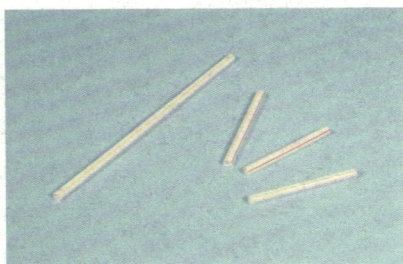

4. 吸管桥墩用牙签固定。

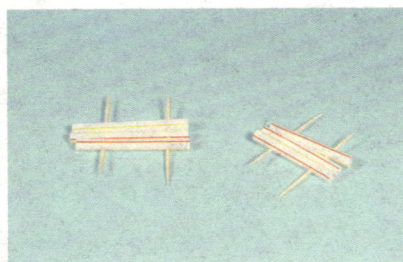

5. 完成。

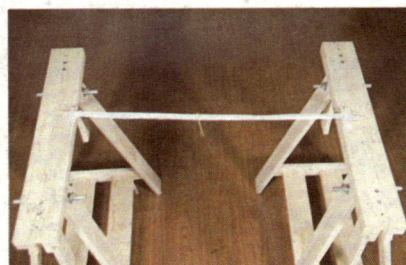

6. 旋笔。

7. 旋笔测试。

方案二：棍状吸管桥面。

连接吸管做桥面，把一张A4纸竖向平分成4等份，纸条包在桥面上。把1张A4纸横向平分成2等份，折叠成矮圆柱状做桥墩。

1. 吸管连接。

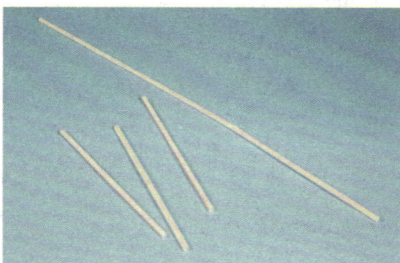

2. 纸条包在桥面上。

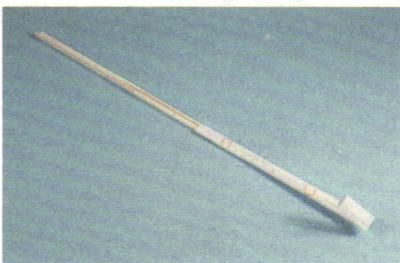

3. A4纸横向平分，反复折叠。

4. 矮圆柱状，连接桥面。

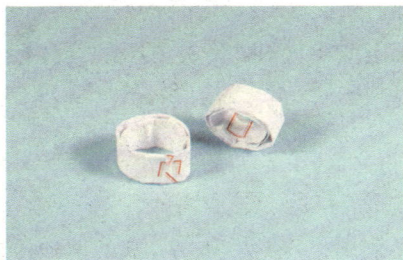

5. 完成。

6. 旋笔。

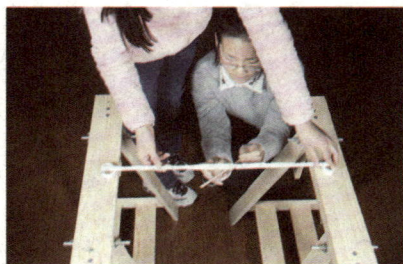

7. 旋笔测试。

方案三：平面长桥。

用纸和吸管做一个平面桥梁，牙签做桥墩。

1. 用纸和吸管的连接。

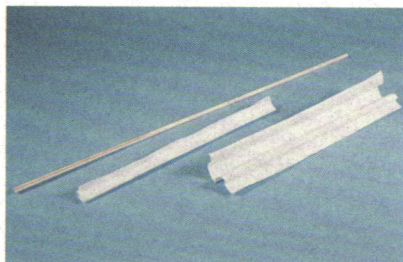

2. 组合成桥面。

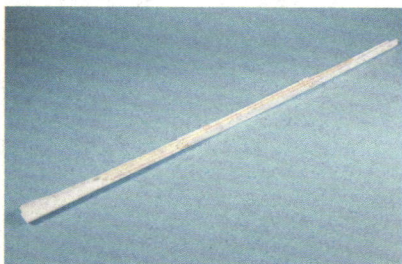

3. 牙签连接。

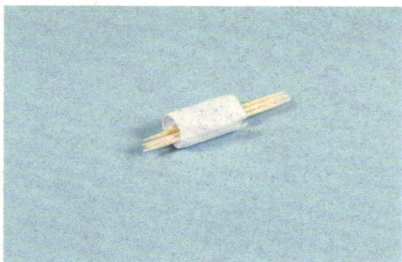

4. 牙签做桥墩。

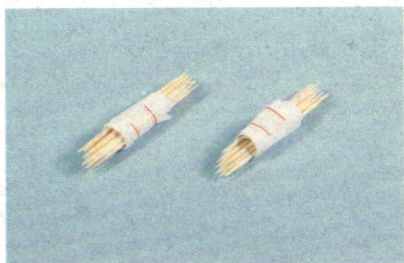

5. 完成。

6. 旋笔。

7. 旋笔测试。

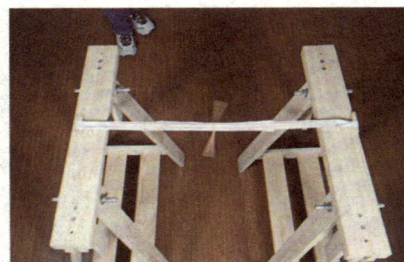

浣熊无敌透析

　　这道题目看似玩旋笔，实质是做一个桥梁结构，而且根据题目的要求桥墩必须建在区域里，这样桥梁的跨度至少要有60厘米，而提供的材料长度只有20厘米左右，起码要两次接长才能符合要求。不过老师相信这点难度一定困不住大家，芊芊的连接纸作桥梁，吸管做桥墩和小旋风连接吸管作桥梁，纸做桥墩的方法，都很好地解决了这个问题。这里的关键是别忘了要和桥墩连接为一体，也要和区域连接。这样才可以让你玩旋笔。所以恰到好处地使用橡皮泥和黏性标签纸就显得尤为重要，可材料有限，好好想想如何更有效运用。蓝泡泡的想法很有创意，用牙签做桥墩。因为题目没有规定桥墩的高度，所以牙签做桥墩既方便又牢固，是个很好的方法。

　　这道题目很有趣，搭完桥还要玩旋笔。既要考量搭桥创意和技术，又要看谁最会动脑筋玩。我们一起来比一比吧！谁的桥牢固，谁最会玩，旋笔次数最多。这里也许你一定又有新的问题在思考：怎么旋笔？告诉你测试用的橡筋就是给你旋笔用的。大家一起来试试吧，绝对有挑战性。

旗杆结构

制作一个升旗装置，把一面旗子自动升到装置顶部。

制作工具：剪刀。

材料准备：3张卡纸（12.5厘米×20厘米）、1根线(25厘米)、20根牙签、一面小旗、一块橡皮泥(2.5厘米^3)、10根吸管、1只信封。

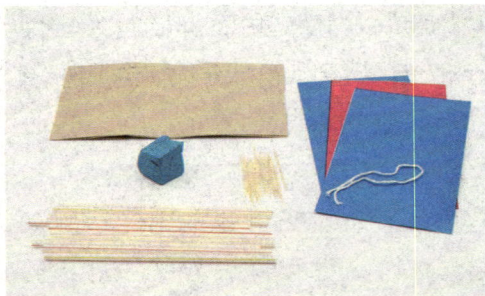

测试准备：一张平整的桌子。

时间限制：30分钟。

活动要求：

1. 制作时不能进行任何方式的加固，不得使用任何粘接材料。

2. 旗杆至少20厘米高，30厘米以内每增高2.5厘米加5分，超过30厘米每增高2.5厘米加10分。

3. 测试时，先把旗子放到最低处，升旗时手不能接触旗子和装置，旗子升到装置顶部后要保持5秒钟不倒塌。测量：从旗子的原始位置到最高位置间的距离。

大脑碰碰撞之讨论

吸管做旗杆，三角做底座，滑轮装置。

卡纸做旗杆，底座加配重，吸管加高，滑轮装置。

卡纸、牙签做支架，吸管做杠杆装置。

大脑碰碰撞之方案

　　方案一：滑轮型升旗装置（一）。

　　这种就像我们学校升旗一样，利用滑轮原理，用牙签或吸管做滑轮，升旗手由橡皮泥和纸来当。

1. 底座。

2. 旗杆。

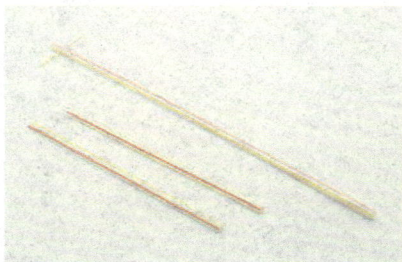

3. 由橡皮泥和纸来当升旗手（横杆作滑轮）。

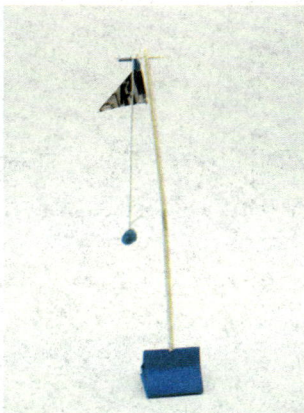

方案二：滑轮型升旗装置（二）。

卡纸做旗杆底座，好像稳定性较好。再用吸管加高，吸管作滑轮夹在旗杆中。

1. 卡纸做旗杆底座。

2. 滑轮不同使用（滑轮卡在旗杆顶上）。

方案三：杠杆型升旗装置。

用卡纸、牙签等制作支架；用吸管等材料制作一个杠杆，牙签作为转轴。在吸管长的一端固定旗子，短的一端加橡皮泥配重（用来升旗）。

1. 底座。

2. 吸管杠杆。

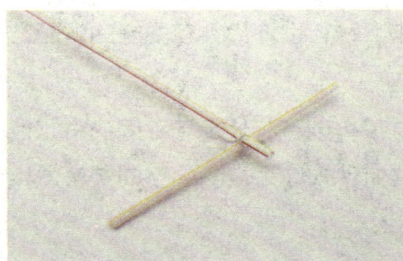

3. 升旗方法（杠杆原理把旗杆抬起来）。

这道题目所给的材料比较多，但题目的要求也是超级的高，不能用手直接拉绳子来升旗。看上去困难不少呀。有的同学说我从来没机会当升旗手，我真的很想知道旗子怎么能升到旗杆顶上的。小旋风告诉大家：旗杆顶上装有定滑轮。绳子在滑轮中过。一拉一放就把旗子升上去了，知道了这个原理就能做滑轮型升旗装置了。

不过陈老师提醒你们：底座的稳定相当重要，考虑三角形具有稳定性，重力往下，稳定性越高，这样做就能少走弯路了。小旋风想的很好，卡纸做旗杆，底座加配重，增加了底座的接触面，加上重心往下，稳定性就会更好了。大家一起来实践，也许你会有更好的解题方法，记得和大家一起分享。

蓝泡泡的杠杆装置来升旗的方法很有创意，他用了不同的方式把旗子升上去。在制作杠杆型升旗装置时特别要注意的一个问题是怎样在升旗后，让作为杠杆的吸管和底座连接好。

同学们不仅可以试试蓝泡泡的方法，还可以再探究一下，有什么其他办法也能达到把旗子升上去的目的。挑战创造力，你一定行！

制作一个牙签结构，根据结构的高度和能否承重一个乒乓球来计分。

材料准备：2块橡皮泥（2.5厘米^3）、100根牙签（长短不一）、5张黏性标签纸。

制作工具：剪刀。

测试准备：米尺一把。

时间限制：30分钟。

活动要求：

1. 结构必须搭建在桌面上，不能靠在墙上或者被任何东西支撑。

2. 结构必须超过20厘米才可评分。

3. 测量高度时，乒乓球放在结构上要保持30秒钟才算有效。结构倒塌不得分。

4. 结构可以支撑一个乒乓球得20分。

5. 结构在20厘米的基础上每增高2厘米加3分。

大脑碰碰撞之讨论

把牙签用橡皮泥搭建多个正方体，重叠搭高。

把牙签用橡皮泥搭建多个正方体，中间斜棒加固，重叠搭高。

把牙签用橡皮泥搭建多个四面锥形体，组合搭高。

大脑碰碰撞之方案

方案一：梯形宝塔。

用牙签、橡皮泥搭建多个正方体，底层用三个正方体做底座，接下来用2个，最后用一个叠加。

1. 牙签用橡皮泥连接。

2. 三个正方体做底座。

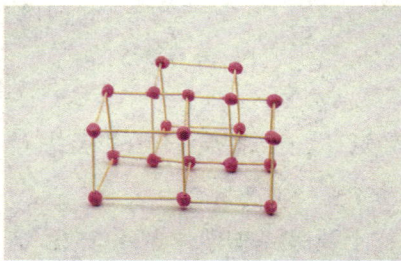

3. 三个正方体做底座，叠加2个正方体。

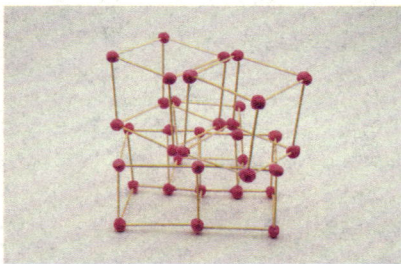

4. 梯形宝塔。

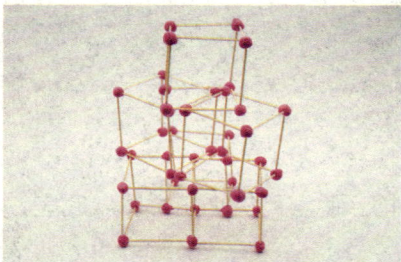

5. 测试。

　　方案二：直桶形宝塔。

　　在用牙签与橡皮泥搭建的正方体的面上用斜棒加固。

1. 斜棒加固。

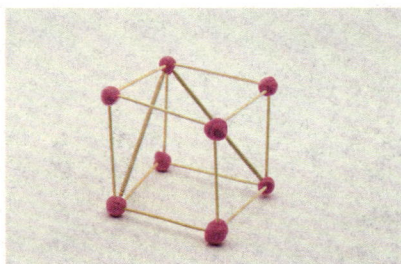

2. 直筒形宝塔。

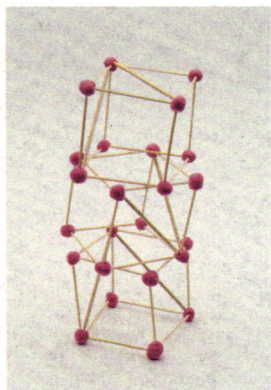

3. 测试。

方案三：混搭组合宝塔

　　先用牙签和橡皮泥搭建多个正四面体和正方体。由6个正四面体组合成底座，再由正方体组成以上每一层。接下来混合搭配，组成宝塔。

1. 正四面体。

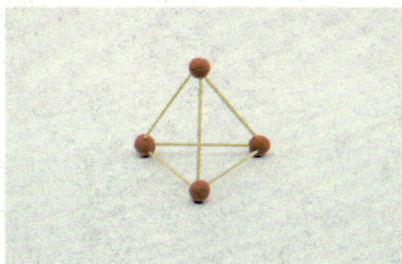

2. 用正四面体组合成底座。

3. 正四面体和正方体组合。

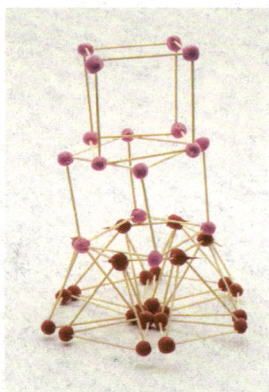

4. 混搭组合宝塔。

浣熊无敌透析

　　这道题目所给的材料很简单，只有橡皮泥、牙签、标签纸3种材料，而牙签一般长只有6厘米左右，却要搭建不低于20厘米高度的宝塔，而且还要在宝塔顶上能放一个乒乓球。

　　这是一道能激起你无限创造力的题目，你是不是有了想立刻尝试的冲动，那我们一起来动手实践吧。芊芊说了一个很好的想法，把牙签用橡皮泥搭建多个正方体，重叠搭高。在这个基础上小旋风和蓝泡泡又有了更完善的主意，这些方案你都可以做一做，从中不仅能体会到做的乐趣，而且还能发现更多牙签结构搭建的小窍门。

在这道题目中，还有一点千万不能忽视，那就是单个结构互相重叠时要考虑底座的承受力。要尽量有效利用很少很小的5张黏性标签纸，让牙签结构搭得更高更牢固。

牙签结构魅力无穷，让我们在做的过程中不断地发现并寻找到更好的方法，从而搭建出与众不同的牙签宝塔。

在规定时间里想出更多的方法使牙签立起来，组成错落有致的牙签森林。

材料准备：

50 根牙签、8张黏性标签纸、1块橡皮泥（2.5厘米^3）、2根塑料吸管、1个线球、1张A4纸。

制作工具： 剪刀。

测试准备： 皮尺（一把）。

时间限制： 2分钟。

活动要求：

1. 牙签可以接触任何一种指定材料，当牙签立起来时，必须有一头接触桌子。牙签不可以彼此接触。折断的牙签不可以使用。

2. 由2种不同高度组成的牙签森林可加10分，由3种不同高度组成的牙签森林可加30分，

3. 用2种不同方法使牙签立起来的可加10分，用3种方法使牙签立起来的可加30分，以后每增加一种方法加20分。测试时，首先检测牙签的一头是否与桌面完全接触，否则不得分。

4. 每根一头接触桌子的牙签可得2分。

大脑碰碰撞之讨论

牙签可以插进线球，牙签可以插穿围成圈的吸管，2根牙签用黏性标签纸连接。

牙签可以插穿橡皮泥，牙签可以插穿A4纸。

牙签可以插穿折叠的A4纸，2根牙签在半腰用黏性标签纸连接，多了一个高度。

方案一：牙签森林。

2种不同方法，2种不同高度使牙签立起来的牙签森林。

1. 牙签可以插进线球。

2. 牙签可以插进线球后站立起来。

3. 吸管围成圈或三角，牙签可以穿过。

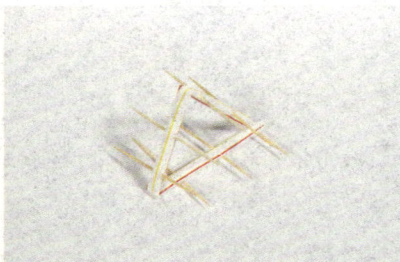

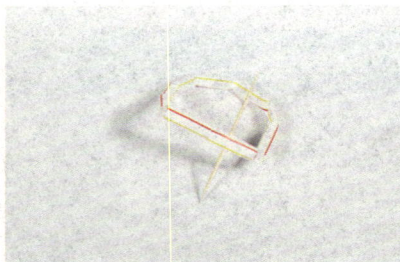

4. 牙签可以插穿吸管后站立。

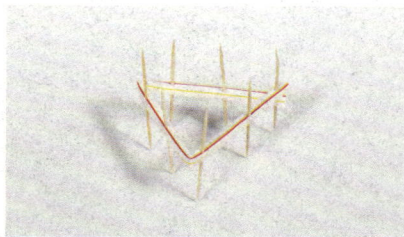

5. 2根牙签用黏性标签纸连接后站立起来。

　　方案二：牙签森林。

　　4种不同方法，2种不同高度使牙签立起来的牙签森林。（在方案一的基础上增加2种不同方法使牙签立起来）

1. 牙签可以插穿橡皮泥。

2. 牙签可以插穿橡皮泥后站立起来。

3. 牙签可以插穿A4纸后站立。

方案三：牙签森林。

5种不同方法，3种不同高度使牙签立起来的牙签森林（在方案一、二的基础上增加1种不同方法和1种高度使牙签立起来）。

1. 牙签可以插穿折叠的A4纸。

2. 牙签可以穿过折叠的A4纸后站立起来。

3. 2根牙签在半腰用黏性标签纸连接后穿过A4纸站立起来。

浣熊无敌透析

　　这道题目很新颖，同样要制作一个结构，但在这道题目里弱化了制作的技能，强化了解题的创意。这里要让每一根牙签的脚都能接触桌面可是大有学问了，同学们一定会在实践中体会。这道题还隐含了一个数字计算问题，不知你们是否想到，牙签只有50根，每根牙签得2分，组成不同高度后，牙签站立的接触桌面数会变少。怎样做才能得高分呢？期待你们的好主意。

　　上面介绍了5种不同的方法和3种不同高度组成的牙签森林，在这些方案的启示下，你能突破这些吗？算一算你能得几分。陈老师相信大家的创意，分数一定会不断创新高，同学们快来挑战这道有趣的题目吧。

Part 3
附录

三个结合：
动脑与动手相结合；
科学与艺术相结合；
自然与人文相结合。

头脑奥林匹克是一项怎样的活动

头脑奥林匹克是一项国际性的培养青少年创造力的活动。它为从幼儿园到大学的学生组织创造性解题的比赛。头脑奥林匹克题目没有标准的正确答案，每个解题方法都是独特的。在解题时，学生能将自己的兴趣爱好和知识技能运用到解题实践中。他们快乐地解题和学习，并因此终身受益。

头脑奥林匹克的历史

头脑奥林匹克活动是由美国新泽西州葛拉斯堡罗州立学院教授塞缪尔·米克卢斯先生于1976年创立的。米克卢斯经常设计一些有挑战性的题目，并奖励那些敢于冒险的学生，他们的方案并不一定成功，却富有可行性和独创性。1978年，来自新泽西州的28支队参加了第一届头脑奥林匹克大赛。从那时起，这项比赛逐渐发展为吸引世界各地上百万参赛者的活动；从1980年开始，每年举行一次世界头脑奥林匹克决赛，至2017年已举办了38届。

谁可以参加头脑奥林匹克活动

大、中、小学和幼儿园的学生都可以参加。学生按年龄或年级分组，参加各道题目的比赛。

114

怎样参加头脑奥林匹克活动

　　每年9月至12月，以学校为单位报名组队。于次年2月底或3月初参加中国上海头脑奥林匹克创新大赛决赛。冠军队将有资格参加5月举行的世界头脑奥林匹克决赛。头脑奥林匹克万人大挑战每年4月—6月举行，可直接上网下载题目，在校内和地区比赛。头脑奥林匹克亲子擂台赛在每年7月—11月举行，可至学校或社区街道报名。

中国上海头脑奥林匹克协会　　http://www.omchina.org
上海市科技艺术教育中心　　http://www.sycste.org.cn
上海教育报刊总社　　http://www.sepg.net.cn

宗旨：
开发青少年创造力，培养青少年的两种精神：
创新精神——鼓励与众不同；
团队精神——鼓励团队合作、共同努力。

要求：
三个结合——
动脑与动手相结合；
科学与艺术相结合；
自然与人文相结合。

誓言：
让我成为知识的探索者！
让我在未知的道路上漫游！
让我用我的创造力把世界变得更美好！

　　头脑奥林匹克活动有美国、中国、俄罗斯、德国、日本、韩国、新加坡、加拿大、墨西哥、澳大利亚等37个国家和地区的学生参加。世界头脑奥林匹克决赛每年5月在美国举行，参赛队伍超过800支。

　　美国多位总统包括罗纳德·里根、乔治·布什、比尔·克林顿用写信、录像等不同方式表达了对头脑奥林匹克大赛的支持。除此之外，活动还得到了社会各界的许多支持，IBM、NASA、MICROSOFT、DISNEY、CTW等企业或机构都已成为头脑奥林匹克世界决赛的合作伙伴。

　　在世界头脑奥林匹克决赛期间，还会举行"彩车和旗帜"创意大游行、头脑奥林匹克教练比赛、头脑奥林匹克精神奖表彰及创意嘉年华等活动。

　　世界头脑奥林匹克协会的网址：http://www.odysseyofthemind.com

　　头脑奥林匹克创新大赛的题目有一定的难度，组织和参与大赛需要投入一定的人力和物力。为了让更多的学生参与头脑奥林匹克活动，树立创新意识，培养动手能力，作为普及型的头脑奥林匹克万人大挑战于2003年诞生。万人大挑战与科技节活动相结合，每年4月—6月在上海各中小学、幼儿园全面开展。大赛分初赛、复赛和决赛三个部分。

　　万人大挑战活动的题目简单、易操作，并且趣味性十足。"曲线飞行"、"越高越好"、"纸桥承重"等赛题一推出即深受广大中小学生和幼儿园学生的欢迎。2017年第十四届头脑奥林匹克万人大挑战参加学生超过20万。许多学校鼓励学生参加多个项目的竞赛，目的就是为了让学生在实践中培养动脑动手的能力。一些区县结合当地的科技节活动联动社区开展头脑奥林匹克万人大挑战活动，使大挑战活动渗透到了街道社区之中。

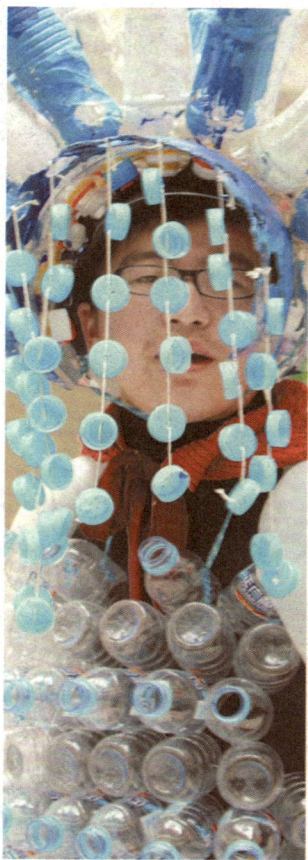

第五届"头脑奥林匹克活动特色学校"

为了推动头脑奥林匹克活动的开展，总结开展头脑奥林匹克活动先进学校的经验，发挥先进学校的示范作用，中国上海头脑奥林匹克协会和世界头脑奥林匹克中国区组委会决定开展第五届头脑奥林匹克活动特色学校的评选。经过评审，共有92所学校被评为第五届"头脑奥林匹克活动特色学校"。

上海市浦东新区周浦小学	上海市黄浦区曹光彪小学	上海市宝山区经纬幼儿园
上海市浦东新区惠南第二小学	上海大同初级中学	上海市月浦实验学校
上海市三灶学校	上海市格致初级中学	上海市崇明县长江中学
上海市浦东新区新世界实验小学	上海市卢湾高级中学	上海市崇明县横沙中学
上海市徐汇区科技幼儿园	上海市格致中学	上海市金山区朱行小学
上海市徐汇区光启小学	上海市向明中学	上海市金山区海棠小学
上海市徐汇区龙苑中学	上海市杨浦区民办阳浦小学	福建省厦门市思明区第二实验小学
上海市田林第三中学	上海市打虎山路第一小学	江西省南昌北湖小学
上海市民办华育中学	上海市理工大学附属中学	江苏省常州解放路小学
上海市金汇实验学校	上海民办打一外国语小学	江苏省常州市天宁区北环幼儿园
上海市闵行第一幼儿园	上海市复旦科技园小学	湖北省武汉市硚口区井冈山小学
上海市闵行区江川路小学	上海市第二师范学校附属小学	湖北省武汉市育才小学
上海市闵行第四幼儿园	上海市市东中学	湖北省武汉市沈阳路小学
上海市海南中学	上海交通大学附属中学	湖北省华中科技大学附属小学
上海外国语大学附属外国语小学	同济大学第一附属中学	湖北省武汉市青山区新沟桥小学
华东师范大学第一附属中学	上海理工大学附属小学	湖北省武汉市青山区钢花小学
上海市民办新华初级中学	上海市扬帆学校	湖北省武汉市青山区第一幼儿园
上海市万里城实验学校	上海理工大学附属初级中学	湖北省武汉市翠微中学
上海市江宁学校	上海市延吉第二初级中学	湖北省武汉市汉阳区江汉二桥幼儿园
上海市普陀区真光小学	上海市松江区第三实验小学	广东省广州市番禺区洛浦中心小学
上海市普陀区新普陀小学	上海市松江一中	广东省广州市番禺区南村镇锦绣香江小学
上海市晋元高级中学	上海市松江区第二实验学校	
上海市市西中学	上海外国语大学松江外国语学校	广东省广州外国语学校
上海市大宁国际小学	上海师范大学附属外国语中学	广东省广州市荔湾区蒋光鼐纪念小学
上海市静安区宝山路小学	华东师范大学松江实验中学	广东省广州市协和中学
上海市嘉定区戬浜学校	上海市松江区方塔幼儿园	广东省广州市第二中学
上海市嘉定区绿地小学	上海市松江区泗泾第四幼儿园	广东省广州市天河中学
上海市交通大学附属中学嘉定分校	上海市松江区荣乐幼儿园	广东省广州市执信中学
上海市嘉定区丰庄幼儿园	上海市松江区大学城幼儿园	山东省青岛市太平路小学
上海市启秀实验中学	上海市松江区西林幼儿园	山东省青岛市城阳区实验小学
上海市黄浦区重庆北路小学	上海市第三女子中学	山东省青岛实验初级中学

荣获"挑战王"称号名单（共19名）

赛项	组别	姓名	区县	学校
特技飞行	小学	马 庄	崇明	北堡小学
特技飞行	小学	姚约瑟	宝山	罗南中心校
特技飞行	初中	肖仁强	浦东	上海市康城学校
特技飞行	高中	王婧怡	嘉定	嘉定一中
滑翔飞行	小学	蒋 安	徐汇	光启小学
滑翔飞行	初中	邹晓慧	嘉定	南苑中学
滑翔飞行	高中	余茹茵	闵行	上海市田园高中
桥面承重	小学	方基晨	徐汇	田林三小
桥面承重	初中	王丹茝	中福会	中福会少年宫
桥面承重	高中	陈雪琦	中福会	中福会少年宫
桥面承重	高中	罗怡莹	长宁	长宁区少科站
折返橡筋动力车	小学	奚铭卿	普陀	万里城实验学校
折返橡筋动力车	初中	胡思彤	徐汇	田林中学
折返橡筋动力车	高中	李志恒	嘉定	嘉定一中
纸车接力	小学	黄河清	普陀	万里城实验学校
纸车接力	初中	陈思源	崇明	横沙中学
纸车接力	高中	李志恒	嘉定	嘉定一中
赶小猪	幼儿	张可萱	松江	方塔幼儿园
赶小猪	幼儿	徐 硕	宝山	四季万科幼儿园

达人小档案

姓　　名	张文希	
星　　座	射手座	
所在学校	上海市大宁国际小学	
所在年级	五年级	
兴趣爱好	OM是我的事业，别无它选	

备注：右图与世界头脑奥林匹克主席米克卢斯的合影

参加头脑奥林匹克相关比赛的获奖情况

2017年，第38届世界头脑奥林匹克中国赛区一等奖（第三名）

2016年，第37届世界头脑奥林匹克中国赛区第一名

2016年，第37届世界头脑奥林匹克总决赛亚军

2016年，第30届上海头脑奥林匹克创新大赛第一名

2015年，第36届世界头脑奥林匹克中国赛区第一名

2015年，第29届上海头脑奥林匹克创新大赛第一名

OM小达人感言

对于OM队员来说，每年的五、六月份是个"特别时期"——万人大挑战比赛会在这段时间举行。第一次参加万人大挑战，我看到了一道纸结构承重的题目。问题是让队员们用一张A4纸制作一个桶形结构，结构的中间必须能让一只一次性纸杯穿过，结构的高度要大于纸杯的高度，不得使用任何粘结剂，结构要能承受尽量多的重量。在测试时，必须将所提供的重物一个一个放上去，结构维持三秒不倒塌，重物的总重量计入得分。刚阅读完这道题目的规则，我便觉得这与我们结构题中做的结构很相似。于是我果断决定参加这道赛题的比赛，并和小伙伴们聚精会神地投入了结构制作的研究中。

起先，我和小伙伴们决定制作单个圆筒状结构进行承重，我们发现结构与重物的接触面积不够大，我们试着将大面积的重物承压在结构上，结构的最上端和最下端产生了变形，最终倒塌了。第一个方案试验失败后，我们马上开动脑筋，开始了第二个方案的构思。经过一番"胡思乱想"，我们想到了"四根立柱结构"，并在立柱之间进行了斜撑的连接，从而形成一个整体结构。第二个方案的效果不错，承受住了一篮子硬币的重量，但我和我的伙伴们仍不满足，因为我们都是完美主义者，将材料的承重能力发挥到极致才是我们的追求。于是，我们又琢磨起第三个方案。我们常用的三角形不就是最稳定的形状吗？如果我们把每一根立柱的横截面都做成三角形，然后用斜撑将三根立柱连接起来，组成一个三角柱的整体结构，那它不就更加稳固了吗？我们马上将设想付诸实施，这个方案果然妙得很，这个堪称坚强的结构承受住了满满一脸盆的螺丝钉。

在OM的题目中，果真是"一纸走天下"，一张小小的A4纸也能带给我们无穷的联想与发现。这次万人大挑战让我受益匪浅，真是取材简单、创意无穷！

玩转头脑奥林匹克

万人大挑战

飞行类

主　编　陈伟新

副主编　徐　迅（飞行类）

　　　　张建庆（结构类）

　　　　吴　强（车辆类）

编写者　丁乃扬　喻　俊

统　筹　万　佳

华东师范大学出版社

　　本书的"姐妹篇"《玩转头脑奥林匹克·创造力大爆炸》一出版，就受到了读者的热捧。首次印刷2.4万册，几个月内就售罄，不得不一而再、再而三地加印，一年多内共印了四次。令人欣喜的是，此书还被评为"2015年上海市优秀科普图书"二等奖，这是对该书的肯定和鼓励。由此激发我们写了第二套书《玩转头脑奥林匹克·万人大挑战》。

　　俗话说，一叶知秋。《玩转头脑奥林匹克·创造力大爆炸》一书受到欢迎，从一个侧面说明了如今青少年创造力的培养正受到学校、社会、家庭越来越多的重视。"创新"已成了当今的热门词。国家需要创新，城市需要创新，个人也需要创新。唯有创新才能提升国家和城市的实力，唯有创新才能提高个人的竞争力。AlphaGo的问世，提醒人们，知识可以在网上查阅，记忆可以依靠智能设备，智能机器人将逐步取代人的简单、重复的劳动。将来，有创造力的人可以选择工作，而缺乏创造力的人只能被工作选择！30年前，当我们从美国引进头脑奥林匹克活动时，需要花很大的精力向人们解释创造力的重要性，而如今则心有灵犀一点通，这印证了时代的进步和中国的巨变。

　　中国的头脑奥林匹克活动诞生于上海，如今已扩展到北京、山东、广东等19个省、市、自治区，每年约有100万人次参加活动。头脑奥林匹克活动有两块理论基石：

第一，每个青少年都有创造力。常有老师和家长评价某个学生说"这个学生脑子笨"，"那个学生成绩差"。这些学生常常受到不公正的待遇，甚至被剥夺参加许多活动的机会。头脑奥林匹克认为，创造力是分层次的，每个孩子都有创造力，他们的创造潜力都可以被开发出来。因此头脑奥林匹克的创造之门向所有学生开放。不管是成绩好还是成绩差，不管是大学生还是幼儿，不管是男生还是女生，不管是身体健全还是有缺陷，只要他愿意，均可成为头脑奥林匹克国际大家庭的一员。

第二，在创造性解题的过程中培养创造力。创造力是不能依靠老师台上讲、学生埋头记这种模式培养的，必须通过实践。头脑奥林匹克聘请科学家出题，所有题目均是开放的，没有标准答案，具有很大的挑战性，所以引起了广大青少年的兴趣。

然而头脑奥林匹克的长期题都是综合性的，需要7个学生组成一个队，花几个月的时间去解题，对许多学生来说有一定的难度。于是我们根据中国的国情，对头脑奥林匹克的长期题进行改编，于2003年开始组织头脑奥林匹克万人大挑战。大挑战的题目相对来说任务单一，取材容易，但创意依旧无限，一下子吸引了广大青少年，现在每年约有20万左右的学生参加。

本书对十几年来万人大挑战的题目进行了筛选，把相同门类的题目汇编在一起，分成一、二、三册。第一册为"车辆类"赛题大集锦，分风力车、橡筋车、电动车等，有的要求直线行驶，有的要求曲线行驶，有的要求多拉快跑。这些题目让学生动脑又动手，从中培养创造力。第二册为"结构类"赛题大集锦，分纸结构、吸管结构、扑克牌结构等。有的要求结构承载的重量越重越好，有的要求结构越长越好，而有的则要求越高越好。第三册则为"飞行类"赛题大集锦，制作飞行器的材料以纸为主，有的增加了吸管等。这些飞行器需要完成不同的任务，如滑翔飞行、曲线飞行、特技飞行、紧急迫降等。

除了上述动手类题目以外，我们还选编了部分头脑奥林匹克即兴题。即兴题要求学生在几分钟内就完成一道题的解题，可以培养学生"一只脚思

考"的能力。何谓"一只脚思考"？人用一只脚站着，站不了多长时间。即兴题就是要求学生用一只脚能站的时间完成一道题目的解题。这样的训练有很大的好处，可以锻炼学生快速应变的能力，可以培养学生思维的流畅性、灵活性和独创性。这些题目经常成为一些学校招生、单位招工的面试题。

读者在使用本书时，可以参考书中要求训练。为了便于训练，我们介绍了在万人大挑战中涌现的一些优秀的解题方案。这样做有利有弊，有利的是可以给读者一些启发，或许使人脑洞大开，达到豁然开朗的效果；不利的是可能给人先入为主的想法，易受他人思路的束缚。但愿我们的解题方案仅起到抛砖引玉的作用，我们期待出现百花齐放、争奇斗艳、万紫千红春满园的景象。

头脑奥林匹克活动的发展离不开上海市各区活动中心、少科站的支持，他们是活动组织的主力军。万人大挑战均由他们在上海市各区组织。所以我们邀请宝山区青少年科学技术指导站、静安区少年宫、普陀区青少年中心的领导和老师分别编写第一、二、三册。他们长期奋斗在第一线，能使本书的编写更接地气。在此向吴强、张建庆、徐迅以及丁乃扬、李源源、叶梦得等老师表示衷心的感谢。

有人说"万人大挑战"这个名称起得好，有气势，有广度，还有高度。我们衷心希望本书的读者看完书后，能积极参加这个活动，形成万马奔腾之势，在中国大地上兴起一个人人学习创新、人人参与创新、人人支持创新的热潮。

中国上海头脑奥林匹克协会执行主席　陈伟新

2017年5月

OM小组
达人介绍

奥梅儿

　　我就是大名鼎鼎的世界头脑奥林匹克吉祥物无敌小浣熊，我的中文名叫"奥梅儿"！对啦，我还有一个英文名呢，那就是"OMer"！我有个伟大的理想，用创造力改变这个世界。

　　爱好特长：跟世界各地的小朋友玩游戏。

小旋风

人物特点：头脑灵活，聪明盖世，动手能力很强，外号"电器杀手"，喜欢拆东西，实验活动时主要负责动手。

爱好特长：组装模型。

芊芊

人物特点：长相甜美，性格坚毅，能把蓝泡泡从书本里拉出来，也能阻止小旋风拆东西，是OM小组的隐藏BOSS，负责组织小组活动，偶尔要给陈老师带路或者把迷路的陈老师找回来。

爱好特长：装可爱变脸。

蓝泡泡

人物特点：OM小组成员，喜欢看书，口头禅是"宅宅更健康"、"书本就是一切"，遇到问题就翻书，每天就是看书，知识面非常广泛，什么都知道一点。

爱好特长：看书查找资料。

陈老师

人物特点：OM小组的教练，和学生打成一片，非常受欢迎，擅长联系实际来教学，有一副好嗓子，每次拿了OM世界冠军就爱飙歌，不过是个路痴，没去过的地方肯定会迷路。

爱好特长：和学生一起K歌。

目录

Part 1
语言即兴题

年轮　2

我得到了信息　4

落叶　6

鱼　8

纸盘　10

愉快的一天　12

里面的里面　14

铅笔和橡皮　16

运送　18

有意义的声音　20

告诉　22

心跳　24

馅饼的形状　26

书　28

绿色　30

Part 2
飞行类赛题大集锦

综述：纸和纸飞机　34

安全降落　42

空中的纸　49

滑翔飞行 62

曲线飞行 69

特技飞行 76

爬高飞行 83

紧急迫降 89

其他类别

快乐饲养员 96

赶小猪 99

滚动玻璃球 103

Part 3
附录

NO.1 什么是头脑奥林匹克 111

NO.2 世界头脑奥林匹克决赛 112

NO.3 头脑奥林匹克万人大挑战 113

NO.4 第五届"头脑奥林匹克活动特色学校" 114

NO.5 2016上海市第十三届头脑奥林匹克万人大挑战
之"挑战王"名单 115

NO.6 OM小达人之徐墨一 116

Part 1
语言即兴题

OM宗旨：
开发青少年创造力，培养青少年的两种精神：
创新精神——鼓励与众不同；
团队精神——鼓励团队合作、共同努力。

年轮

开动脑筋，说说你能想到的与"年轮"相关的现象。

时间限制：5分钟。

计分：每个普通回答得1分，创造性回答得5分。

大脑碰碰撞

蛋糕上有一圈一圈的花纹。

我一年一年地长大。

我换牙了。

春天来了。

奶奶额头的皱纹。

弟弟原来只会爬，现在会走路了。

蛇又开始冬眠了。

科学家探测到了引力波。

浣熊无敌透析

当你仔细观察树墩的横截面，会发现上面有一圈圈色泽不一、大大小小的同心环纹。这是由于一年内四季气候的不同而形成的，春

夏季气温条件较好，植物生长快，形成的木质部较稀疏，颜色较浅；反之，秋冬季环境条件较恶劣，木质部较密，颜色较深，随四季更替形成了深浅交替的圈。树木每生长一年，就会在原来的圈外长出一个圈，所以圈的数目常常作为树木年龄的标志，而圈的形状又很像常见的车轮，因此我们把树墩横截面上的同心圆的纹路称之为"年轮"。与树木类似，鱼类在生长过程中鳞片上面也会形成类似年轮的环状轮圈。在生物学研究中，科学家通过观察圈的形状和数目，推断出生物生长的自然条件和年龄。

小旋风观察到家里的蛋糕上也有像年轮一样的同心圆花纹，说明他注意到了生活中的点点滴滴，但他的回答只能作为一般的回答。因为他仅仅从年轮的形状出发展开联想，列举了常见的事物，却没有挖掘现象产生的本质原因，类似的答案还有"水的波纹"。芊芊的回答涉及成长的过程，但是并没有指出能体现因为成长而反映出的具体变化，所以她的回答还不够完善。

树木的年轮实际上是季节更替，时间流逝最直观的写照。蓝泡泡和陈老师的回答切中了题目要害，认识到年轮是时间变化的产物，透过现象看到了事物的本质，属于创造性的回答。实际上，我们从时间的变化去发挥想象，就能举出很多与"年轮"相关的生活中的现象。如家具变旧了，我的衣服穿不下了，狗狗生宝宝了，爷爷的头发变白了，我家的窗户上集灰尘了，铁钉生锈了……随着社会的发展和科技的进步，年轮的内涵还会不断丰富，对与生命相关的现象也会有新的认识和思考。

创意记录区（把尽可能多的答案写在下面）

我得到了信息

浣熊出题

请说出人们互相交流或者收发信息的方法，例如"人们通过交谈来互相交流"或"红灯警告你停车"。

时间限制：5分钟。

计分：每个普通回答得1分，创造性回答得5分。

大脑碰碰撞

烟盒上写了"吸烟有害健康"，所以不应该吸烟。

红灯停，绿灯行。

响尾蛇通过摇尾巴来传递信息。

国家发展的宏伟蓝图指明了国家未来发展的方向。

食品包装袋上印有"保质期"，它是要告诉人们应当在保质期内食用。

高烧39℃，说明身体得了疾病，要尽快看医生。

当考试结束的铃声响起，就意味着不能再继续答题了。

树叶逐渐变黄，从树上一片片落下，那是秋天到了。

浣熊无敌透析

什么是信息呢？信息就是人类社会传播的一切内容。人通过获得、识别自然界和社会的不同信息来区别不同事物，得以认识和改造世界。在人们所有的交互作用过程中，人们用各种方式传递信息。不仅是人，人和动物之间也可以互相传递信息，牧羊人经常会放羊到山上去吃青草，让它们尽情放松，这样长出来的肉和毛才会更好，但是山里总会有其他的动物想要吃到这美味的肥羊，所以牧羊人会通过一些手势或动作向羊传递信息，羊接收到信息之后便会回到圈中。

　　在这道题目中，小旋风、芊芊的回答来自生活，这些大多是人们通过眼睛可以看到或用耳朵可以听到的，这类答案是很容易被人想到的。小旋风说的是有关日常生活中的类似说明书通过纸张或其他方式直接呈现出来的信息，这样的信息可以直接获得。而芊芊的想法则不同，有关交通信号更多的只是一种标志，这种标志到底蕴含了怎样的意思则需要在生活中逐步积累起来。由于这些在我们的生活中很常见，所以这样的回答也只能算作普通回答。与标志有关的回答还有很多，以手势语言为例，当一个人看到一个东西时脸上呈现出了笑容，说明这个人很开心。

　　相比之下，蓝泡泡的答案跳出了一般的想法，能将信息与动物联系起来，使得这个答案与众不同，这就可以算作是创造性回答。陈老师则是从抽象的事物进行作答，宏伟蓝图和秋天的到来是看不见摸不着的，但它蕴含了极为丰富的信息，这样的回答可以说非常富有创造性。

创意记录区（把尽可能多的答案写在下面）

落叶

浣熊出题

说说你能想到的与"落叶"有关的事物。

时间限制：5分钟。

计分：每个普通回答得1分，创造性回答得5分。

大脑碰碰撞

落叶都是黄的。

落叶一般都是干枯的。

秋天的落叶是风的追求还是树的不挽留。

树叶的生命走到了尽头。

落叶上的叶脉清晰可辨。

落叶常常铺满在林间小道，非常美丽。

秋风将落叶从地上吹起的时候，常常会发出沙沙的声响。

落叶归根，是为了来年的枝繁叶茂。

浣熊无敌透析

落叶是由于每逢秋季，气温较低，雨水较少，植物为了保持体内的水分，通过长期进化而形成的一种机能。这些落叶形成了秋天里一道靓丽的风景线，让整个秋天充满了神秘的色彩。古代诗人杜甫曾用"无边落木萧萧下"的诗句来描述秋天落叶时的壮观

景象。

　　从这道题目的回答中可以看出，小旋风、芊芊的观点来自平日里对落叶的直观观察，因为颜色、形状等特征非常容易察觉，这种答案是很容易被人想到的。小旋风说的黄色是落叶直接呈现出来的表象，可以通过眼睛直接观察到。而芊芊的想法则不同，干枯的特征需要认真观察才能确定。但这样的回答也只能算作普通回答。类似的回答还有很多，例如"风轻轻地刮过，落叶就会飘起来"。

　　相比之下，蓝泡泡的答案跳出了一般人的想法，将关注点放在落叶离开了树木的现象与人的"追求"、"挽留"等感情联系上，使得这个答案与众不同，这就可以算作是创造性回答。陈老师则抓住了落叶的本质，关注到了这是大自然季节的轮回，动植物新陈代谢的正常表现，这样的回答就属于创造性答案。类似的还有落叶的飘零，是生命的轮回。当然，如果抓住这一事物的本质或抓住落叶的变化特征，再辅之以想象、比拟等手法，你还可以想出很多更有创意的答案。

创意记录区（把尽可能多的答案写在下面）

说说你能想到的与"鱼"相关的内容与事物。

时间限制：5分钟。

计分：每个普通回答得1分，创造性回答得5分。

大脑碰碰撞

鱼靠鳍游动。

鱼肉的主要成分是蛋白质。

眼角的皱纹叫"鱼尾纹"是因为它的纹路很像鱼的尾巴。

鱼只有七秒的记忆。

鱼靠鳃呼吸。

海洋中的鱼无法在淡水中生存。

不同种类的鱼对人的营养价值各不相同。

鸟在天上飞，鱼在水中游。

浣熊无敌透析

　　鱼类是最古老的脊椎动物，它们通过尾部和躯干的摆动以及鳍的协调作用在水里自由游动，生活在地球上所有的水生环境中。世界上现存已发现的鱼类约二万六千种，广泛地分布在海洋和淡水中，其中海洋中的分布最为广泛，有三分之二的鱼种都分布在

海洋中，其余的生活在淡水中。在不同的环境下生长的鱼类，其形状、大小、习性等都有很多不同。

小旋风对鱼的描述是通过观察鱼游动时的特征而得到的。芊芊则从平日里经常接触到的鱼肉的主要营养成分入手，反映了人类对食物营养价值的取向。类似的回答还有很多，包括对鱼的形状、颜色、鱼的饮食、鱼的特性等的描述，但是这些都是与鱼有关的简单的描述性信息，只能算作普通答案。

回答这道题还可以从多方面去发散思维，比如思考生活中常见的以"鱼"命名的事物，思考鱼是如何与这些事物之间建立联系的，还可以从鱼的角度来进行思考。蓝泡泡的回答比上述两位同学更有创造性，因为他不仅仔细观察了鱼身上的花纹，还联系了身边常见的事物，将两者建立类比，道明了"鱼尾纹"名称的由来。陈老师运用拟人的修辞手法将鱼看作人，认为鱼也和人一样有记忆，这些想法颠覆了常规，不再是对鱼进行简单描述，很有创意。类似的回答还有很多，如"鱼的眼泪只有大海知道"。同学们还可以继续联想下去，答案越多越好。

创意记录区（把尽可能多的答案写在下面）

纸盘

用一个或两个纸盘进行设计和想象，并作出说明。如果你们用它们设计成某样东西，就必须指出是什么。例如，你们可以把一个纸盘举过头顶并且说："一顶帽子。"

时间限制：5分钟。

计分：每个普通回答得1分，创造性回答得5分。

大脑碰碰撞

纸盘是圆的。

看起来很像平底锅。

将纸盘卷起来，当作望远镜。

将纸盘对折，就像一张嘴。

将两个圆盘横向并排放置，看起来就像车轮一样。

将纸盘投掷出去，会像飞碟一样飞出去。

把纸盘涂上红色，远远看去就像一轮太阳。

将纸盘从高处让其自由落下，它会在空中翻转，最后落在地上。

浣熊无敌透析

大多数人在生活中一定用过纸盘，纸盘是由化学木浆制成白纸板，通过轧盘机压制出来的一种纸容器。纸盘同其他陶瓷做的瓷盘外形一样，不过盘子的重量轻许多，携带非常方便。它可用来盛菜和水果等，也可用于放面包、蛋糕、点心等。废旧的纸盘在培养小朋友的环保意识和动手能力上也是不可多得的材料。以纸盘为画板，可为它描上五彩的花纹；裁剪拼接，折叠卷曲，纸盘还可以被做成各种动物和小饰品，真可谓是物尽其用！

提到纸盘，这是一个我们很容易想象或者接触到的东西。小旋风说纸盘是圆的，类似的还有纸盘是白色的、纸做的，这是分别从纸盘形状、颜色、制作材料等盘状物基本特征进行描述的。与小旋风不同的是，芊芊认为纸盘看起来很像平底锅，这是类比生活中很多类似盘状物的东西得出的答案，通常容易被大家想到，例如生活中常用的盖子、碟子、镜子、碗等，但是这些答案都只能算作普通答案。

与直接描述纸盘不同，蓝泡泡和陈老师通过将纸盘进行简单的设计得出了具有创意的答案。蓝泡泡的设计也非常有创意，将纸盘卷起来既像望远镜、也像一个扩音筒、一把垒球拍等。相比之下，陈老师的就更为不同，如果在此基础上再进行设计，还可以得到更加丰富的答案。例如将纸盘对折就可以看成是一张嘴，如果将对折后使其不停地分开、闭合，就像一张在说话的嘴。如果将两个纸盘都对折后使其不停地分开、闭合，就像两张嘴在对话一样。当然，还可以对纸盘进行更为复杂的操作，对操作方法和最终的作品描述得越详细，则回答中包含的思考成分就越多。

创意记录区（把尽可能多的答案写在下面）

愉快的一天

请完成下列句子:这真是愉快的一天,因为_____。例如,你们可以说:"这真是愉快的一天,因为我中奖了。"

时间限制:5分钟。

计分:每个普通回答得1分,创造性回答得5分。

大脑碰碰撞

这真是愉快的一天,因为我得到了生日礼物。

这真是愉快的一天,因为我的病情正在好转。

这真是愉快的一天,因为我将一条小鱼送回了河里。

这真是愉快的一天,因为我帮助同学完成了一件重要的事情。

这真是愉快的一天,因为我得到了表扬。

这真是愉快的一天,因为我参加歌唱比赛获了奖。

这真是愉快的一天,因为我学会了游泳。

这真是愉快的一天,因为我和爸爸下棋赢了。

这真是愉快的一天,因为我亲手制作了模型飞机。

这真是愉快的一天,因为我读完了一本小说。

这真是愉快的一天,因为我通过了百米测试。

这真是愉快的一天,因为我看到了春天百花争妍的盛景。

浣熊无敌透析

生活中让人愉快的事情每个人都会遇到,这些事情可以是看得见的,也可以是看不见的。像小旋风说的这个只能作为普通回答,包括圣诞节的礼物、情人节的礼物、复活节的糖果、彩票中奖等，这些都是属于对具体事物的描述。芊芊是透过病情的好转来表示自己的开心，说明她注意到了生活中不好事情开始好转的时候也可以让自己开心，但她的回答也只能算是普通回答。

让人高兴的事情除了与礼物、奖励、平安、健康、有趣的地方等外，蓝泡泡和陈老师对开心一事的看法与其他人则不同，让他们开心的事听起来就不太寻常，更具抽象性，属于有创意的回答。例如我带流浪狗找到了妈妈；下雪了，我们可以堆雪人、打雪仗；柳树长出了新芽；妈妈烫了卷发等更具有想象的空间。不仅是自己的行为，季节的更替、动植物的生长、亲人朋友的变化也都可能成为影响我们心情的因素，让我们感到心情愉悦。

创意记录区（把尽可能多的答案写在下面）

里面的里面

说说你能想到的某个事物内部的东西，而这个事物又在其他东西的内部。例如"牛奶在纸盒里，纸盒在冰箱里"。

时间限制：5分钟。

计分：每个普通回答得1分，创造性回答得5分。

大脑碰碰撞

衣服在衣柜中，衣柜在房间里。

脚在袜子里，袜子在鞋里。

词在一页纸上，一页纸在整本书内。

一天在一个月中，一个月在一年中。

学生在教室里，教室在校园里。

汽车在马路上，马路在大学里。

硬币在钱包里，钱包在衣兜里。

未来在梦想中，梦想在我心中。

浣熊无敌透析

"里面"指内部或围起来的地方或空间。那么里面的里面还有什么呢？不知道你有没有发现，生活中很多事物如果将它们联系起来看，就会存在这样的状况：

三个东西分别记作A、B、C，它们的关系是A在B的里面，B在C的里面。俄罗斯最具特色的木质玩具，胖嘟嘟的木娃娃肚子里藏着许多小娃娃，娃娃里面还有娃娃，一层套一层，人们将这一群雕刻精致、色彩鲜亮的娃娃们叫做"套娃"。生活中，笔芯在笔壳中，笔壳在手中，笔芯、笔壳、手三者也反映出"里面的里面"的相对位置关系。

"里面的里面"这种现象在生活中非常常见，反映了典型的包含关系，例如钱在钱包里，钱包在书包里。按照这种思路，可以描述出各种各样的现象。小旋风观察家里的物品，以此作答，是非常容易想到的。芊芊从身上的衣着出发进行思考，但是都非常具体，这些回答都只能作为普通回答。类似的答案还有，礼物在盒子里，盒子在包装纸里；信息在信里，信在信封里；球迷在座位上，座位在体育场里；蚌在贝壳里，贝壳在大海里。

相比之下，蓝泡泡和陈老师的答案则是对生活细节加以结合、描述，加入了自己的思考，让人耳目一新。例如，陈老师提到的月和年、梦想和心中的包含关系，这种非常独特的回答是在我们能够亲身体验和直观看到的东西之外。那些涉及看不见摸不着的、平日里很少关注到的事物的回答，往往可以作为创造性回答。再如，烦恼的事情在心里，心在身体里。同学们还可以继续联想下去，答案越多越好！

创意记录区（把尽可能多的答案写在下面）

铅笔和橡皮

请列举出两个或更多联系在一起的东西：例如，你可以说"盐和胡椒粉"或"白天和黑夜"。

时间限制：5分钟。

计分：每个普通回答得1分，创造性回答得5分。

大脑碰碰撞

鸡蛋和西红柿。

警察和小偷。

痛苦和眼泪。

大脑和思想。

医生和病人

老师和学生

欢乐和笑容

书籍和知识

浣熊无敌透析

生活中总有很多事物是相伴出现的，当二者分开的时候，我们甚至会觉得非常不习惯，甚至怪怪的。有时候，也可能是只有两者在一起的时候才会发挥作用。例如铅笔和橡皮，用铅笔的

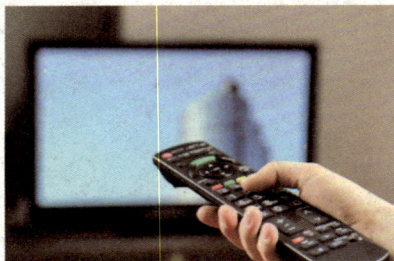

过程中，写错了字就会寻找橡皮来修改；电视机和遥控器，我们不能单独看电视或遥控器，如果遥控器不见了你一定会找它；对于老师和学生来说，这是两个身份象征的词语，如果没有老师，学生的身份也就无从谈起，反之亦然。

从上面的回答可以看出，只要将平时经常具有联系的两种事物放在一起就可以形成答案，这些事物有的是我们可以经常接触到或者看到的，它们遍布我们生活的各个角落。例如，食品中常见的汉堡和薯条、寿司和芥末；职业中常见的律师和法官、艺术家和画；材料中常见的木头和油漆、钢铁和铁锈；交通工具中常见的汽车和乘客、卡车和货物。但这些都只能作为普通回答。

蓝泡泡的答案则出乎意料，对生活细节加以分析就产生了很独特的答案，将看得见的眼泪和看不见的痛苦相结合，充分体现了思维的创造性。陈老师的答案也是如此。其实创造性的答案还有很多，例如骄阳和炎热、塑料袋和环境污染等。这些都是通过生活中常见的事物经过高度抽象化而得到。除了这些之外，很多自然现象也可以为我们提供很好的参考，例如乌云和大雨、春天和新芽。希望同学们在这些基础上，继续发挥你的想象力。

创意记录区（把尽可能多的答案写在下面）

运送

说出各种运送方式，并说出运送的是什么。例如，你可以说："邮递员送信。"

时间限制：5分钟。

计分：每个普通回答得1分，创造性回答得5分。

大脑碰碰撞

机场传送带传送行李。

公共汽车运输乘客。

蚊子传播病毒。

邮件传递信息。

妈妈开车送我上学。

货车运输货物。

赛场上运动员相互传球。

慈善演出传递爱心。

浣熊无敌透析

说到运送，人们最容易想到的就如同小旋风和芊芊想的那样。通过一定的工具和设备将人或货物从一个地方转移到另一个地方，能够给我们的生活带来极大的方便，由此为大家节省了不少的人力、物力、财力。例如地铁、飞机、火车、轮船等运送乘客和货物，传送带运送货物等。除了这些，回答那些给人们带来负面影响的运送也是可以的。

　　回答这种题目可以从不同的视角去思考，像蓝泡泡的答案从一般的运载工具想到动物也具备运送的功能，这就可以算作是创造性的答案。思考不同的对象，想想它们可以运送什么，照这样想，也许就可以获得很多创造性答案。例如足球运动员在球场上传足球。相比之下，陈老师的答案不再从一般具体的事物出发，而是关注到我们经常接触却很难想到的邮件，这就是创造性的答案。可以看出，从一般的对象运送联系到那些很少有人关注的特殊"运送"，往往就会显得比较有创意。

创意记录区（把尽可能多的答案写在下面）

有意义的声音

浣熊出题

请列举出有意义的声音，并说明这种声音所传达的信息。例如，你可以说："电话铃声响了意味着要去接电话了。"

时间限制：5分钟。

计分：每个普通回答得1分，创造性回答得5分。

大脑碰碰撞

汽车喇叭响了表示司机发出了提示或警告。

欢呼声表示为参赛队加油。

交响乐意味着对艺术的欣赏。

春天的脚步声惊扰了大地万物。

浣熊无敌透析

声音是由物体振动产生的，是通过介质（气体或固体、液体）传播并能被人或动物听觉器官所感知的波动现象。最初发生振动的物体叫声源。声音以波的形式传播，所以声音是声波通过任何物质传播形成的运动。从某种意义上说，人类就是生活在一个声音的环境中，通过声音进行交谈、表达思想感情以及开展各种活动。我们可以用响度、音调、音色等特征来描述声音。当发声体不规则地振动时会产生响度和音调变化混乱，产生听起来不和谐的声音，例如建筑工地上的机器声，安静的图书馆中说话的

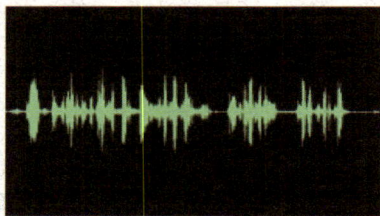

声音，这些声音妨碍我们正常休息、学习和工作，被我们称为噪音。噪音也是一种污染，我们要尽量避免，多传递有意义的声音。

这道题目可以引导孩子归纳生活中各种各样声音的特征和目的。回答这样的问题要思考生活中哪些东西可以产生声音，这些声音的作用是什么。小旋风想到了生活中常见的汽车喇叭声音，这样"显而易见"能通过耳朵识别的声音还有很多，例如有仪器设备发出的电话铃声、摇铃声、警报声、茶壶响声，人类发出的欢呼声、尖叫声、掌声，动物发出的狂吠、鸣叫、咆哮，大自然现象发出的雷声、风声等，将这些声音与它们的特征和作用联系起来就构成了题目的多样化答案，但这些答案都只能算作普通答案。如果在回答这些答案时能加上一些抽象的特征，或许就可以变成创造性答案。

蓝泡泡将交响乐与艺术欣赏联系起来，突出了交响乐对于艺术欣赏的重要性，这就可以算是创造性答案，因为交响乐的功能不是传统的听，而是要结合欣赏。相比之下，陈老师的答案别具一格，是常人难以想到的，是高度抽象化的答案，这种声音不是用耳朵听出来的，可凸显创造的特色。其实，我们还可以从其他看不见的东西不断引申开来，例如法律庄严的声音等。

创意记录区（把尽可能多的答案写在下面）

告诉

浣熊出题

　　说说与"告诉"有关的人或事物。例如，你可以说："老师告诉我要好好学习。"

　　时间限制：5分钟。

　　计分：每个普通回答得1分，创造性回答得5分。

大脑碰碰撞

妈妈告诉我要吃早饭。

警察叔叔告诉我要遵守交通规则。

闹钟告诉我应该起床了。

树木抽出了新芽，告诉我们春天到了。

浣熊无敌透析

　　在上面的回答中，小旋风和芊芊的答案都是人类具有"告诉"的功能，这种告诉一般是提醒我们某件事情，这只能属于普通答案。生活中类似这样的答案还有很多：老师告诉我们上课不应该迟到，医生告诉我们饮食要有规律，朋友告诉了我一个有关他的秘密等等。

　　相比之下，蓝泡泡的答案就显得非常不同，这充分反映了生活中还有很多这样的东西都具备告诉的功能，这些东西可以是我们用的、玩的。例如绿灯告诉我们应该通行，限速标志告诉我们开车不能太快，上课铃声响了告诉我们应该上课了。这些答案充分联系到了生活中的常识，属于比较有创意的答案。

　　除了人为的东西之外，还有很多自然界的东西也具有告诉的功

指示标志

 直 行
 向左转弯
 向右转弯
 直行和向左转弯
 直行和向右转弯

 向左和向右转弯
 靠右侧道路行驶
 靠左侧道路行驶
 立交直行和左转弯行驶
 立交直行和右转弯行驶

 环岛行驶
 单行路(向左或向右)
 步 行
 单行路(直行)

 鸣喇叭
 最低限速
 干路先行
 会车先行
 人行横道

能，就如陈老师的回答，类似的还有很多。例如乌云飘过来了告诉我们快要下雨了，广告总是告诉我们应该购买一些东西，这些都是创造性答案。

创意记录区（把尽可能多的答案写在下面）

心跳

说说在什么情况下心跳会加速。例如，你可以说："运动会使我们心跳加速。"

时间限制：5分钟。

计分：每个普通回答得1分，创造性回答得5分。

大脑碰碰撞

跑步时心跳会加速。

噩梦醒来时心跳会加速。

看到美丽的彩虹心跳会加速。

发现外星人心跳会加速。

浣熊无敌透析

心脏是我们身体中最重要的器官，它不停地跳动为血液流动提供压力，向器官、组织提供充足的血流量，以供应氧和各种营养物质。心跳，顾名思义就是心脏的跳动，这是一种正常的现象。成年人每分钟心跳大约是七八十次，但是不同性别、不同年龄阶段的人心脏的跳动频率是不一样的，心跳在一定程度上也会受到环境的影响，例如相同年纪的女性比男性要跳得快些，孩子比大人要跳得快些，一个人在劳动时比安静时要跳得快些，但是总体上讲每分钟心跳60~100次之间都属正常。心跳的频率是相对稳定的，但一个人突然兴奋或紧张就会使心跳加速。

我们的心脏时时刻刻都在跳动，但是我们却很少关心它的变化，通常遇到不寻常的事情都会让我们的心跳加速，只要留意我们感受的变化，就会举出很多心跳加速的例子，总体来说这道题难度并不大。通过体力活动或普通运动让我们的身体变得劳累都会让心跳加速，类似的回答还有跳跃、举重、划船、爬山、自行车比赛、打篮球、踢足球、打乒乓球、游泳等体育运动，以及在黑暗中受到惊吓、走在陌生的路上被狗追等遭遇不寻常事情的时候都会让心跳加速，这样的经历我们或多或少都有一些，但这样的回答只能算作普通回答。类似的回答还有当我们中彩票、打开礼物、在比赛中获奖了这样的事情都足以让我们心情激动，使我们心跳加速。

　　生活中还可能由于一些特别的经历也会让人的心跳加速，例如看到了从未见过的令人惊异的现象，像蓝泡泡的答案就是。陈老师的答案就更加独特了，是通过自己想象出了一件独特的事，这种答案就可以算是创造性答案。其实还可以从不同角度思考，关键是要发挥自己的想象力，例如看见鬼门关、在一架有险情的飞机上等。

创意记录区（把尽可能多的答案写在下面）

馅饼的形状

在你面前有一个圆形，你可以随意移动它，也可以进行相应的裁剪和拼接（不用其他的东西）。你的任务是说说这个图形（可以是拼接后的图形）像什么。例如，你可以说"像一个儿童玩具"。

时间限制：5分钟。

计分：每个普通回答得1分，创造性回答得5分。

大脑碰碰撞

像一块披萨。

像一个饼状简图。

像播放中的磁带转动。

像等着喂食的幼鸟。

像太阳升起。

像红绿灯闪烁。

像向前滚动的车轮。

像我们居住的地球。

浣熊无敌透析

馅饼是一种家常食品。制作方式有煎、烤、焗等，由饼皮包着馅料。馅料可以是各种类型的食材，例如肉类、蔬菜、海鲜及蛋等，味道以北方的咸香鲜口味为主，其形状大多为圆形。

　　圆形是一个看来简单、实际上十分奇妙的形状。古代人最早是从太阳、阴历十五的月亮得到圆的概念的。一万八千年前的山顶洞人曾经在兽牙、砾石和石珠上钻孔，那些孔有的就很像圆。到了陶器时代，许多陶器都是圆的。圆的陶器是将泥土放在一个转盘上制成的。当人们开始纺线，又制出了圆形的纺锤。古代人还发现搬运圆的木头时滚着走比较省劲。后来他们在搬运重物的时候，就把几段圆木垫在大树、大石头下面滚着走，这样当然比扛着走省劲得多。

　　我们生活中的东西不管是吃的、用的、玩的，有很多是圆形的，例如蛋糕、披萨等。当然，还有一些现实中存在但触摸不到的，类似太阳、月亮。小旋风、芊芊的答案是对这些东西进行描述，这些答案只能算作是普通答案。

　　蓝泡泡、陈老师通过将圆形进行简单操作，再充分发挥想象，获得了独特的创意，属于创造性回答。可以看出，有时候直接描述一个东西难以表达出有创新和特点的回答。这个时候，我们就可以通过想象，并将其与另外的事物建立类比，甚至是在原有事物的基础上进行简要变形，往往就能获得非常具有创造性的答案。

创意记录区（把尽可能多的答案写在下面）

浣熊出题

我们每天都在读书，那么说说你能从书上看到了些什么。

时间限制：5分钟。

计分：每个普通回答得1分，创造性回答得5分。

大脑碰碰撞

我看到书上有很多字。

我看到书上有很多图画。

我看到了文字的优美。

我看到了知识的力量。

浣熊无敌透析

书是人类用来记录一切成就的重要载体。早在3000多年前，纸张尚未发明，人们就地取材，以龟甲和兽骨为材料，把内容刻在龟甲或兽骨上，做成了甲骨的书。有时，古人也会将整篇作品或整部著作刻于石上。简牍是对我国古代遗存下来的写有文字的竹简与木牍的概称。缣帛是丝织物，轻软平滑，易于着墨，幅的长短宽窄可以根据文字的多少来剪裁，而且可随意折叠或卷起，携带方便，也是制书的重要材料。在纸张发明初期，纸书并未完全取代简牍与缣帛图书，而是三者并用。至今，我们所阅读的书是由纸张印刷而成的，电子信息技术发展以后，电子书渐渐走进人们的视线，它以携带

方便、环保、存储量大，成为了纸质书很好的替代品。

书在我们的生活中随处可见，必不可少。从古至今，制书材料的变化，也勾勒出人类文明的发展。在阅读的过程中，我们的人文素养、逻辑思维、语言表达等多方面都获得了提高。从上面的回答中可以看出，小旋风和芊芊提到了字、图画等都是印刷在纸张上实实在在可以直接看到的东西。我们也可以从不同的角度去思考，例如书的形状、书的用途等，这些都是很好的答案，也是很容易想到的答案。

如果我们还能通过获取书上的信息，感受到一些不是通过眼睛可以直观看到的比较抽象的事物，那么可能会获得更好的答案。这需要我们不断地提炼和升华，可以从多个领域进行思考，例如文字、图画、人物、知识等的特点和意义等。像上面蓝泡泡和陈老师的答案就非常好，他们看到的东西很有代表性，这是因为阅读而获得一些经验感悟、思想方法、新鲜资讯或者人内在修养的提升，这可以算作是创造性答案。其实类似的还有很多，例如编者的编辑思路、人物的形象或气质等。

创意记录区（把尽可能多的答案写在下面）

绿色

说说你能想到的与"绿色"有关的事物。

时间限制：5分钟。

计分：每个普通回答得1分，创造性回答得5分。

大脑碰碰撞

绿色是我最喜欢的颜色。

小草是绿色的。

红灯停，绿灯行。

爱护地球母亲，请绿色出行。

浣熊无敌透析

诗人们吟诵"春风又绿江南岸"、"千里莺啼绿映红"；政府呼唤"文明从我做起，共建绿色城市"、"网络环境绿色化"；妈妈唠叨"多吃绿色蔬菜"、"多看看绿色，对眼睛好"……

红橙黄绿青蓝紫，绿色介于青色与黄色之间，绿色是来自大自然的颜色，初生的嫩草，垂落的柳条，都点缀着绿，洋溢着生命的活力。随着社会的发展，绿色又被赋予了更多的含义，例如绿色代表清新、希望、安全、平静、舒适、生命、和平、宁静、自然、环保等。

颜色的种类有很多种，其中绿色在我们的生活中随处可见。当我

们看到或提起某些植物、动物、图片或词语的时候你都能想起绿色，例如青草、青蛙、青苔、苹果、绿色食品等。从上面可以看出，大家已经列举了很多答案，其中小旋风说出了喜欢绿色，芊芊发现了生活中的绿色的事物。显然，解这道题目我们可以从不同的角度去思考，例如人的爱好、颜色的波长顺序、深浅以及颜色的用途等，这些都是很好的答案，但都只反映出绿色本身的特点，只能属于普通答案。

如何得到更好的答案呢？那就需要挖掘颜色背后蕴含的深层次含义，这些含义通常是将颜色与事物之间建立联系，是人们不断提炼、运用的结果。那么在思考的时候，就需要从多个方面进行思考，例如思想、理念、行为、信息、观点等，这些都具有抽象的特点。蓝泡泡和陈老师的答案就是从这些角度出发，可以算作是创造性答案。其实类似的还有很多，例如绿色蔬菜，它并不是指颜色是绿色的蔬菜，而是无污染的安全、优质、营养类蔬菜。

创意记录区（把尽可能多的答案写在下面）

Part 2
飞行类赛题大集锦

誓言：
让我成为知识的探索者！
让我在未知的道路上漫游！
让我用我的创造力把世界变得更美好！

综述：纸和纸飞机

小孩子都喜欢玩纸飞机，有一个很有趣的事情，很多人为了让自己的纸飞机飞得又高又远，在投掷的时候都会对着纸飞机的头部哈一口气。关于这一口气的作用众说纷纭，多数人认为口中哈出的湿气可以增加飞机头部的重量，在飞机被投掷出去的初期可以通过更快的速度来获取更大的升力；在纸飞机飞行过程中，水被蒸发，纸飞机重心后移，从而转变成更适合滑翔的状态。不管是否真的是如此，至少投掷飞机之前对着飞机头部哈一口气的动作很帅。

1983年，美国著名的纸飞机设计者托尼·弗莱特创造了纸飞机193英尺（约合58.82米）的飞行距离世界纪录，这个纪录甚至超过了人类历史上第一架飞机——莱特兄弟的"飞行者一号"第一次试飞的36米。另一位美国人肯·布莱克布恩在1998年10月曾创造了纸飞机在空中停留的吉尼斯世界纪录（后来被日本折纸飞机协会主席户田卓夫于2009年4月以27.9秒刷新并创造新的世界纪录），他的纸飞机在室内无风的条件下飞行了27.6秒。他将自己创造的纪录总结为正确的纸飞机结构和正确的投掷，比如必须使投掷角度为水平向上10°，以至少60英里/小时的速度投掷等。这些总结都可以为纸飞机爱好者创造属于自己的纪录提供重要的参考。

一、伯努利定律

纸飞机虽然在形状和质地等方面和真正的飞机有所不同，但二者都能飞起来是都可以用空气动力学相关知识来解释的。要说空气动力学，你会觉得这是一门很高深、难懂且难以触摸的学科。其实，空气动力学中有一项重要原理叫做"伯努利定律"，也许你不知道它到底是什么意思，下面通过一个小故事，来进入我们的"伯努利定律"。

1912年秋天，当时世界上最大的轮船"奥林匹克"号正在大海上航行，忽然，在离它100米远的地方有艘名为"豪克"号的巡洋舰好像被大船吸引似的，一点也不听指挥，结果一头撞向了大船。这就是"船吸"现象。那么这个现象是谁造成的呢？我们先来做个小实验。

示例一：你在平行竖直放置的两张纸中间吹气，这两张纸会向两边分开吗？如果你真的做了这个实验，你会发现这两张纸不仅不会分开，而是会同时向中间移动，甚至贴在一起。

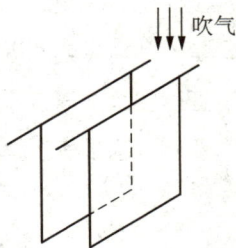

"豪克"号巡洋舰会不听指挥撞向"奥林匹克"号大船：船在行驶时船两边的水相对船向后方流动。当一定范围内只有一只船时，船两边的水流速度是相同的，于是船两边受到水的压力也是相等的，船就不会向一侧运动。当在一定范围内有两艘平行同向行驶的船时，两艘船中间的水流速度就比船另一侧的水流速度快，于是两船之间一侧受到水的压力就比另一侧受到水的压力要小，两船也就会向中间靠拢。只不过"豪克"号巡洋舰比"奥林匹克"号船轻得多，它当然会被"吸"过来而撞上"奥林匹克"号轮船。

在一个流体系统中，流速越快，流体所产生的压力就越小。后人为纪念这个伟大的科学家给人类带来的巨大贡献，将其这一发现称为"伯努利定律"。我们再来验证一下这个定律是否正确。

示例二：你将一个稍微长一点纸条的一端贴在嘴唇上，然后将嘴嘟起（呈小口状）并吹气，你会发现什么？如果你真的做了这个实验，你会发现纸条会慢慢被吹起，而且吹气的速度越快，纸条上升就越高。

科学家伯努利对类似的这些现象进行过研究和总结，他认为，我们的大气总是保持平衡的，如果气体高速运动，那么高速运动范围内气体的压强就会降低，比周围气体的压强小。这样的话，由于大气总是想要维持一个平衡的状态，周围压强大的气体就会挤向压强小的气体方向，从而使大气压强趋于平衡。

其实飞机飞行和上面提到的现象蕴含的原理是一样的。虽然纸飞机和飞机有很多不同，但是仔细观察可以发现，纸飞机和飞机同样都有机翼，机翼的存在确保了通过空气动力学产生作用，可以将纸飞机和飞机推上天空。真正的飞机机翼的横截面上侧是一条向上凸起的弧线，而下侧是一条水平或凹进的线。在飞机向前移动的时候，空气通过机翼上侧的速度要大于通过机翼下侧的速度，从而产生一个局部"上小下大"的气压差，这个气压差可以产生让飞机升上天的托举力，即"升力"。

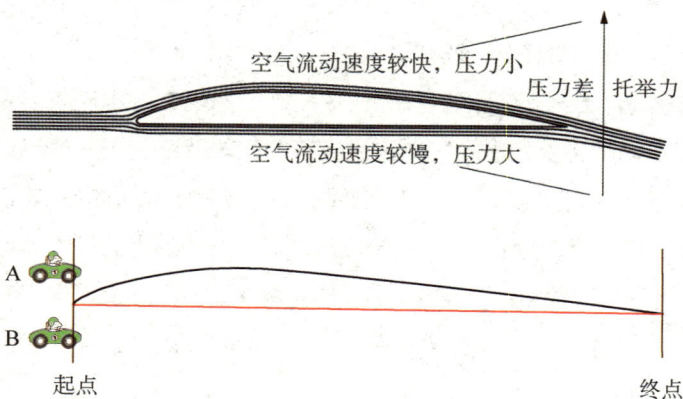

空气流动速度较快，压力小 压力差 托举力
空气流动速度较慢，压力大

A
B
起点   终点

两辆车从起点同时出发，A车沿黑线行驶，B车沿红线行驶，它们同时到达终点，可以看出A车的行驶速度要大于B车的行驶速度。

当飞机向前移动的速度足够快时，使机翼产生的升力超过飞机自身的重力时，飞机就能腾空而起了。要注意的是，产生升力的关键就是上下侧机翼的空气通过的流通量不同，上侧机翼由于流通量变小，空气流动的速度就加快，压强就变小。而相对下侧机翼来讲流通量大，空气流动速度慢，压强就大。这种由于气体流动速度不同而形成压强差就是飞机产生升力原理的根据。除了速度之外，空气密度、飞机投影面积等都会影响升力的大小。当然，这个升力只能保证飞机能够飞在空中，而飞机前行的动力则需要自身的动力系统持续提供。如果飞机是静止的就不会有气体的流动而形成的压强差，也就不会产生升力，所以升力的产生来源于运动。

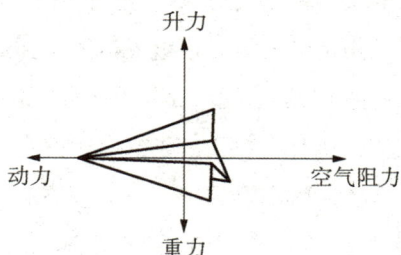

二、重心

无论是纸飞机还是飞机，重心的稳定是实现飞机平稳飞行的必要条件。如果你还不能理解什么是重心，可以思考一个问题，那就是：如何使飞机在空中保持平稳？什么是平稳呢？对于飞机来说，重心靠前虽然稳定性相对较好，但这会导致飞机在飞行时其头部呈俯冲的姿态加速飞向地面，重心靠后则会导致其头部呈仰视的姿态飘向空中以致无法保持稳定良好的飞行姿态。

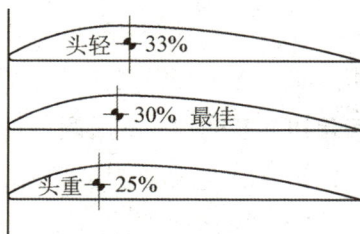

如果你要制作一架能翻筋斗的飞机，那么可以选用头轻的飞机。

如果你要制作一架打靶的飞机，那么你可以制作一架头重的飞机。

如果你要参加滑翔飞机比赛，你可以制作一架重心在距机头30%机身长处的飞机。

那么重心到底在哪里呢？通常情况下，矩形机翼的纸飞机重心位于纸飞机中轴线头部至尾部的大约1/4处，三角形机翼的纸飞机重心位于纸飞机中轴线头部至尾部的大约1/2处。但这并不是绝对的，对于真正的飞机而言，头尾重量的不同都会影响重心的位置，而纸飞机则需要纸飞机爱好者通过反复投掷试验来确定自己折叠的每一款纸飞机的重心位置，并在折叠中加以改善或者在折叠后进行调整。对于初学者来说，可以根据纸飞机前后重量的分配，在纸飞机的头部或尾部粘贴一些胶带，或者别上一个曲别针，然后反复试飞，直到达到理想的飞行姿态。

重心对于飞机来讲有什么特别的含义呢？其实重心就好比是杠杆中的支点。你在杠杆支点的右侧端施加一个向下的力，杠杆的左侧端就会向上运动；如果你在杠杆支点的右侧施加一个向外的力，杠杆的左侧端就会向里。同样的，对于飞机来说，如果重心的右侧端给它受到一个向外的力，你会观察到飞机的头就会向里；如果重心的右侧端给它施加一个向下的力，你会观察到飞机的头就会向上。其实飞机就是通过调整尾翼的受力情况调整飞行的方向，这也是为什么飞机有水平尾翼和垂直尾翼的的原因。

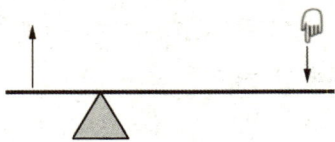

相对于飞机，纸飞机的重心在纸飞机折叠完成之后是固定的。飞行在空中的纸飞机可以向左或向右的原因和飞机调整飞行方向非常相似。飞行在空中的纸飞机如果往右飞，那么它的尾翼端一定受到了一个向左的力，只不过这个力不是自己能够调控或者人给它的，而是飞机尾翼两侧空气流动速度不同而产生的，这和产生升力的原理一样。了解了这个原理，你应该知道纸飞机的尾翼有什么作用了。

测测你的飞机重心在那里？

测量工具：针、线。

测量标准：飞机在水平状态即飞机的重心位置。

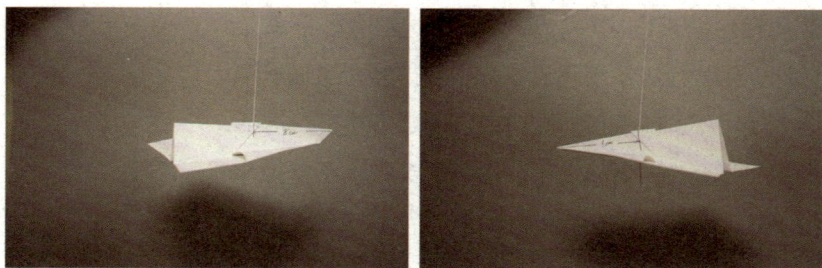

从上面两张图片可以看出只要对飞机的折法稍作修改，重心位置就会发生变化（左图为离前端8厘米，右图为离前端9厘米）。因此你们在制作纸飞机时要根据比赛的项目，来制作相应重心位置的飞机。

比赛规则

类别	距离飞行	曲线飞行	滑翔飞行
材料	一张A4纸	纸加双面胶、胶水、标签纸	一张A4纸
规则	飞行器投影面积大于10×10平方厘米	飞行器投影面积大于4×8平方厘米	飞行器投影面积大于10×10平方厘米
重心	前重心	前后：标准重心 左右：右侧(左撇子) 左侧（右撇子）	后重心
场地	室内	室内	室内

折好的纸飞机如果是用于观赏或展览，那么它的确就折好了。然而，大家对折好的纸飞机更多的是将其投掷出去，即用于飞翔。当一些初学者逐渐迷恋上折叠纸飞机变成一个纸飞机爱好者的时候，他们总是希望自己的飞机飞得更高、更远。那么，究竟谁的纸飞机才能飞得更高更远呢？这个问题只有通过比赛来解决。如同所有的比赛一样，纸飞机比赛也有自己的规则，虽然各种纸飞机比赛规则并不像足球比赛规则那样严格统一，但绝大部分的规则都会明确以下几个方面：

在这些规则之中，最有必要对投掷进行深入认识，因为投掷是纸飞机一开始获得推力的唯一机会。使用不同的投掷方式可以使多数纸飞机获得不同的飞行姿态：直线滑行、垂直翻滚和水平盘旋。为了获得这些动感十足的飞行姿态，多多练习是一个必需的过程，这里也提供一些基础的投掷方法供读者参考。

直线滑行　几乎所有的纸飞机都能够直线滑行。投掷时使用拇指和食指抓住机身中部，用你的纸飞机机翼能够承受的最大力量水平向前挥动手臂，松开手指。一定要确保你的手是直线运动，纸飞机机身都没向两侧偏斜，而且纸飞机的两翼还要保持在同一平面。

垂直筋斗　拥有宽大机翼的纸飞机更适合这种飞机姿态。将机身的尾部向上推，形成一个尾翼或者将机翼的后部向上卷曲都可以使纸飞机更加完美地翻滚。捏住机身中部，将纸飞机头部微微下垂，并沿机身方向向前用力投掷出去。假如机身的平衡和投掷的方向都没有问题，纸飞机在被放飞之后很快就会向上翻滚。需要注意的是，在不同的风向和风力影响下反复投掷，直至获得完美的翻滚姿态。

水平盘旋　用手捏住机身前部，将机身倾斜于水平方向20°左右，使飞机底部对着自己的身体，使机身左侧倾斜投掷飞机。这是一个相对复杂的过程，需要多次练习才能表现完美。当你掌握了飞机的调试方法，你会发现直线平飞是一种平衡，你破坏了直线平衡，飞机就会转向，就会盘旋飞行，这就是一种新的平衡。换句话说飞行的各种姿态就是一种平衡被另一种平衡所取代。

无论采用以上哪种投掷方式，务必要保证飞机的重心不要偏离你投掷时手臂运动的轨迹，这是确保纸飞机飞行姿态稳定的必要条件。当你折叠的纸飞机用于比赛时一定要经过试飞，而经过多次试飞又会导致纸张的"疲惫"，这种疲惫甚至会改变纸飞机的重心位置。在折叠过程中，通过精确折叠保证一个正确的重心位置，是减少折叠后对纸飞机调整次数的最好办法。当然了，如果是在户外，合适的风向和宽大的机翼也能大大地提高纸飞机滑翔的能力。

当掌握了投掷的方法之后，初学者的纸飞机如果不在折叠时或折叠后加以调整就被投掷出去，它的飞行轨迹很可能和一团废纸飞行的轨迹差不多。一般而言，投掷出去的纸飞机的飞行时会出现直线向下、波浪飞行、向右（左）旋下坠飞行等情况。也许通过上面的分析，你已经知道怎么去克服这些问题了。如果纸飞机直线向下飞行，这主要是纸飞机的机头偏重，使得飞机的重心位置过于靠前，飞机的升力不足以克服机头的重力，你可以将纸飞机的水平尾翼稍微上翘，使凹面弯曲向上；如果纸飞机波浪飞行，这主要是由于纸飞机的机头偏轻，使得飞机的重心位置过于靠后，飞机的升力远大于飞机的重力，这时候可以将纸飞机的水平尾翼稍微下翘，使凹面弯曲向下；如果纸飞机出现单向拐弯，即单向向左（右）飞行，你可以将飞机的垂直尾翼稍微向左（右）翘。

由于制作纸飞机的材质是重量很小且相对坚韧的纸，只要很小的升力就可以使它飞翔，所以纸飞机的形状等是可以大力创造的。前人已有的经验表明，精巧的设计和完美的投掷可以创造出惊人的纪录。

接下来，让我们一起去领略"纸飞机"的魅力吧！

安全降落

任务：

制作一架能飞行的手掷飞行器，要求飞行器能准确降落至规定范围内。

飞行器：

1. 只能用1张A4纸（80克金旗舰）制作；

2. 飞行器投影面积不得小于宽100毫米，长100毫米；

3. 飞行器飞行只能用手掷的方法，不得用其他方法。

比赛：

1. 飞行器从出发区飞出，飞行3.0米后应准确降落在规定范围内；

2. 飞行器投掷的方向不限（只能在出发区）；

3. 每名队员有两次投掷机会，取成绩高的一次作为正式成绩；

4. 飞行器落在降落区内才得分；

5. 在得分相同的情况下，进行加赛。

比赛场地见下图：

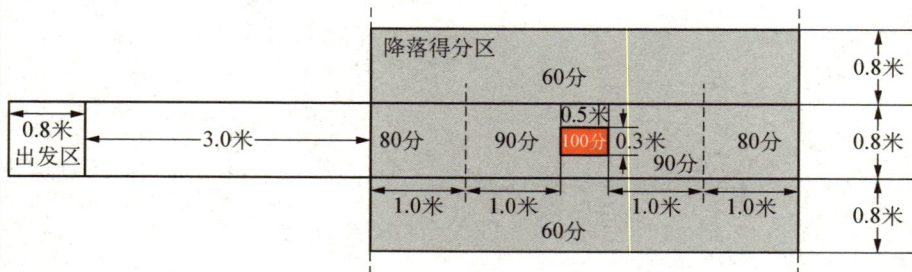

评分表：

姓名	第一轮成绩	第二轮成绩	最好成绩

大脑碰碰撞之讨论

制作一个大的纸飞机，这样的飞机有足够大的升力，飞行起来很平稳。

制作一架细长的飞机，这样的飞机飞起来很直。

我要做成一架标准飞机，它能像真飞机那样有个漂亮的滑翔降落。

大脑碰碰撞之方案

小旋风的想法是制作一架平稳的飞机，问题是一架平稳的飞机由于它的升力较大造成落点控制困难。

芊芊设想的细长的飞机解决了直线的问题，但她没有注意落点区域的大小，所以这样的飞行器很容易压线造成成绩下降。

蓝泡泡制作的飞机飞行状态和直线性都很好，要注意的是速度对升力的影响很大，若是能控制好投掷时的速度和角度不失为一个好方案。

这里提供一个案例供大家参考，在符合题意的前提下，飞行器尽量要小，这是由于小飞行器升力小、阻力小、不易受外界因素干扰。此外，由于细长状态的效果比较好，因此飞行器的设计应该满足直线性好的要求，但由于得分框的大小是0.5米×0.3米，所以也不宜过长，过长的话容易压线。将飞行器制成之后，最重要的就是要训练飞行。根据题目要求，得分是看飞行器静止时的落点，由于飞行器落地还会滑行，且不同的地面摩擦系数是不一样的。因此，在比赛时要根据具体情况来调整飞行器。

如我们对准的是100分区域，但实际落点落到了前方偏右，那么我们必须把瞄准点按偏离的距离向后并左偏。

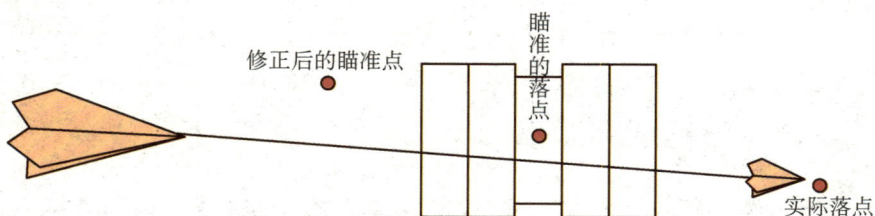

飞行器制作步骤：

1. 用一张A4纸。

2. 两角向中线对折。

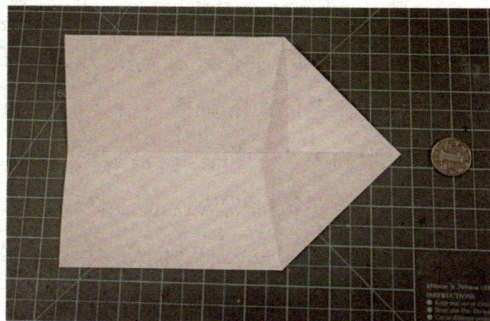

3. 再从反面向中间对折。

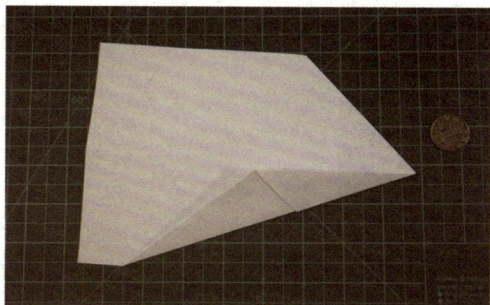

4. 两边对齐压实。

5. 将反面两个角展开。

6. 按图折出折痕。

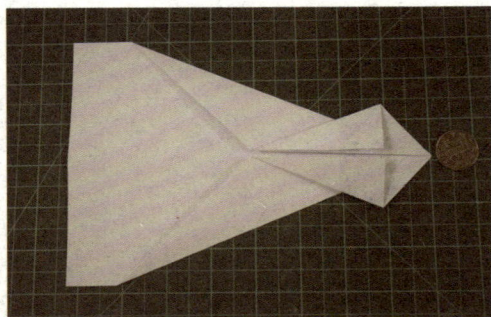

7. 按折痕线折出一个角。

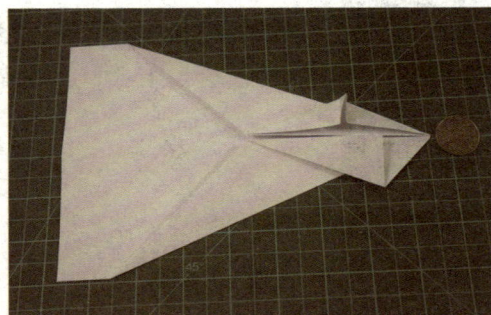

8. 再折出另一个角。

9. 将头部两角反折。

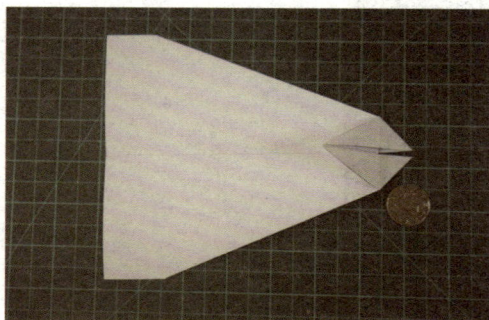

10. 沿中线对折。

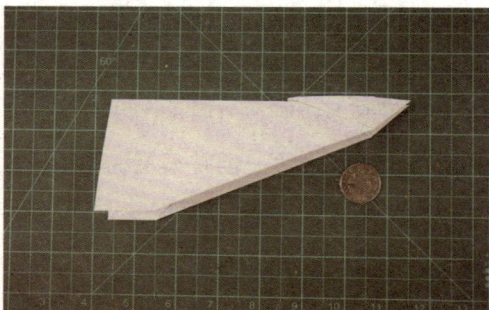

11. 将外沿的两条边折向中线。

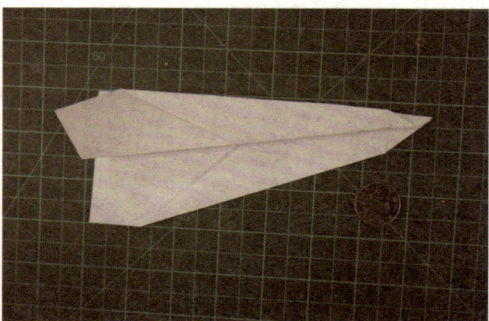

12. 完成。

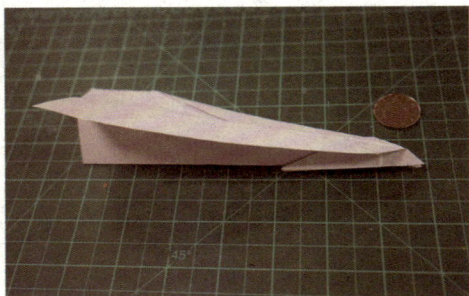

浣熊无敌透析

　　安全降落是2014年的万人大挑战赛题。赛题的任务是要完成一个精准的飞行降落。那么如何完成这个"精准"的任务呢？这个"精准"体现在哪些方面呢？比赛中我们看到很多同学都能完成满分飞行。他们所制作的飞机的共同点是长度多控制在200 mm左右。这说明掌握了一个"精准"要素，即飞机不能太大。但并不是说控制好大小就能达到完美飞行，很多同学也使用了同样的飞机但飞行成绩就是不好，这里面还有一个飞行训练的要求，只有通过多练习并在练习中不断地稳定你的手势"精准"，并且学会飞机的调整"精准"，才能有一个精准的降落，从而在比赛中取得好成绩。

* 比赛现场图

任务：

把1张纸经过折叠、剪切等方法将其加工成任何形状，用任何方式让纸离开手，使纸在空中停留尽量长的时间。

竞赛：

把1张A4纸通过折叠、剪切等方法，加工成任何形状，但不能增加纸的数量。制作结束后，可以用任何方式，如：投掷、上抛等，但不能使用其他动力，如橡筋弹射等。让纸离开手，使纸在空中停留尽量长的时间。所有队员必须站在同一高度操作。

计分方式： 纸离手时计时开始，落地时计时结束，在空中停留时间长者为胜。

准备器材：

给每名队员准备1张A4纸。

另外准备1块秒表。

大脑碰碰撞之讨论

直接将一张A4纸放在空中，让它像树叶一样飘下来。因为A4纸面积大，下落时空气阻力也大，下降速度就慢，在空中停留时间也会比较长。

我想做一艘船，因为船可以在水上漂，那么按"伯努利定律"，纸船也能飘起来。

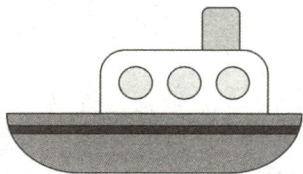

如果将纸做成一个竹蜻蜓，让它慢慢旋转下来，在空中的时间应该会很长。

大脑碰碰撞之方案

小旋风的想法是对的，但无法控制A4纸左右不晃动。

芊芊的做法并不符合"伯努利定律"。船在水上漂是由于在水中受到了浮力。由于水的密度远大于空气的密度，因此船在水中受到的浮力远大于在空气中的浮力，所以这种想法难以实现。

蓝泡泡的竹蜻蜓想法不错。即能利用空气产生的升力，也解决了纸在空中的不稳定性。但实现起来也有问题，一是纸张缺少刚性；二是竹蜻蜓不能做得足够大，这就意味着竹蜻蜓不能获得足够的升力；三是放飞的高度受限制。（一人一手高）

通过上面的分析可以看出，要让纸能在空中停留较长的时间，需要解决两个问题：（1）确保纸张获得足够的升力，要获得大的升力就要有足够的面积；（2）纸张位置尽可能高，更高的高度就可以获得更多的留空时间。这两个问题特性本身就是一对矛盾，合理利用这两个特性，就能使纸张获得长的留空时间，请看下面的例子。

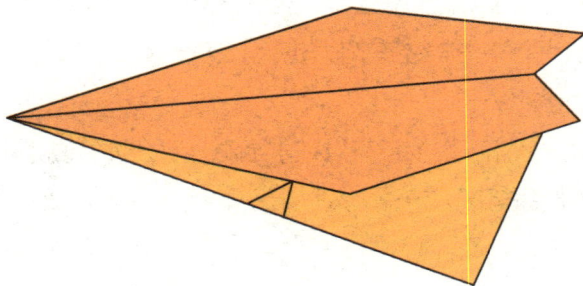

从图片中可以看出，这是一架普通的纸飞机。为什么是纸飞机呢？通过试飞我们可以看出：

（1）纸飞机飞行阻力小，可以把它扔得很高；

（2）具有较大的机翼面积从而获得较大的升力。

想要获得理想的留空时间还需要注意两个问题：

（1）制作的飞机面积大小的配比，面积大，升力大，阻力也大，会导致扔不高；而面积小，阻力也小，飞得高，但升力也小，使得滑翔时间短。

（2）试飞和放飞：在试飞时，一般采用出手时右倾（右撇子）飞机调整成左盘旋，这样一左一右使得飞机出手时是直线飞行，后阶段为左盘旋滑翔。因为直线飞行能获得更大的高度，而盘旋飞行能获得更多的留空时间。

通过上面的分析，大家可以试试看，看你的纸飞机能飞多长时间。日本折纸飞机协会主席户田卓夫于2010年12月以29.19秒的留空时间创造了新的世界纪录，如果你的飞机超过了29.19秒，别忘了申报吉尼斯世界纪录。这里，你也来尝试做一个户田卓夫式的飞机吧，看看你的飞机能飞多少时间。

案例1　户田卓夫式的飞机

1. 对折。

2. 将两个角折向中线。

3. 压实。

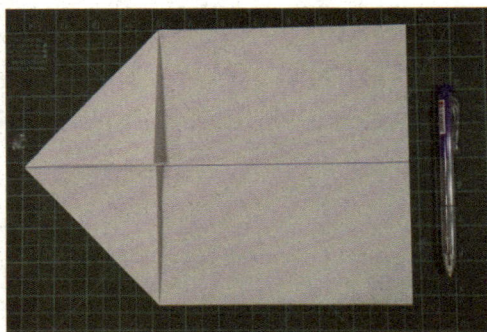

4. 将角沿中线折向底边。

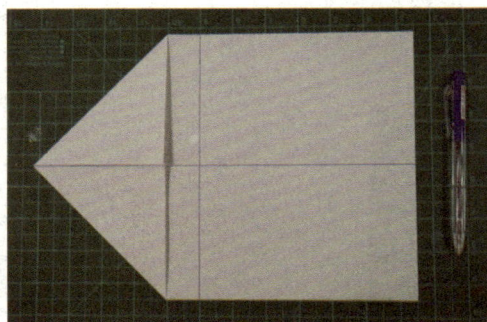

5. 折到离底边约2-3厘米的位置。

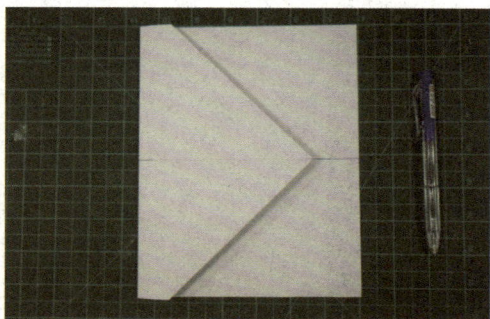

6. 再次将两角折向中线。

7. 压实。

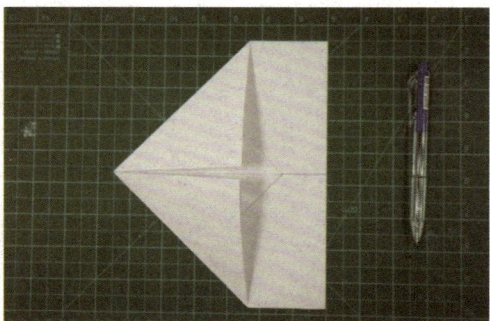

8. 在离角尖1.5厘米处将尖角内折。

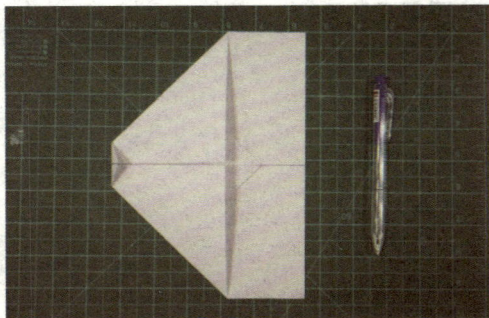

9. 沿中线对折。

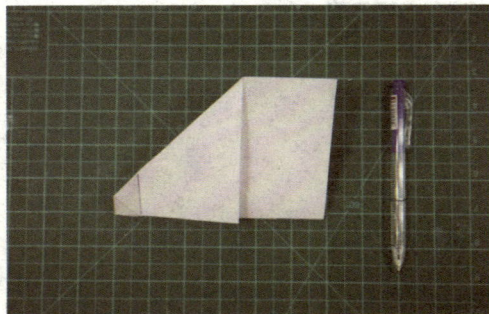

10. 翻开机头内折的尖角。

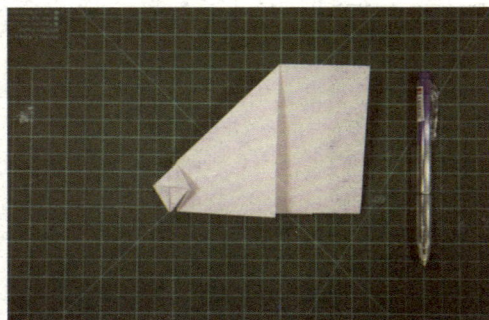

11. 沿线将机翼向下折。

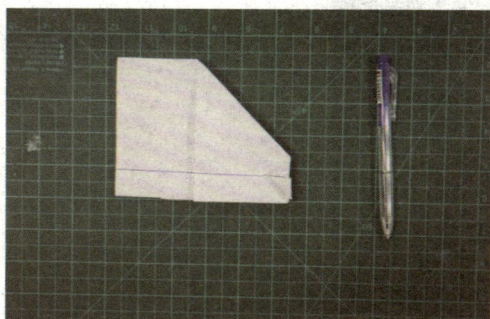

12. 另一面也一样折过来。

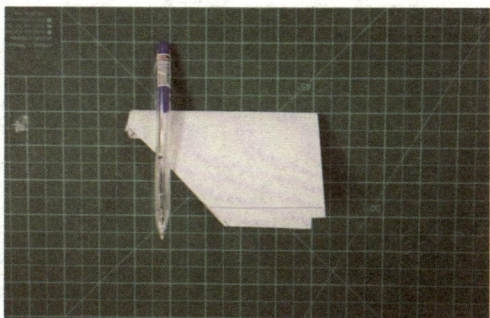

13. 打开机翼。

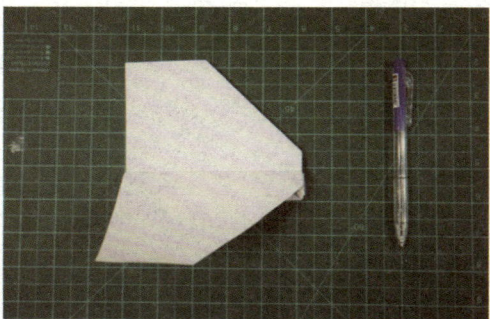

14. 将机翼两端1厘米处向上折。

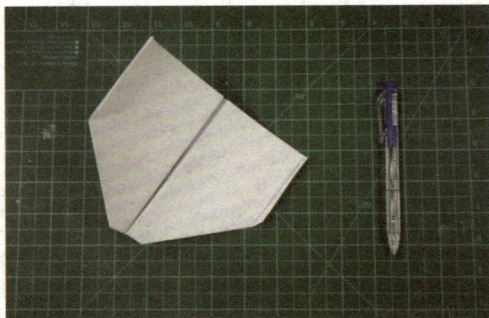

案例2　挑战者

1. 取一张A4纸对折。

2. 将上部两角对齐中轴线折叠。

3. 压实。

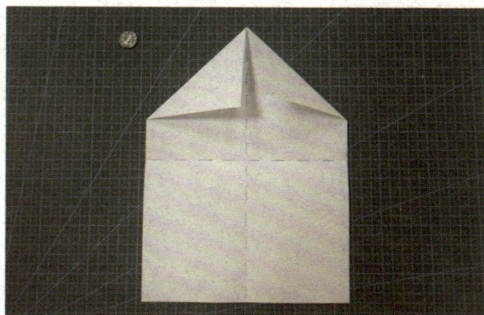

4. 沿整张纸长边中后线将纸飞机上半部分向下折叠。

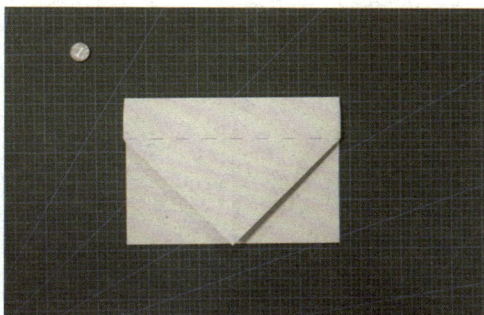

5. 将纸飞机等腰三角形沿其底边向上折叠。

6. 将纸飞机翻转。

7. 将纸飞机下半部分沿中轴线向下折叠，上半部分沿折痕方向也向内
   侧折叠。

8. 将折叠后的飞机压实。

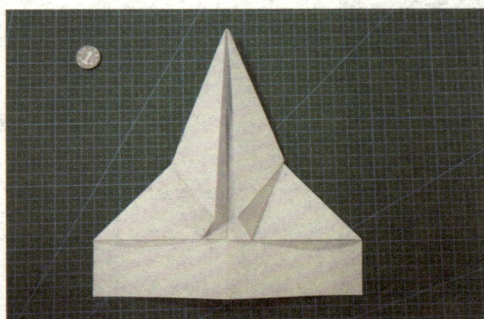

9. 将纸飞机向后折叠。

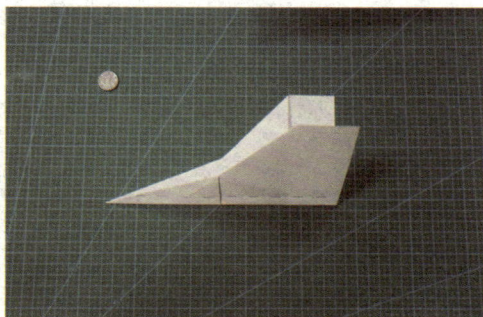

10. 沿合适位置将机翼向下折叠。

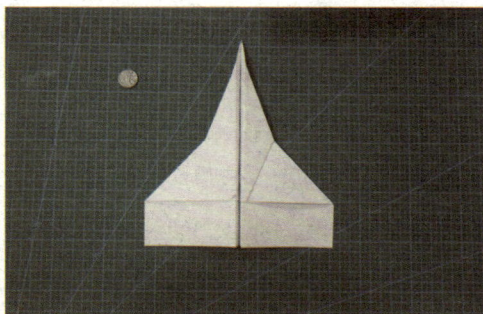

11. 将机身尾部向上推，形成尾翼。

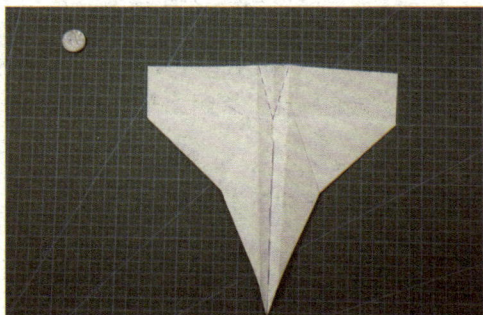

12. 最后将机翼两侧向上折叠，形成襟翼。

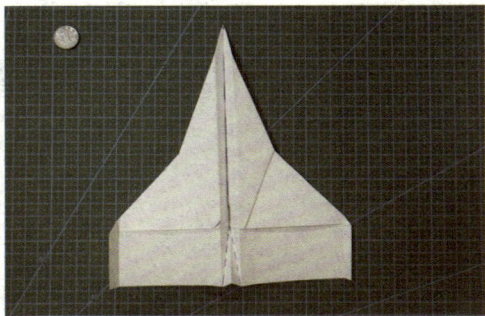

　　"空中的纸"是2004年和2006年的万人大挑战的赛题，题目要求将一张A4纸留在空中尽可能多的时间。那么滞留的时间和飞行器的高度有关，更高的高度会得到更长的滞留时间。比赛中的飞行器也是形形色色，有纸片式的、竹蜻蜓式、飞板式，但更多的还是以飞机的方式呈现。事实也证明飞机是最好的方案。那么如何让你的飞机更出彩、飞得更平稳、留空时间更长，我们在这里也提供了两个案例。同学们通过两个案例的实践，你们的体会可能是，这两架飞机各有千秋，不同的人、不一样的手势都会出现不一样的效果。所以适合的才是最好的。对飞机的调整建议遵守以下几个原则：

　　1. 厚重的前端设计可确保飞行稳定，机鼻用纸夹固定能够让飞机飞得更远。如果飞机因机鼻过重，调整机翼尾端，向上微折。

　　2. 重心位置应该靠前，防止出手时的高速带来超大升力而引起的飞机翻筋斗。

　　3. 机翼尖端的小翼可帮助减少飞行时产生的翼尖扰流。

　　4. 耐心加细微调整比从根本上改变基本设计更为重要。

滑翔飞行

任务：

制作一架滑翔的飞行器，飞行器从起飞平台滑出后无动力向前飞行，飞行的直线距离越远越好。

飞行器：

1. 只能用1张A4纸（80克金旗舰）制作；

2. 飞行器投影面积不得小于宽100毫米，长150毫米；

3. 飞行器只能静止放置在起飞平台上，平台倾斜后，飞行器从起飞平台滑出后无动力向前飞行。

比赛：

1. 把飞行器停放在起飞平台上；

2. 将平台倾斜后，飞行器从起飞平台滑落后无动力向前飞行；

3. 飞行器飞行的直线距离计为成绩；

4. 每名队员有两次飞行机会，取成绩高的一次作为正式比赛成绩；

5. 在得分相同的情况下，进行加赛。

高度为200厘米的支架上放置一个可以倾斜的飞行平台，尺寸见下图：

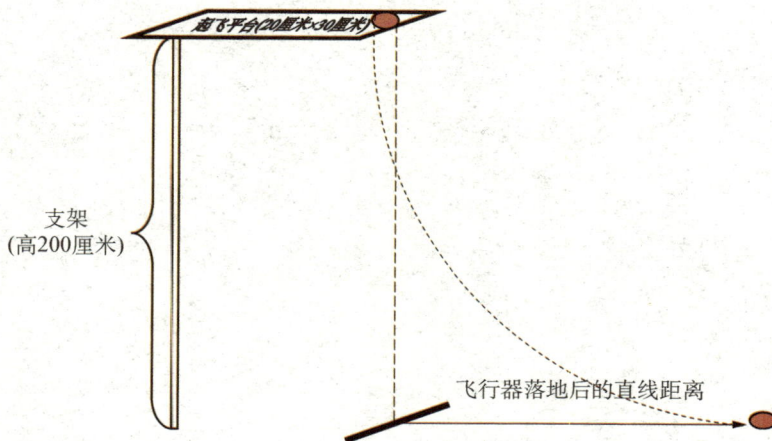

起飞平台(20厘米×30厘米)

支架
(高200厘米)

飞行器落地后的直线距离

大脑碰碰撞之讨论

可以将纸制作成一个纸团，让它从起飞平台上滑落时，借惯性向前滚动，从而可以将滚动的距离作为成绩。

直接拿一张A4纸放在平台上，让它自然飘下来以达到滑翔的目的。因为A4纸面积大，下降速度就慢，容易飘得远。

将纸折叠成一架轻薄稳定的滑翔型纸飞机，让其在起飞平台倾斜时自然滑落，从而无动力向前滑翔以获得好成绩。

大脑碰碰撞之方案

小旋风的想法实现的可行性很小，因为纸团的制作必须达到题目要求的投影面积，而这样大小的纸团很难完成滑翔的要求。即使落地后借助惯性向前滚动，也难以取得好成绩。

芊芊的想法是对的，可以满足题目对飞行器的投影面积要求，难点是无法控制其在空中飘落时的方向，且受到外界气流干扰时容易晃动而偏离。当然，也可能由于运气好纸会飘得比较远，但这个情况的概率很低，不适合在比赛时用。

蓝泡泡的想法很好，在实际的比赛中运用最多且成绩也不错。但也有意外，比如实战中经常容易发生即使飞机的滑翔性能好，但由于在静置时与平台接触面太大，导致平台在接近垂直时飞机还因为与平台之间有摩擦力不肯滑落的现象，如何解决这个问题值得同学们加以思考。

下面提供一种滑翔性能在调试后飞行距离还不错的纸飞机的制作方法，供同学们参考。

1. 取一张A4纸横向放置，对折。

2. 将上部长边左右两部分对齐长边中轴线折叠。

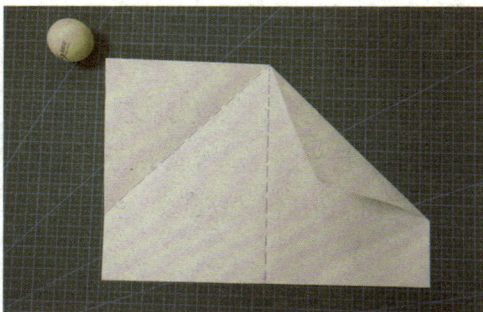

3. 沿整张纸短边中轴线将纸飞机上半部分向下折叠。

4. 按图上的样子折叠，折好左边折右边。

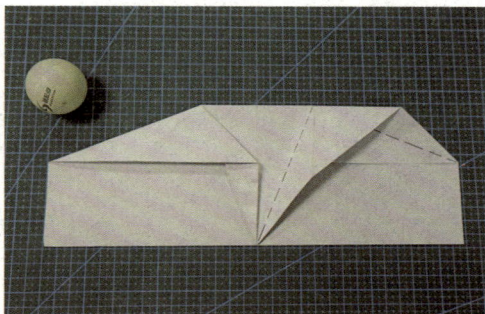

5. 将第4步的折痕压实后，再将纸飞机上层向下突出的尖角沿根部向上翻折。

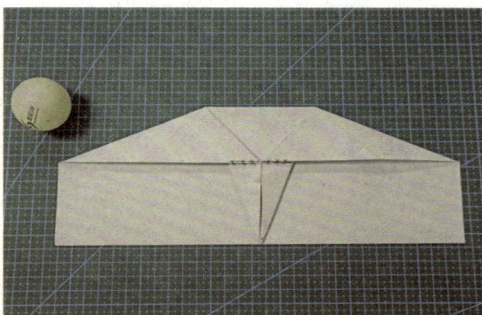

6. 压实。

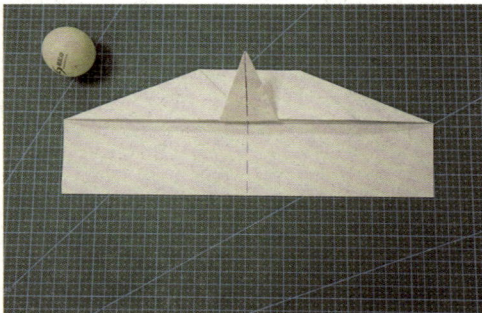

7. 将纸飞机左右翻折。

8. 将纸飞机沿中轴线向上约1厘米处折出机翼。

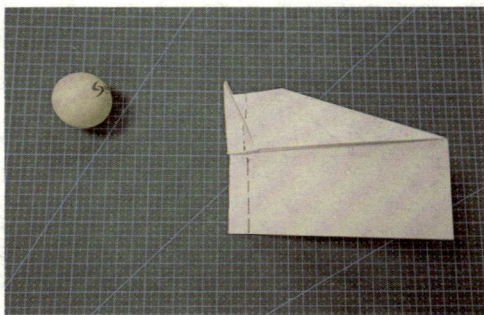

9. 将机翼压实。

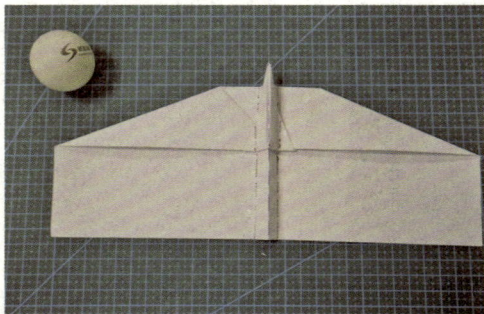

10. 完成。

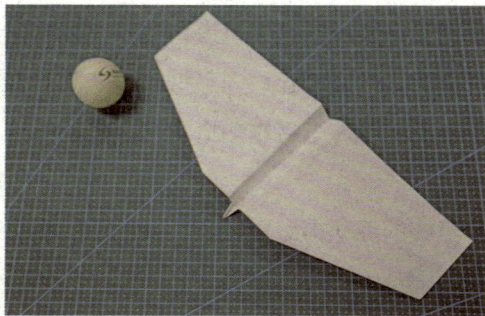

　　"滑翔飞行"是2015年和2016年的万人大挑战的赛题。从两年的比赛情况来看，有些设计合理的飞机飞行成绩也不理想，原因在于飞机的调整试飞。纸飞机也会因为天气的变化而变化。原来调整好的飞机，到比赛这天如遇到下雨天，飞机的飞行轨迹就会发生变化，就要对飞机进行重新调整。总之我们要充分了解飞机特性，以一技之长来应对万变。

　　滑翔纸飞机不同于手掷纸飞机，由于滑翔纸飞机是在无动力情况下在起飞平台上滑落，速度来自势能的转变，飞机从起飞到降落速度比较均衡。所以飞机的滑翔性能决定了成绩的高低。想要获得一架滑翔性能好的纸飞机，那么机翼的面积一定要大，只有足够大的机翼面积，才能在200厘米高度降落的过程中，获得足够的升力，滑翔较长的时间和距离。这架飞机要解决的矛盾点就是：（1）机翼大了刚性就会差，那么在设计大机翼时一定要关注机翼的强度。（2）因为要充分利用A4纸的面积，我们一般都会把它设计成飞翼的形状，这样的飞机在调整过程中一定要非常细致。

　　完成后的飞机试飞与调整也很关键。在有条件的情况下，自己可以制作一个飞行平台模拟比赛的场地，如用一本书托住飞机，然后逐渐将书倾斜，让纸飞机从书上滑落，从而达到从起飞平台滑出后无动力向前飞行的目的。

在试飞几次之后，可以根据飞行情况对纸飞机进行调整。如果出现了机头竖直坠地的情况，可将两侧机翼后部均向上折起一定角度增加升力；如果飞机滑落后向左偏离航线，可将左侧机翼向上折起一定角度增加左翼升力。

最后，希望同学们在赛前多加训练获得比赛经验，并在正式赛场上获得良好的成绩。

★ 比赛现场图，观察起飞平台的变化情况。

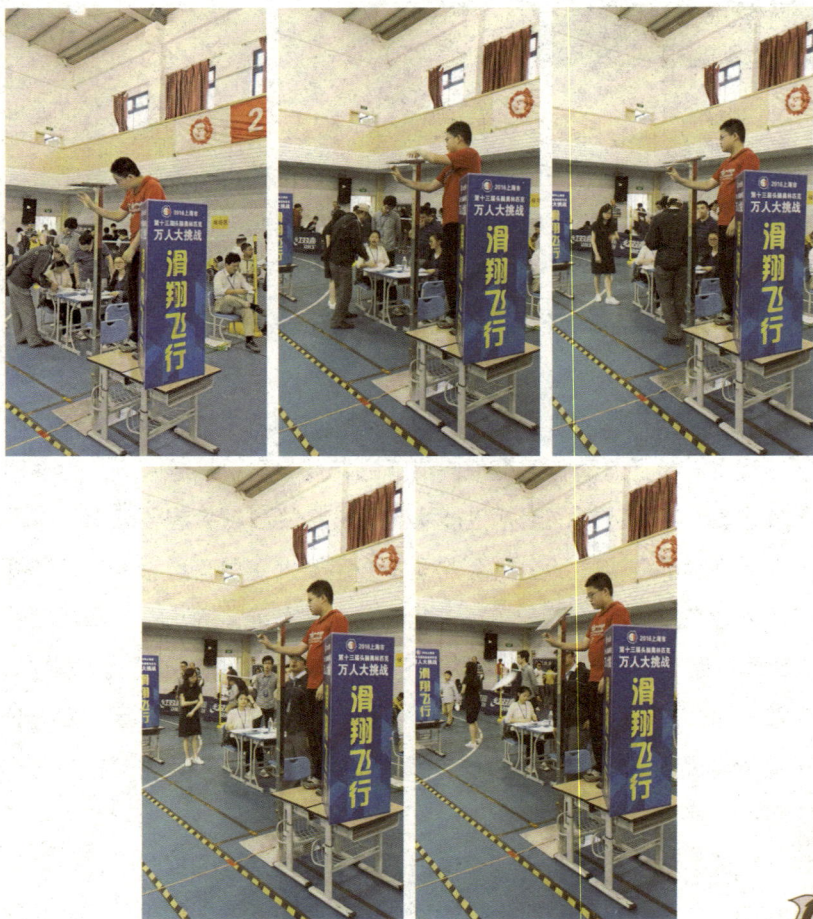

浣熊出题

任务：

制作一架能曲线飞行的手掷飞行器，飞行器从起飞区飞出，飞行2米后，绕过一个高2米，宽1.2米的半透明门，经一段距离后穿过"凯旋门"。

飞行器：

1. 只能用纸制作，纸的种类和规格不限；

2. 允许使用的粘接材料为双面胶、胶水、标签纸，其他粘接材料不得使用；

3. 飞行器不得小于宽40毫米、长80毫米；

4. 飞行器只能用手掷方法，不得用其他方法飞行。

比赛：

1. 飞行器从起飞区飞出，飞行2米后，绕过一个高2米、宽1.2米的半透明门，经一段距离后从"凯旋门"中的门标间穿过；

2. 飞行器曲线行驶的方向不限（顺时针或逆时针均可）；

3. 每名队员有两次行驶机会，取成绩高的一次作为正式成绩；

4. 飞行器从"凯旋门"中的两个门标之间穿过，此门标的得分即为该队员的成绩，如碰到门标，则以低分计算；

5. 在得分相同的情况下，进行加赛。

比赛场地见图所示：

凯旋门为∏形的架子，中间吊8根垂直向下的蜡线。

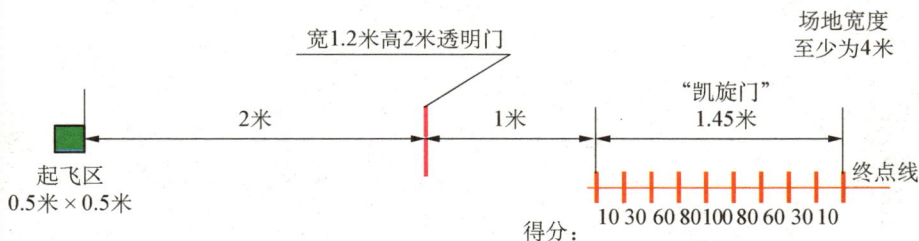

场地宽度至少为4米

宽1.2米高2米透明门

2米　　1米　　"凯旋门" 1.45米

起飞区
0.5米×0.5米

终点线

得分：　　10 30 60 80 100 80 60 30 10

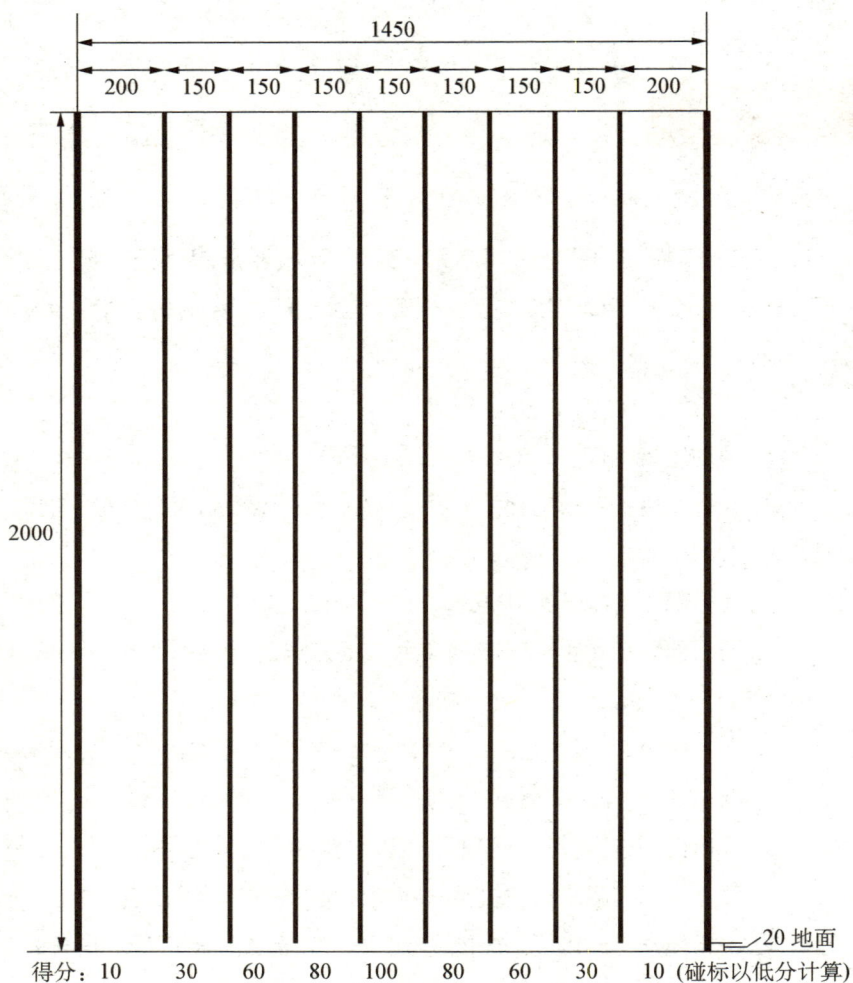

"凯旋门"尺寸图（单位：毫米）

1450

200 150 150 150 150 150 150 150 200

2000

20 地面

得分：10　30　60　80　100　80　60　30　10　(碰标以低分计算)

成绩统计表：

姓名	10	30	60	80	100

大脑碰碰撞之讨论

制作一架飞机从侧面飞进去（斜线飞行）。

我玩过帽子，是不是可以做一个帽子状的飞行器来进行飞行。

制作一架飞机。这架飞机的右机翼升力要大于左机翼（右手飞行），或给飞机一个左转的方向舵（右手飞行），这样飞机就能转弯进行曲线飞行了。

大脑碰碰撞之方案

小旋风的想法是可以的，问题是离标杆1米处有一块挡板，而飞行区域又较小，手长的人也只能勉强出手，成功率会很低。

芊芊想法不错，很有创意，但飞行的帽子制作起来有难度。

蓝泡泡的思路比较传统，飞行效果也不错，问题是由于纸张很容易变形，难以控制飞行轨迹的稳定性。根据题意制作的飞行器要求绕一个90度的弯并进100分的标杆处。

同学们是否还记得"中国飞板"，它是用两根木片粘成的一个十字架一样的飞行器。它可根据操作者出手力度来完成各种半径的圆周飞行。如果你仔细观察会发现当它飞至最远端时会倾斜。结合我们的题目，得分区的门洞间距才150毫米，那么"中国飞板"是不是更理想呢。

现在我们就用纸来制作一个"中国飞板"。

1. 找一个废弃的纸箱。

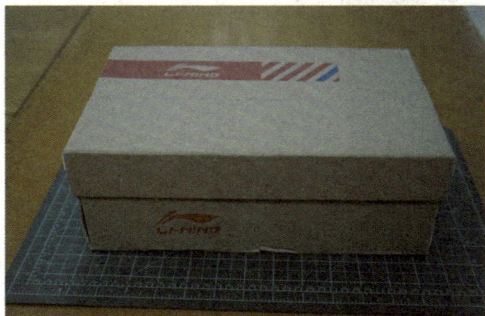

2. 切两条宽2.5~3厘米的长条。

3. 用胶水粘成一个十字型。

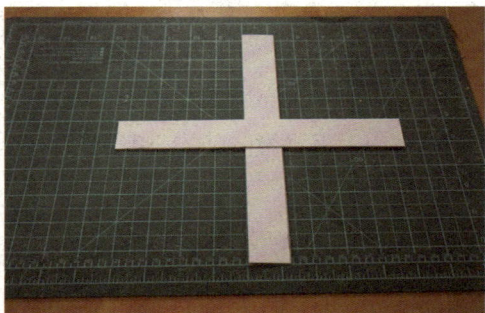

4. 将四个角修剪成圆角。

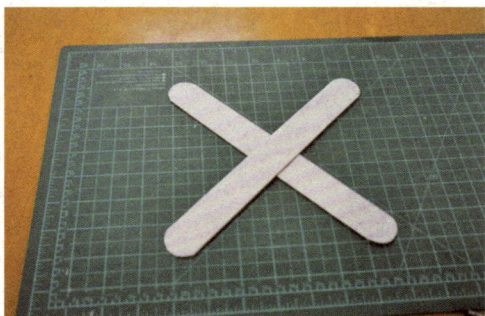

制作注意点：（1）我们所用的纸板大部分是瓦楞板，所以在切割时要顺着瓦楞的方向来裁割。

（2）粘时要对称。

对于尺寸的要求：增加宽度即增加升力，增加长度即增加距离。你们可以根据自己的飞行效果来修正。

扩展：如果你们想体会一下"中国飞板"的魅力，可以制作一个木制的"中国飞板"。要求如下（参考一下综述部分的内容）。

1. 建议用3毫米厚的桐木片来制作。

2. 制作一个有翼型的"中国飞板"（右为加工好的）。

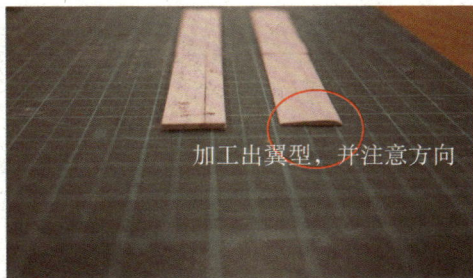

加工出翼型，并注意方向

注意点：（1）旋转方向；（我们这里展示的是逆时针方向）

（2）旋转时，首先切割空气的边，称之为前橼；（见图）

（3）整个翼型最厚的地方离前橼1/3处。（见图中的两条黑线）

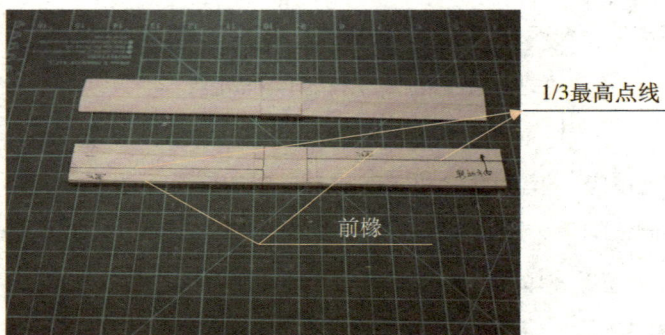

1/3最高点线

前橡

粘接（两块木片也可以用橡筋进行十字捆绑）。

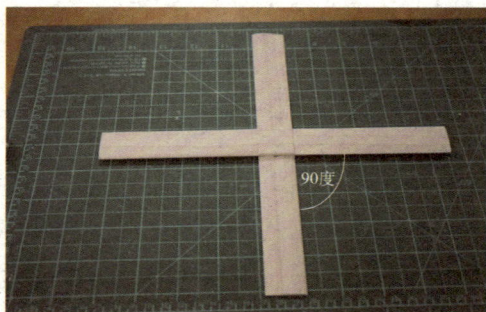

90度

试飞：右手拇指和食指捏住飞板的一个端点，使飞板呈70度左右倾斜角度，配合手腕的运动使其向前做旋转运动，即能飞出美妙的弧线。

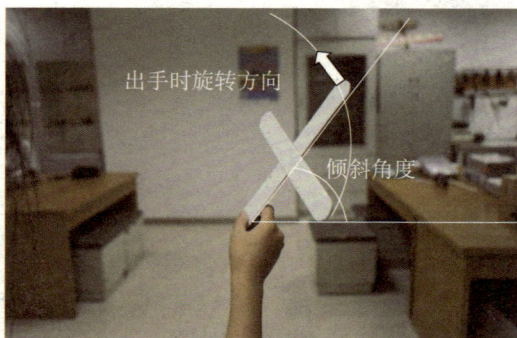

出手时旋转方向

倾斜角度

飞行观察：

（1）比较放置时和飞行时面积的变化；

（2）出手角度和旋转半径的关系；

（3）飞板旋转速度和飞行轨迹的关系。

　　"曲线飞行"是2010年、2011年和2012年的万人大挑战的赛题，根据题意要求设计一款固定半径的飞行器。那么飞行器的半径由什么要素来决定呢？在试飞过程中任何一款飞行器要达到每次的飞行轨迹一致，那么你每次出手力度、角度都必须一致，这就给我们的比赛带来了难度。那么什么样的飞行器能给我们带来比较好的体验感呢？纵观三年的比赛，飞行器尽管形形色色、五花八门，但最终的冠军都是上面的这款"中国飞板"。

特技飞行

任务：

制作一架能飞行的手掷飞行器，要求飞行器能穿过圆环并飞行得尽量远。

飞行器：

1. 只能用1张A4纸（80克）制作；

2. 飞行器投影面积不得小于宽50毫米、长100毫米；

3. 飞行器只能用手掷方法,不得用其他方法飞行。

比赛：

1. 飞行器从出发区飞出，飞行3.0米后穿过直径约1.0米的圆环并继续向前飞行；

2. 飞行器投掷的方向不限（只能在出发区）；

3. 每名队员有两次投掷机会，取成功穿越后飞行最远的距离作为正式成绩；

4. 飞行器根据成功穿越后飞行的距离计分；

5. 在得分相同的情况下，进行加赛。

比赛场地见下图：

出发区、圆环位置、尺寸见下图。

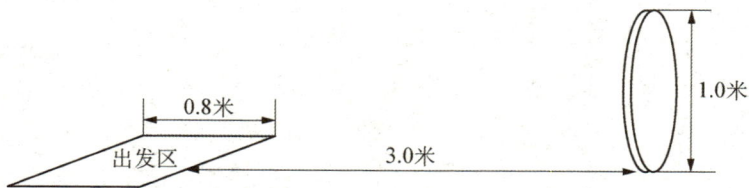

0.8米　出发区　3.0米　1.0米

成绩记录表：

姓名	第一轮成绩	第二轮成绩	最好成绩

大脑碰碰撞之讨论

将纸揉成一团用力扔过去，简单方便，还能在地上滚动。

用纸折成一个三角形的飞行器，使劲飞出去。

做一架小时候玩过的火箭飞机扔过去。

大脑碰碰撞之方案

小旋风的想法很简单，揉成一个纸团的确很好飞，但揉成按题目要求的投影面积纸团的话阻力会很大，对于特技飞行来说，落地后纸团表面不规则也滚不远。加上阻力大，根本扔不远。

芊芊的想法较为接近传统的纸飞机，滞空时间比较长，但这类纸飞机阻力较大，投掷距离就会比较近。大力扔由于出手速度大，飞机升力也大，飞机会翻转，不容易直线飞行。

蓝泡泡设想的这种飞机阻力较小，如同箭一般，但制作难度较大，且飞行需要一定的技巧，如果能控制好力度和技巧是个不错的方案。

大家不妨参考以下制作思路：

1. 在符合题意的前提下，飞行器尽量要小（小飞行器升力小、阻力小，不易受外界因素干扰）；

2. 制作飞行器要因人而异，打造适合自己的飞行器；

3. 制作一个直线飞行性好的飞行器，如：细长状态的效果比较好，但需要多加训练！

飞行器制作：

1. 将一张A4纸对折压实形成中轴线，然后展开。

2. 将A4纸左侧两角沿中轴线折叠压实。

3. 将纸飞机左侧尖角向反方向折叠，展开形成折痕。

4. 翻转过来。

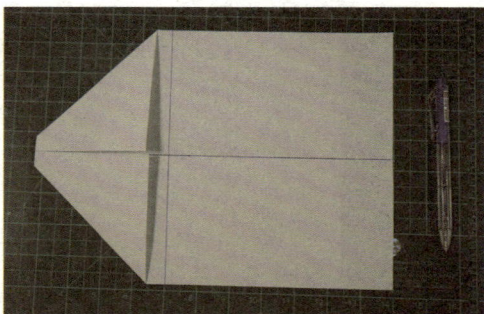

5. 将纸飞机左侧折叠处向右翻折压实。

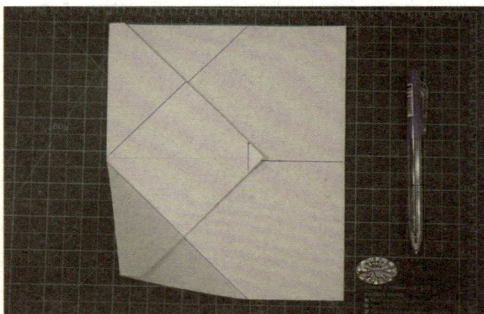

6. 将形成的左侧上下两角沿中轴线折叠并压实。

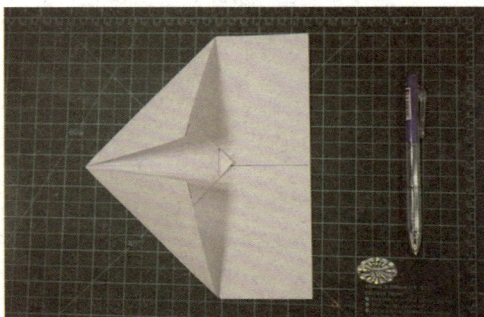

7. 将先前折叠好的角向左翻折。

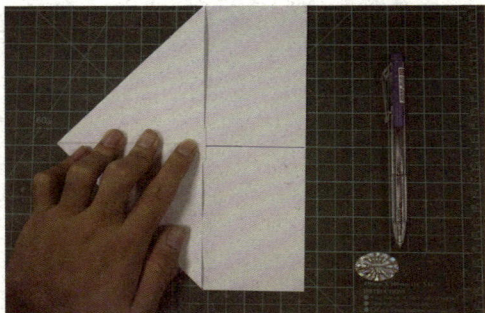

8. 沿中轴线画出两条对称的斜边。

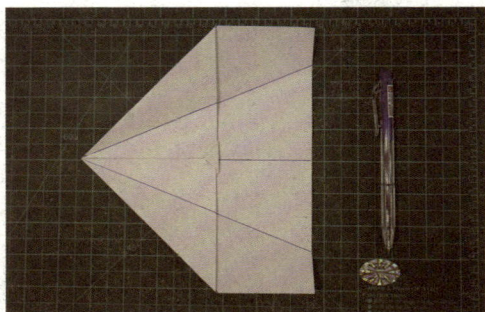

9. 将纸飞机左侧上下两条斜边沿中轴线折叠然后压实。

10. 将纸飞机对折后将机翼展开。

11. 完成。

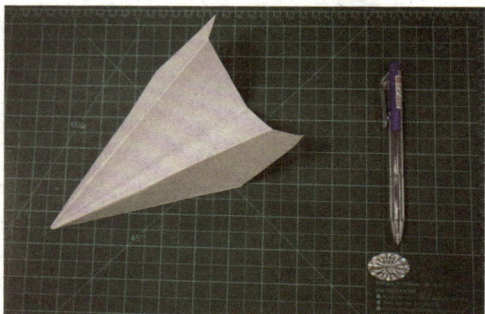

　　制作完的飞行器还需要在书本或玻璃板下压三天，这样它的飞行阻力会很小，飞得也会更高、更远。

　　特技飞行，根据题意是看飞行器最终的距离。因为飞行器落地还会滑行，地面的摩擦系数不一样，效果也会不同，要根据具体情况来调整飞行器。

浣熊无敌透析

　　"特技飞行"是2013年、2014年和2016年的万人大挑战的赛题。赛题的本意是想让大家突破一下传统的飞行方式，引领大家对飞行有一个新的理解，这也是今后飞行类题目命制变化的一个新方向。

＊现场比赛图

浣熊出题

任务：

制作一架能飞行的手掷飞行器，飞行器从起飞区飞出，飞行1.5米后越过一定高度，越高越好。

飞行器：

1. 只能用1张A4纸（80克金旗舰）制作；

2. 飞行器投影面积不得小于宽100毫米、长150毫米；

3. 飞行器只能用手掷方法,不得用其他方法飞行。

比赛：

1. 飞行器从起飞区飞出，飞行1.5米后越过一定高度，越高越好；

2. 飞行器投掷的方向不限（只能在起飞区）；

3. 每名队员有两次投掷机会，取成绩高的一次作为正式成绩；

4. 飞行器飞越高度（参赛队员自定）；

5. 在得分相同的情况下，进行加赛。

比赛场地见下图：

高度可以自由升降的Ⅱ形的架子，中间有网格线，尺寸见下图。

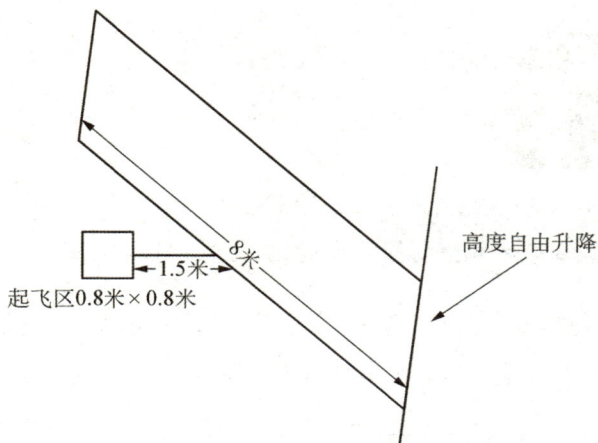

高度自由升降

8米

1.5米

起飞区0.8米×0.8米

成绩记录表：

姓名	第一轮成绩	第二轮成绩	最好成绩

大脑碰碰撞之讨论

将纸做一个球用力扔过去，因为球的阻力小，可以扔得很远。

这个比赛使我联想到了撑杆跳高。我能不能做一根长杆飞行器，因为它够长因此能跃得更高。

古时候澳大利亚人打猎用的是飞板，它可以飞得很远。我想做一个纸飞板来飞一个超级高度。

大脑碰碰撞之方案

小旋风想法的优点是合理，做一个纸球的确阻力小，但按题目的要求来做纸球的话，制作难度会很大，而且纸球的比重太小，在扔的时候你会发现根本扔不远。

芊芊的想法是光看到了现象没仔细分析原理。撑杆跳是人过，但杆不过，你要杆过的话由于杆的重心偏低，所以杆的翻越是最大的难点。

蓝泡泡要完成的飞行器阻力较小，飞行效果也很好，但这样的飞行器对制作材料是有要求的，必须要有足够的重量才会有好的效果。

结合小旋风、芊芊、蓝泡泡的想法，可以设计制作一个比较完美的飞行器。

大家不妨参考以下制作思路：

（1）在符合题意的前提下，飞行器升力面积要尽量小（升力小，阻力小）；

（2）制作飞行器要因人而异，打造适合自己的飞行器；

（3）制作一个直线飞行性好的飞行器。如：飞镖类、火箭类效果比较好，但需要多加训练。

比赛中成绩较好的飞行器案例：

1. 将一张A4纸沿中轴线对折。

2. 将A4纸上部两角对准中轴线向内翻折。

3. 将纸飞机左右两侧短边对准中轴线向内翻折。

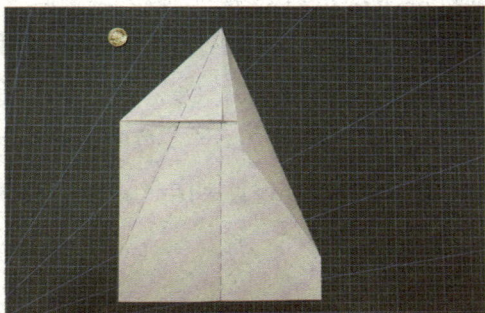

4. 将纸飞机左右两侧对折，将短边对准中轴线向外翻折形成机翼。

5. 完成。

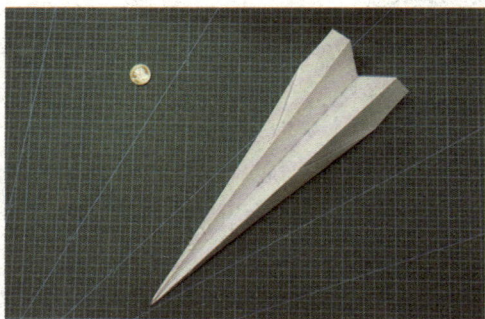

训练飞行：

（1）看飞行器到达最高点的翻转方向，根据飞行器的翻转方向来调整你的出手角度和位置；

（2）要看平时训练能够达到的飞行高度，由于每人只有两次机会，因此第一次很关键，一定要尽可能飞出好成绩；只有这样，第二次才有机会突破，创造出另一个好成绩。

浣熊无敌透析

"爬高飞行"是2013年、2014年和2016年的万人大挑战的赛题。从比赛的情况来看，学生发力好的、直线飞行性好的飞行器成绩较好。其实真要飞出好的成绩取决于飞行器的飞行轨迹。那么什么是好的飞行轨迹呢？在模型界有个模型轨迹叫"英麦曼"翻滚（如下图所示），这种轨迹的优点在于飞机能充分利用机翼的升力，当飞机达到最高点时会有一个半筋斗翻转。这样的飞行轨迹对于力量比较小的同学来说更有利。注意哦，这样的飞法你是背对飞行杆的，同样对你的飞机调整能力是一个更大的考验。在下次的比赛中希望你能用这种特别方式，达到一个新的高度。

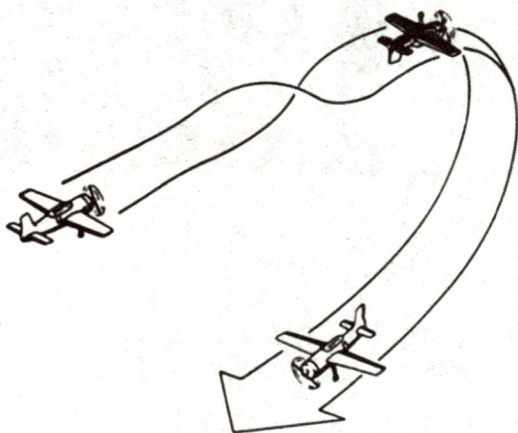

* "英麦曼"翻滚

＊比赛现场图

任务：

制作一架能飞行的手掷飞行器，要求飞行器能准确降落到迫降平台的规定范围内。

飞行器：

1. 只能用1张A4纸（80克金旗舰）制作；

2. 飞行器投影面积不得小于宽100毫米、长100毫米；

3. 飞行器只能用手掷方法，不得用其他方法飞行。

比赛：

1. 飞行器从出发区飞出，飞行3.0米后准确降落到迫降平台规定范围内；

2. 飞行器投掷的方向不限（只能在出发区）；

3. 每名队员有两次投掷机会，取得分高的一次作为正式成绩；

4. 飞行器根据在降落区域内的位置获相应得分；

5. 在得分相同的情况下，进行加赛。

比赛场地见下图：

出发区、迫降平台尺寸见下图。

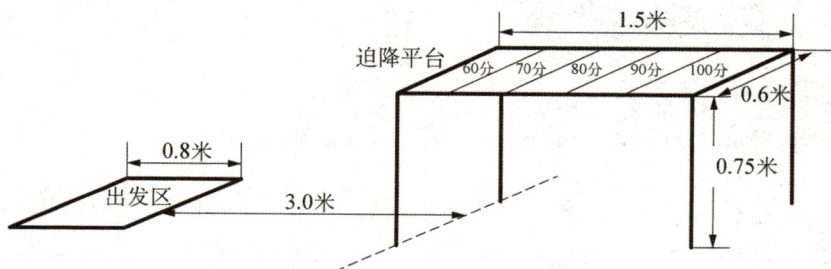

成绩记录表：

姓名	60	70	80	90	100

大脑碰碰撞之讨论

我看过飞镖，如果将纸做成飞镖，可以飞哪打哪。

我来叠个纸块，肯定比你的飞镖好。

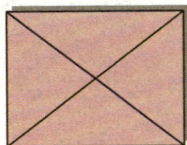

你们俩都错了，题目说的是要安全降落，那应该是降落伞。

大脑碰碰撞之方案

　　小旋风、芊芊、蓝泡泡都很有想法，从完成题目而言芊芊的方法比较切合实际，但难以控制其飞行方向。由于题目规定材料只有一张A4纸，所以小旋风和蓝泡泡的方法是难以完成的。通过这个题目的解法，我们应该体会到什么叫合适的才是最好的。

不妨参照以下思路：

从题目要求来看，制作的飞行器首先要飞行3米的距离，再降落到0.6米宽的平台的中间。要达到题目要求就要解决两个问题：一是飞行距离，飞行器一般有飞机、纸块、纸团等，在飞行中只要能够控制好方向就可以了；二是降落距离，降落距离决定了得分的多少，而这个距离又和飞行器出手时的力度、降落台与飞行器的摩擦系数等有关。从而可以看出，决定成绩的关键不是飞行器的类型，而是你和飞行器、降落台的磨合。

制作飞行器时需要注意：（1）在符合题意的情况下其形体要尽量小，因为得分区尺寸是0.3米×0.6米；（2）飞行器的升力必须满足飞行4.5米；（3）飞行器要有较好的直线飞行性，保证直线飞行。下面列举一个这样的飞行器，飞行器的大小可以根据自己飞行调整情况而定。供同学们参考：

1. 在A4纸上画出如下线条，方便折叠。

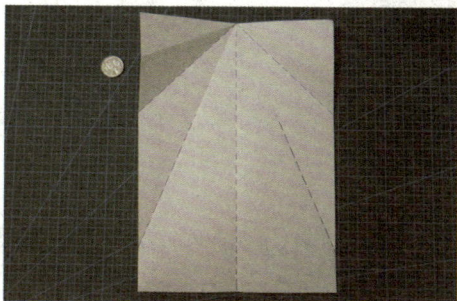

2. 将纸飞机上部左右两斜边分别对齐中轴线折叠。

3. 压实后打开。

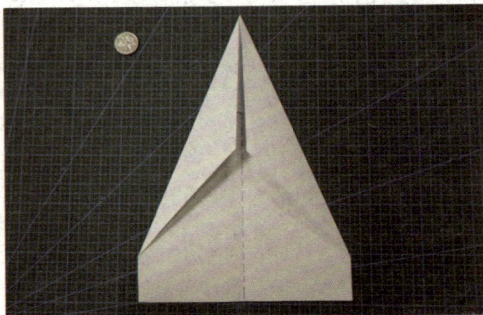

4. 将纸飞机上部左右两角分别对齐上一步形成的左右两条折痕，直至纸飞机左右两边分别与上一步形成的左右两条折痕重合，压实折痕。

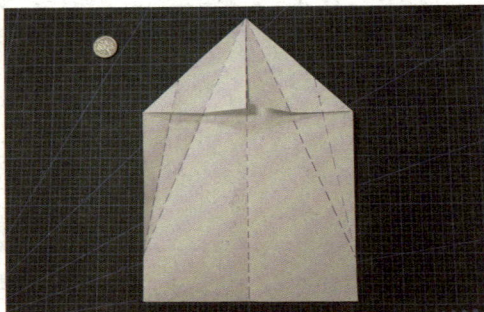

5. 将纸飞机上部左右两斜边分别对齐整张纸短边中轴线折叠，直至纸飞机上部左右两斜边分别与整张纸短边中轴线重合，压实折痕后打开。

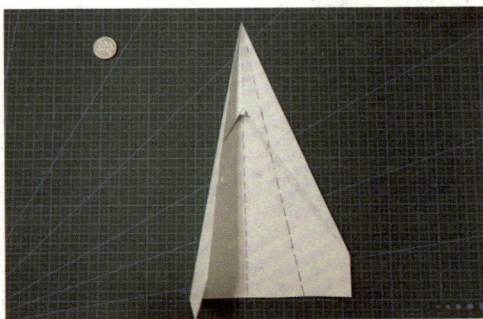

6. 将纸飞机上部画好向后的折叠线。

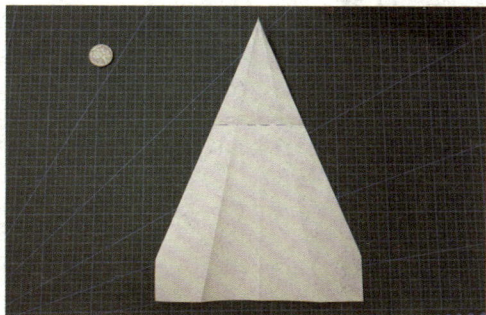

7. 将纸飞机头部翻折后压实。

8. 将纸飞机下尖角向上折叠，压实折痕。

9. 沿整张纸短边中轴线将纸飞机左半部向右折叠。

10. 将纸飞机上侧向下折叠形成机翼。

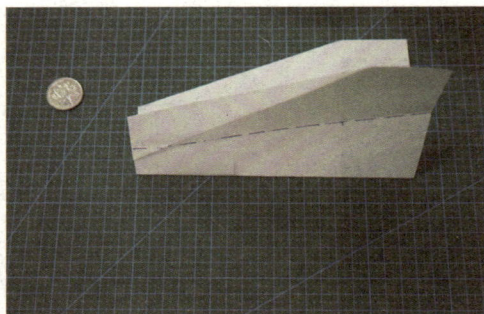

11. 将纸飞机上部中间部分左侧按已有折痕相反方向，右侧按已有折痕相同方向将左右两侧合拢。再将整个纸飞机沿整张纸短边中轴线合拢。

12.完成。

浣熊无敌透析

　　"紧急迫降"是2015年的万人大挑战的赛题。题目是受马来西亚航班失事和韩国飞机降落美国旧金山国际机场失事引发而来的，希望通过本赛题让大家更关心航空安全，了解更多的航空知识。

　　从比赛情况来看升力小的飞机直线飞行性相对好些（方向更容易控制）。而大一点的飞机降落比较平稳（因为降落台的摩擦系数大）。两者的缺点：升力小的飞机，它和降落台的摩擦力也小，很容易滑出台面。那么大升力飞机的方向性相对来说要差些，经常会跑偏，而且由于比较大，其降落后容易压线影响成绩。综上所述，我们要结合两者的特点，在实践中设计出适合自己的飞机。比如：为小升力飞机加个阻力钩（此想法来自航母舰载机）等等。创新与实践相结合，你们会做得更好。

＊比赛现场图

快乐饲养员

任务：

利用1张报纸，制作投掷物（不大于30个），然后投掷到得分箱内。

限制条件：

1. 只能使用1张报纸来制作（大小如《少年日报》，铜版纸不能用）；

2. 不得使用任何有粘性的材料（如胶水、粘胶带等）。

比赛：

1. 当场制作纸结构，制作时间不得超过15分钟；

2. 报纸由赛场准备，工具自备，工具不能成为投掷物的一部分；

3. 比赛由队员独立进行，只能用手投掷，一次投掷计一次分，不设助手，比赛时间为3分钟。

4. 比赛场地如下：

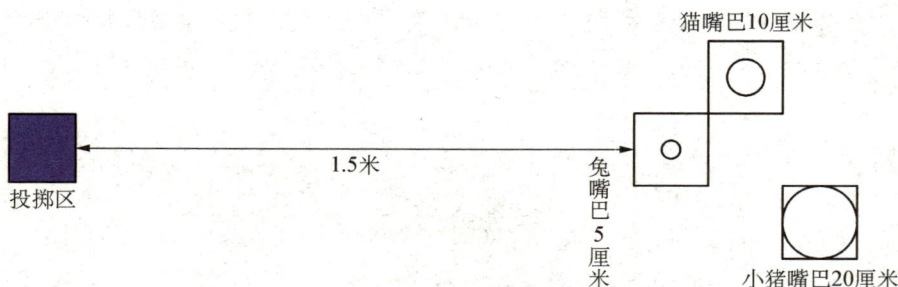

猫嘴巴10厘米

投掷区 ←——— 1.5米 ———→ 兔嘴巴5厘米

小猪嘴巴20厘米

注：（1）嘴巴离地高度50厘米。

　　（2）投进小猪嘴巴得1分，投进猫嘴巴得1分，投进兔嘴巴得3分。

大脑碰碰撞之讨论

我把30个小球都攥在手里，一次性扔出去，天女散花，总有能得分的，可迅速完成比赛。

用一张报纸做30个小球绰绰有余，我把剩下的报纸将30个小球包起来，一次性投进框。

将报纸最长部分做一个轨道，剩下的做30个小球，比赛的时候我就能将小球投在轨道上，让它滚过去就好了。

3分的洞太小了，我用报纸做一个大漏斗装在上面，一投一个准。

大脑碰碰撞之方案

　　小旋风的想法得分率比较低，虽然能迅速完成比赛，但同时投掷无法控制抛物线，精准度也无法控制。另外一个问题就是规则要求投掷"一次计一次分"，一次投掷得多次分是否可行还得咨询裁判后才可决定。

　　芊芊这个方案和小旋风有同样一个问题，并且这个方案如果要投3分洞还得控制直径不能大于5厘米，再者就是参赛者只有一次机会，最好不要失误。如果已经练到百发百中还不如分开30次，这样完全符合规则，还稳妥些。

　　蓝泡泡这个想法的优点就是想到了利用材料制作工具，不局限于制作投掷物。但参赛者多为幼儿园小朋友，手臂长度加上轨道长度基本达不到1.5米。换言之，最后得分还是得靠一个抛物线，需要一定的训练才能顺利进行。另外，是否能制作工具也要事先和裁判确认。

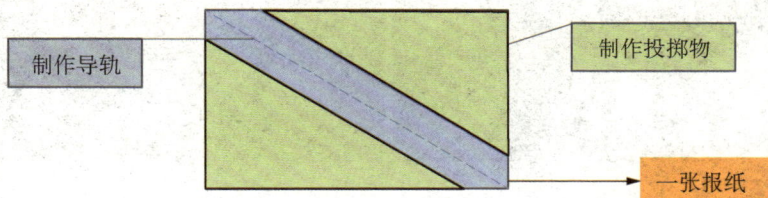

制作导轨　　　　制作投掷物

一张报纸

陈老师这个方案和蓝泡泡正好是相对应的思考方向，其目的是降低得分难度。在"漏斗"可行的情况下，稍加训练，可以得到不错的成绩。

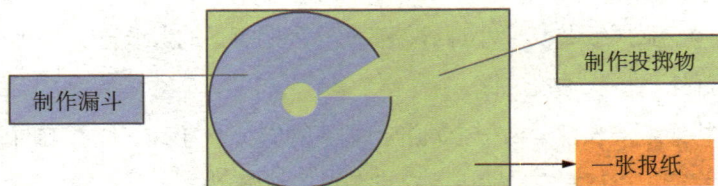

制作漏斗   制作投掷物   一张报纸

浣熊无敌透析

这道赛题是给幼儿园小朋友设置的赛题。上述四个方案从四种不同的思维角度解析了这道题，这正是头脑奥林匹克希望赋予各位参赛者的思维方式，从不同的角度将难题简单化，再加上一些训练，就能得到满意的结果。

本题从得分上来看，满分为3×30=90分。无论用何种方法，最基本的就是投掷物的制作，要求是尽量将每个投掷物都做得一样，所用报纸大小、制作手法都相同就能达到这一点。在制作手法上，投掷物越紧实，越容易训练。在得分的选择上，每个参赛者按照自己训练成果有不同的偏好，如果1分区得分率相当高，也比在3分区拼运气来得强。

另外，由于每年的题目都有一定的更新，当年有些讨巧得高分的方案或许下一年就被规则约束了，所以各位参赛者每年都要有所创新。

浣熊出题

任务：

利用1张报纸，制作不多于30个"小猪"，然后将它们从"出发区"赶回"猪棚"里。

限制条件：

1. 只能使用1张报纸来制作（大小如《少年日报》，不能使用铜版纸）；

2. 不得使用任何有粘性的材料（如胶水、粘胶带等）。

比赛：

1. 当场制作纸结构，制作时间不得超过15分钟；

2. 报纸、工具自备，工具不能成为"小猪"的一部分；

3. 比赛由队员独立进行，不设助手。只能用现场提供的"驱赶棍"（用报纸制作0.9米长，直径3厘米的纸棍）赶"小猪"，让"小猪"翻过"小山坡"进入到3个"猪棚"中，且每个"猪棚"最多可以容纳10只"小猪"（超过10只不计分）。计分以3个"猪棚"中小猪的数量×1分为比赛成绩（如比赛成绩相同，用时短的胜出）。比赛时间不超过3分钟。

4. 比赛场地如下：

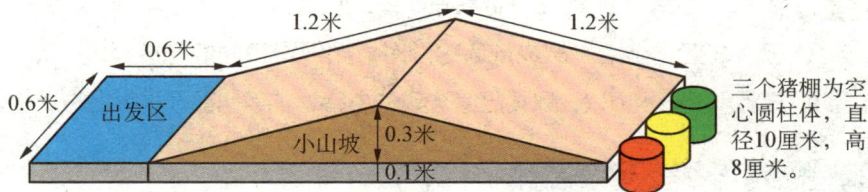

1.2米　1.2米

0.6米

0.6米　出发区　小山坡　0.3米　0.1米

三个猪棚为空心圆柱体，直径10厘米，高8厘米。

纸棍：

小猪触碰区5 厘米

总长90 厘米

握手区15 厘米

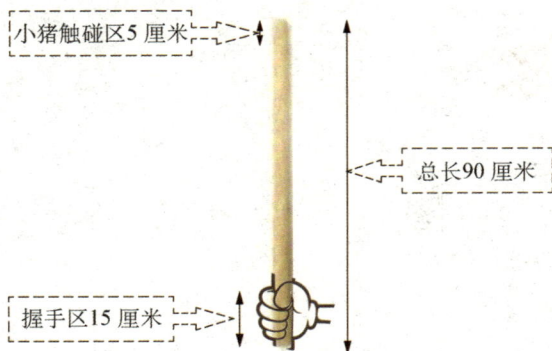

大脑碰碰撞之讨论

为了在最短的时间里完成比赛，应该将"小猪"做成球形而且体型要小。在赶"小猪"的时候，一次多赶几只，只要越过斜坡的最高点，"小猪"就可以沿着斜坡滚下去了，如此一来极大地节省了时间。

报纸除了做30个"小猪"之外，还要做一个套环来改造纸棍。比赛开始后可以用套环套着"小猪"走，而且套环做得要大一点，"小猪"做得小点。如果3次就能装满，跑3趟就完工啦。

如果将"小猪"做成纸环，比赛的时候可以用纸棍顶在纸环中间，点到哪里走哪里！而且可以试一下，叠起来不超过5厘米的话一次还可以多套几个环，就能少跑几趟，缩短时间。

我的"小猪"都是经过训练的，后面一只能咬住前面一只的尾巴。在把"小猪"做成纸环的同时，用纸绳将他们连接起来，做成3组，一组10只，只要赶第一只"小猪"，其他都乖乖跟上啦。

大脑碰碰撞之方案

小旋风方案贴近题意，但仅仅只考虑了时间，忽略了"小猪"越过顶点滚下斜坡后的方向是无法控制的。而且，"猪棚"间还存有空隙，这会导致30只"小猪"无法平均滚到3个"猪棚"里。虽然这个方案节省了时间，但比赛要求是先比得分，再比时间，所以方案有待改进。

芊芊这个想法不错，通过制作工具去降低难度，而且制作难度并不高，材料都是报纸，拧在一起一捏就能大致固定了，只要比赛时不要用太大的力量，就不至于散架。关键在于，是否能随意改造裁判提供的纸棍，还需征得裁判的同意。

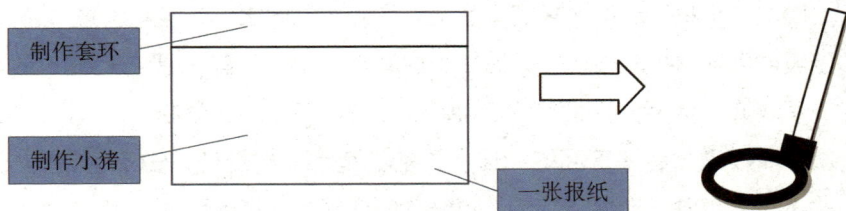

蓝泡泡非常简单的一个动作就把整道题化繁为简，这样既能自由控制"小猪"的运动方向，又没有犯规的风险，制作难度也不高，只要将报纸裁剪成条，拧成圈就可以了。另外，方案中还提到在5厘米内一次多赶几只"小猪"，其实除了最下面的一只，其余9只做成圆环纸片，这样控制高度是不是非常容易呢。

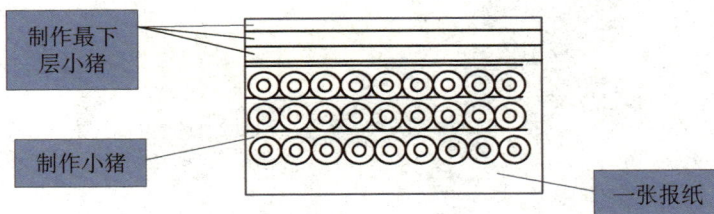

陈老师方案可以算是蓝泡泡的升级版，但在制作上难度略有提升。将"小猪"连成一串的做法是否可行，还得事先和裁判确认。

浣熊无敌透析

　　小旋风、芊芊、蓝泡泡、陈老师四个方案在思维层次上是层层递进的，从比较字面的理解到经过深思熟虑后提出对策，从存在风险到保证得分且不违规。虽然方案非常不错，但比赛还是需要实际操作的，在赛前还需要参赛者多加练习，这样才能稳定发挥。

　　本题看似简单但不要小看这30分，如何提高得分率可得动点脑筋。要提高得分率，首先要保证以下两点，一是减少在出发区和"猪棚"间的来回次数，这就要求来回一次尽可能多带几只"小猪"；二是确保"小猪"到达"猪棚"后全部得分。除此之外，当"小猪"越过坡顶后下滑的时候，其关键在于控制方向。从已有的想法来看，行之有效的是芊芊、蓝泡泡和陈老师的方法。如果能在蓝泡泡的方案上做一点改进，将最下面的和最上面的小猪都做成纸环，说不定30只"小猪"可以一次性带完哦，这样不仅满足了比赛的要求，还极大地节省了时间。当然，最后还要提醒各位参赛者一定要在赛前多多练习。

比赛现场图

任务：

在地上选择一块地方作为发射区，在发射区里放上斜坡，滚动玻璃球，使玻璃球进入不同的得分框内。

发射区：

1. 发射区是一块90厘米×90厘米的纸板；

2. 发射区可放在场地上的任何地方，但当第一粒玻璃球从斜坡上滚下后，就不能再变动发射区的位置；

3. 队员站在发射区内操作。

斜坡：

1. 斜坡长90厘米、高40厘米。斜坡上有一条能让玻璃球自由滚动的滑道；

2. 斜坡必须全部放在发射区内；

3. 每次滚动玻璃球时，斜坡的位置可以在发射区范围内改变。

得分框：

1. 共有五个得分框（尺寸如图所示），队员要把得分框分别放入自选的五个得分区内（共有六个得分区）；

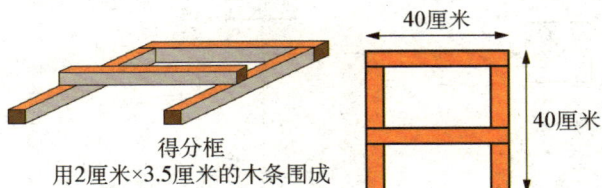

得分框
用2厘米×3.5厘米的木条围成

40厘米

40厘米

2. 当第一粒玻璃球从斜坡上滚下后，就不能再变动得分框的位置；

3. 得分框的分值当场由参赛队员抽签而定，分值分别为5、4、4、2、1、1。

比赛：

1. 可把发射区平放在场内的任何地方，当第一粒玻璃球从斜坡上滚下后，就不能再变动发射区的位置；

2. 把五个得分框分别放入自选的五个得分区内，当第一粒玻璃球从斜坡上滚下后，就不能再变动得分框的位置；

3. 把斜坡全部放到发射区上，在每次滚动玻璃球时，斜坡在发射区里的位置可以变动；

4. 从斜坡滑道上的任何地方每次滚下一粒玻璃球，但不能推动玻璃球和斜坡；

5. 共有25粒玻璃球，每次只能滚动一粒玻璃球，并且每一粒玻璃球只能用一次；

6. 比赛时间为3分钟，时间一到必须马上停止滚球，比赛时间到时，已离开斜坡的玻璃球可以计分；

7. 评分标准：每粒滚进得分框内的玻璃球获得抽签到的所在得分区分值的分数，每个得分框最多只能有6粒玻璃球计分。如果每个得分框内有玻璃球，则另外奖励5分。

比赛场地见下图：

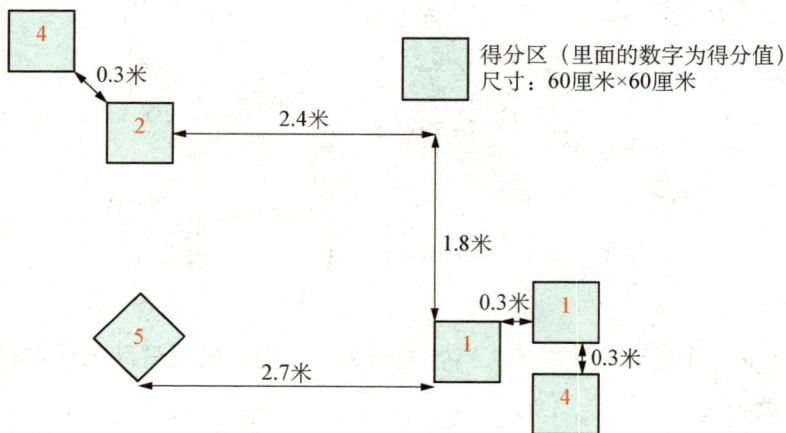

大脑碰碰撞之讨论

要想得高分的话，需要把发射区设置在抽签抽到5分的得分区边上。

不管抽签如何，只要将发射区设置在2.7米线的中间位置，左右两边都离得近，就都能得分了。

根据抽签结果决定发射区位置，瞄准每一个得分框，并且控制力度，让抽到的5个得分框中都有球，从而得到加分。

大脑碰碰撞之方案

小旋风这个方法可以保证取得最高分值，但其他分值以及发射区放置位置都没有考虑到，导致不能得分。

芊芊最终得分对下半部分四个分区随机分值要求比较高，且上半部分两个较远分区的击中率对于瞄准的要求更高，难度更大，得分不稳定。

蓝泡泡深入理解了题目的规则和比赛中的不确定性，但抽签的随机性和相应的战略还需要在不断的训练中总结。当然，提高精准度也是得高分的必要条件。

总之小旋风、芊芊两个方案能保证基本得分，对精准度的训练要求不高。相比之下，蓝泡泡方法更为成熟，但需要大量的训练，获得经验。

下面我们将蓝泡泡方案全面分析一下，设计出一个更佳的方案。思路如下：

（1）题目要求"斜坡必须全部放在发射区内"，这限制了斜坡在发射区里的放置方向，只有前后左右四个方向。

（2）规则中的第一个不确定性是"抽签"决定得分框的分值，这会导致发射区位置的不同，6个分区中放置5个得分框，如何取舍也是根据分值决定的。

根据题目，我们先计算一下满分是多少：

$5 \times 6 = 30$

$4 \times 6 = 24$

$4 \times 6 = 24$

$2 \times 6 = 12$

$1 \times 1 = 1$

共 91分

加分 5分

总分 96分

从上面竖式可以看出，让所有的得分框都有玻璃球，从而得到5分的加分。

（3）

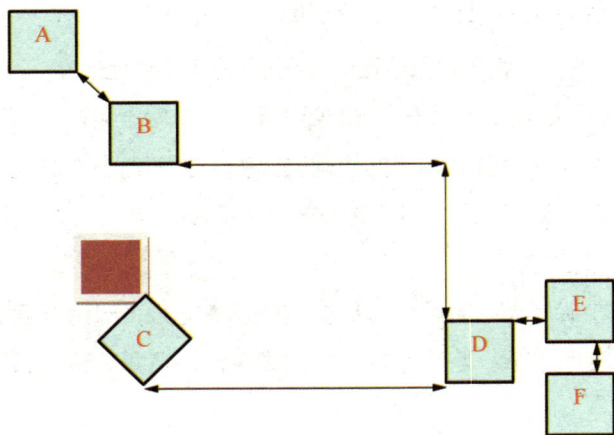

　　整个比赛的分区基本以"L"型分布，图中红色框位置作为基本的起始位置，就不同的训练程度和抽签结果稍作变动。但仍离不开"L"型两条直线的交点附近。

　　（4）下面举几个例子来分析一下5个得分框在6个得分区内的取舍。B、D两个框在后面两个得分框的一直线上，会干涉到玻璃球的滚动。

　　第一，如果B和D区没出现高分，那么可以舍去其中一个1分，不放得分框，之后控制玻璃球在斜坡上的高度来控制滚动距离；

第二，如果B、D区出现4分或5分，为了增加得分率，就得设置得分框。出现这种情况，得分框的位置要进行相应调整，使得分框不要干涉玻璃球的滚动路线。

（5）D、E、F这3个区得分框的放置不能互相干涉，不能阻挡玻璃球的行进路线。

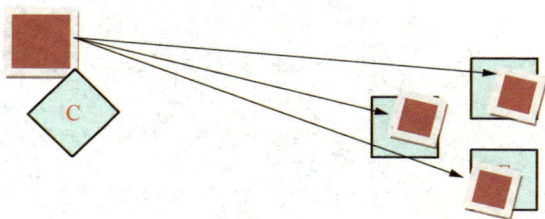

（6）发射玻璃球时，玻璃球的滚动距离由斜坡起始位置来控制，其中的比例关系需要各位参赛选手在训练中总结经验。

浣熊无敌透析

这道题目来自2008年、2009年的万人大挑战。出题的目的是让大家了解合理的舍取和方案的设计如何使得利益最大化，而不是一味求全。参加过比赛的同学会有这样的体会：训练时好好的怎么到比赛时球的运动轨迹都不对了呢？分析：（1）训练场地和比赛场地的平整度不一致，而影响球的运动轨迹。（2）地面的材质不一致，造成球的滚动摩擦力的不同，影响球的运动轨迹。因此像这一类比赛，要求学生在训练时增加在多种材质场地的练习来锻炼自身的应变能力。

Part 3

附录

三个结合：
动脑与动手相结合；
科学与艺术相结合；
自然与人文相结合。

头脑奥林匹克是一项怎样的活动

　　头脑奥林匹克是一项国际性的培养青少年创造力的活动。它为从幼儿园到大学的学生组织创造性解题的比赛。头脑奥林匹克题目没有标准的正确答案，每个解题方法都是独特的。在解题时，学生能将自己的兴趣爱好和知识技能运用到解题实践中。他们快乐地解题和学习，并因此终身受益。

头脑奥林匹克的历史

　　头脑奥林匹克活动是由美国新泽西州葛拉斯堡罗州立学院教授塞缪尔·米克卢斯先生于1976年创立的。米克卢斯经常设计一些有挑战性的题目，并奖励那些敢于冒险的学生，他们的方案并不一定成功，却富有可行性和独创性。1978年，来自新泽西州的28支队参加了第一届头脑奥林匹克大赛。从那时起，这项比赛逐渐发展为吸引世界各地上百万参赛者的活动；从1980年开始，每年举行一次世界头脑奥林匹克决赛，至2017年已举办了38届。

谁可以参加头脑奥林匹克活动

　　大、中、小学和幼儿园的学生都可以参加。学生按年龄或年级分组，参加各道题目的比赛。

110

怎样参加头脑奥林匹克活动

　　每年9月至12月，以学校为单位报名组队。于次年2月底或3月初参加中国上海头脑奥林匹克创新大赛决赛。冠军队将有资格参加5月举行的世界头脑奥林匹克决赛。头脑奥林匹克万人大挑战每年4月—6月举行，可直接上网下载题目，在校内和地区比赛。头脑奥林匹克亲子擂台赛在每年7月—11月举行，可至学校或社区街道报名。

中国上海头脑奥林匹克协会　　http://www.omchina.org
上海市科技艺术教育中心　　http://www.sycste.org.cn
上海教育报刊总社　　http://www.sepg.net.cn

宗旨：
开发青少年创造力，培养青少年的两种精神：
创新精神——鼓励与众不同；
团队精神——鼓励团队合作、共同努力。

要求：
三个结合——
动脑与动手相结合；
科学与艺术相结合；
自然与人文相结合。

誓言：
让我成为知识的探索者！
让我在未知的道路上漫游！
让我用我的创造力把世界变得更美好！

111

　　头脑奥林匹克活动有美国、中国、俄罗斯、德国、日本、韩国、新加坡、加拿大、墨西哥、澳大利亚等37个国家和地区的学生参加。世界头脑奥林匹克决赛每年5月在美国举行，参赛队伍超过800支。

　　美国多位总统包括罗纳德·里根、乔治·布什、比尔·克林顿用写信、录像等不同方式表达了对头脑奥林匹克大赛的支持。除此之外，活动还得到了社会各界的许多支持，IBM、NASA、MICROSOFT、DISNEY、CTW等企业或机构都已成为头脑奥林匹克世界决赛的合作伙伴。

　　在世界头脑奥林匹克决赛期间，还会举行"彩车和旗帜"创意大游行、头脑奥林匹克教练比赛、头脑奥林匹克精神奖表彰及创意嘉年华等活动。

世界头脑奥林匹克协会的网址：http://www.odysseyofthemind.com

头脑奥林匹克创新大赛的题目有一定的难度，组织和参与大赛需要投入一定的人力和物力。为了让更多的学生参与头脑奥林匹克活动，树立创新意识，培养动手能力，作为普及型的头脑奥林匹克万人大挑战于2003年诞生。万人大挑战与科技节活动相结合，每年4月—6月在上海各中小学、幼儿园全面开展。大赛分初赛、复赛和决赛三个部分。

万人大挑战活动的题目简单、易操作，并且趣味性十足。"曲线飞行"、"越高越好"、"纸桥承重"等赛题一推出即深受广大中小学生和幼儿园学生的欢迎。2017年第十四届头脑奥林匹克万人大挑战参加学生超过20万。许多学校鼓励学生参加多个项目的竞赛，目的就是为了让学生在实践中培养动脑动手的能力。一些区县结合当地的科技节活动联动社区开展头脑奥林匹克万人大挑战活动，使大挑战活动渗透到了街道社区之中。

113

　　为了推动头脑奥林匹克活动的开展，总结开展头脑奥林匹克活动先进学校的经验，发挥先进学校的示范作用，中国上海头脑奥林匹克协会和世界头脑奥林匹克中国区组委会决定开展第五届头脑奥林匹克活动特色学校的评选。经过评审，共有92所学校被评为第五届"头脑奥林匹克活动特色学校"。

上海市浦东新区周浦小学	上海市黄浦区曹光彪小学	上海市宝山区经纬幼儿园
上海市浦东新区惠南第二小学	上海大同初级中学	上海市月浦实验学校
上海市三灶学校	上海市格致初级中学	上海市崇明县长江中学
上海市浦东新区新世界实验小学	上海市卢湾高级中学	上海市崇明县横沙中学
上海市徐汇区科技幼儿园	上海市格致中学	上海市金山区朱行小学
上海市徐汇区光启小学	上海市向明中学	上海市金山区海棠小学
上海市徐汇区龙苑中学	上海市杨浦区民办阳浦小学	福建省厦门市思明区第二实验小学
上海市田林第三中学	上海市打虎山路第一小学	江西省南昌北湖小学
上海市民办华育中学	上海市理工大学附属中学	江苏省常州解放路小学
上海市金汇实验学校	上海民办打一外国语小学	江苏省常州市天宁区北环幼儿园
上海市闵行第一幼儿园	上海市复旦科技园小学	湖北省武汉市硚口区井冈山小学
上海市闵行区江川路小学	上海市第二师范学校附属小学	湖北省武汉市育才小学
上海市闵行第四幼儿园	上海市市东中学	湖北省武汉市沈阳路小学
上海市海南中学	上海交通大学附属中学	湖北省华中科技大学附属小学
上海外国语大学附属外国语小学	同济大学第一附属中学	湖北省武汉市青山区新沟桥小学
华东师范大学第一附属中学	上海理工大学附属小学	湖北省武汉市青山区钢花小学
上海市民办新华初级中学	上海市扬帆学校	湖北省武汉市青山区第一幼儿园
上海市万里城实验学校	上海理工大学附属初级中学	湖北省武汉市翠微中学
上海市江宁学校	上海市延吉第二初级中学	湖北省武汉市汉阳区江汉二桥幼儿园
上海市普陀区真光小学	上海市松江区第三实验小学	广东省广州市番禺区洛浦中心小学
上海市普陀区新普陀小学	上海市松江一中	广东省广州市番禺区南村镇锦绣香
上海市晋元高级中学	上海市松江区第二实验学校	江小学
上海市市西中学	上海外国语大学松江外国语学校	广东省广州外国语学校
上海市大宁国际小学	上海师范大学附属外国语中学	广东省广州市荔湾区蒋光鼐纪念小学
上海市静安区宝山路小学	华东师范大学松江实验中学	广东省广州市协和中学
上海市嘉定区戬浜学校	上海市松江区方塔幼儿园	广东省广州市第二中学
上海市嘉定区绿地小学	上海市松江区泗泾第四幼儿园	广东省广州市天河中学
上海市交通大学附属中学嘉定分校	上海市松江区荣乐幼儿园	广东省广州市执信中学
上海市嘉定区丰庄幼儿园	上海市松江区大学城幼儿园	山东省青岛市太平路小学
上海市启秀实验中学	上海市松江区西林幼儿园	山东省青岛市城阳区实验小学
上海市黄浦区重庆北路小学	上海市第三女子中学	山东省青岛实验初级中学

2016上海市第十三届头脑奥林匹克万人大挑战之"挑战王"名单

荣获"挑战王"称号名单（共19名）

赛项	组别	姓名	区县	学校
特技飞行	小学	马 庄	崇明	北堡小学
特技飞行	小学	姚约瑟	宝山	罗南中心校
特技飞行	初中	肖仁强	浦东	上海市康城学校
特技飞行	高中	王婧怡	嘉定	嘉定一中
滑翔飞行	小学	蒋 安	徐汇	光启小学
滑翔飞行	初中	邹晓慧	嘉定	南苑中学
滑翔飞行	高中	余茹茵	闵行	上海市田园高中
桥面承重	小学	方基晨	徐汇	田林三小
桥面承重	初中	王丹苣	中福会	中福会少年宫
桥面承重	高中	陈雪琦	中福会	中福会少年宫
桥面承重	高中	罗怡莹	长宁	长宁区少科站
折返橡筋动力车	小学	奚铭卿	普陀	万里城实验学校
折返橡筋动力车	初中	胡思彤	徐汇	田林中学
折返橡筋动力车	高中	李志恒	嘉定	嘉定一中
纸车接力	小学	黄河清	普陀	万里城实验学校
纸车接力	初中	陈思源	崇明	横沙中学
纸车接力	高中	李志恒	嘉定	嘉定一中
赶小猪	幼儿	张可萱	松江	方塔幼儿园
赶小猪	幼儿	徐 硕	宝山	四季万科幼儿园

达人小档案

姓　　名	徐墨一
星　　座	摩羯座
所在学校	上海外国语大学松江外国语学校
所在年级	三年级
兴趣爱好	跆拳道、画画、篮球、滑板、游泳、航空模型

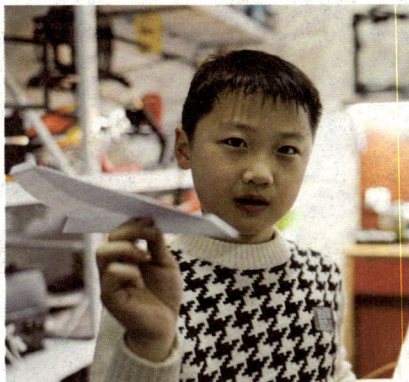

参加头脑奥林匹克相关比赛的获奖情况

2012年第四届头脑奥林匹克创新学习活动亲子擂台赛	纸质吊臂	金擂主
2013年第五届头脑奥林匹克创新学习活动亲子擂台赛	纸质吊臂	金擂主
	创意装置打靶	金擂奖
2014年上海市第十一届头脑奥林匹克万人大挑战	快乐饲养员	一等奖
2015年上海市第十二届头脑奥林匹克万人大挑战	滑翔飞行	一等奖
2016年第八届头脑奥林匹克创新学习活动亲子擂台赛	纸风车	金擂主
	拱桥	金擂奖

OM小达人感言

我的名字叫徐墨一，是一名三年级的小学生，就读于上海外国语大学松江外国语学校。从幼儿园开始，我就和头脑奥林匹克结下了不解之缘。

妈妈说我从小对不了解的事情有很大的好奇心，不停地问，不停地问，一心要搞懂，蛮有韧劲的，我想是这种性格让我爱上了科技活动，爱上了OM。

每年我都会参加许多科技比赛，其中OM是我最喜爱的，它让我可以发挥自己的想象力，面对问题，每当想出一种更好的解决办法，心里别提有多激动了。记得有一年万人大挑战有一题叫做"滑翔飞行"，是用1张A4纸制作一架纸飞机，从2米高的平台滑翔飞出，看谁的直线距离更远。拿到赛题以后，我的第一感觉是这道赛题没有什么特别的限制，仅仅折一架纸飞机，那解题范围岂不是很广么？折一架什么样式的飞机可以飞更远呢？这可把我难住了，纸飞机的折法成百上千种，难道每一种都要尝试一下？

没办法，去请教爸爸。说起我的爸爸，他可是这方面的专家呢，爱好航空模型制作，学生时代还曾获得过航空模型国家一级运动员的称号，是我的超级偶像。爸爸看了看赛题问我怎么想的，我难为情地说："我尝试折了几种，感觉效果都差不多，滑得不太远。"爸爸想了想说："你看，这道赛题的关键在于飞机的滑翔性能，对于纸飞机来讲，滑翔性能不仅取决于飞机的样式，更重要的是要调整它的重心和各个舵面，使它滑翔。"我一下子明白了，原来重点在调整飞行状态啊。有了研究方向，加上以前学习到的航空模型原理知识，我又不停地试飞、调整、试飞、调整……随着滑翔距离一次比一次更远，心里简直乐开了花。

现在，每年我都很期待OM的各种比赛，亲子擂台赛我还能够和爸爸妈妈一起研究赛题，一起参加比赛，而且我们真的很厉害哦！

117